# 大学生
# 人文素质教育研究

宋 健 著

中国商业出版社

**图书在版编目（CIP）数据**

大学生人文素质教育研究 / 宋健著. -- 北京 : 中国商业出版社, 2024. 11. -- ISBN 978-7-5208-3202-1

Ⅰ. G640

中国国家版本馆CIP数据核字第2024WU6638号

责任编辑：吴　倩

中国商业出版社出版发行

（www.zgsycb.com　100053　北京广安门内报国寺 1 号）

总编室：010-63180647　　编辑室：010-83128926

发行部：010-83120835/8286

新华书店经销

北京七彩京通数码快印有限公司印刷

*

710 毫米 ×1000 毫米　16 开　9.5 印张　203千字

2024 年 11 月第 1 版　2024 年 11 月第 1 次印刷

定价：50.00 元

* * * *

（如有印装质量问题可更换）

# 前　言

2019年，中共中央、国务院发布的《中国教育现代化2035》明确提出，“强化全人培养理念，深耕素质教育之壤”。在此背景下，探索并确立大学生人文素质培育的有效途径与核心支点，成为深化人文教育体系的关键举措。人文素质之构筑，不仅是个人全面发展的基石，也是其未来职业生涯的导航灯，其重要性不言而喻。通过涉猎历史、文化、哲学等人文领域的知识宝库，学生能够深化自我认知，增进对他人的理解，进而孕育出深厚的同理心与卓越的沟通能力。这一过程，犹如心灵之光，照亮了个人成长的道路。同时，人文素质的教育如同创意与想象的催化剂，为学生在未来职业生涯中勇于创新、敢于想象奠定了坚实的基础。更为重要的是，人文素质教育可以引领学生在纷繁复杂的世界中树立正确的世界观、人生观、价值观。因此，我们必须高度重视并不断加强人文素质教育的教学实践，让其在高等教育的沃土中茁壮成长，为学生的全面发展与社会的和谐进步贡献力量。

本书架构缜密，共设六章，深入剖析了大学生人文素质与人文素质教育的核心概念，并着重阐述其在大学生教育中的重要性。第一章概览了人文素质与人文素质教育，界定了相关术语并阐述了其理论基础框架；第二章聚焦于当前大学生人文素质教育的实况考察，细致剖析了存在的问题及其根源；第三章则转向课程设置层面，对大学生人文素质教育课程体系及其实施策略进行了全面剖析；第四章探索了传统文化与大学生人文素质教育的深度融合，着重分析了中华优秀传统文化、中国传统礼仪文化、民族体育文化精神与中华武术文化在人文素质教育中的独特价值与融入策略；第五章拓展视野，探讨了大学语文教育、音乐教育及美术教育等非直接相关但影响深远的教育领域如何助力大学生人文素质的提升；第六章基于前述分析，针对大学生人文素质教育面临的挑战，提出了一系列教学优化路径与建议，旨在为高校人文素质培育工作开辟新路径，提供新思路。

总体而言，人文素质教育在大学生成长历程中扮演着举足轻重的角色，其影响力深远而广泛。它不仅深刻影响着大学生社会主义核心价值观的形成，还直接关联到审美品位的提升、文化素养的跃迁，以及创新思维与批判性思维的培育。大学生通过沉浸于历史、哲学、文学、艺术等丰富的人文学科，能够深刻探索人性的奥秘与价值所在，进而涵养审美情趣，厚植文化底蕴，并点燃创新火花与批判精神。鉴于此，我们亟须将人文素质教育置于更加重要的地位，确保其获得充分的资源支撑与广阔的实施空间，以期为社会输送更多兼具深厚人文底蕴与创新能力的杰出人才。

# 前 言

[illegible]

# 目　　录

# 第一章　人文素质与人文素质教育概述

## 第一节　人文素质教育概述

大学之核心使命，本质上聚焦于人的塑造与培育，其教育事业乃是一项旨在促进个体成长与完善的宏大工程，旨在引领人迈向更加睿智、博识与完善的境界，最终实现个体解放的崇高目标。这一宏伟蓝图的实现，深刻依赖于大学人文素质教育的强力支撑与深度推进。

### 一、人文素质

#### （一）人文素质的内涵

“人文”之概念，其滥觞可追溯至《易经》典籍之中，“文明之至，方显人文；观人文之光，以育化苍生”①。此言旨在倡导人类应心怀自然与社会之关怀，并致力于揭示自然法则，以此作为启迪民智、化育世人的基石。“文”在此，蕴含着丰富的文化提升与精神涵养之意蕴，彰显出中华民族对于“文明”的崇尚与追求。反观西方，“人文”一词源自拉丁语“humanitas”，其本义为“人性之光”与“教养之艺”，强调了人性本真的发掘与修养的培育。

在西方语境下，“人文”一词的内涵呈现出了狭义与广义的明确界分。狭义而言，它聚焦于古典语言与文学的深邃探索；而广义上，“人文”则展现出极为宽广的视域，几乎全面覆盖了人文社会科学的广阔领域，诸如政治学、经济学、历史学、伦理学以及文艺学等诸多学科，构成了对各类社会风貌、文化艺术现象及历史文化遗产的综合性知识体系。由此观之，无论时空跨越、社会环境的迥异，抑或是生活境遇的不同，人类对于“人文”本质的理解在根本上展现出了共通性与一致性。

“素质”这一概念，其起源可追溯至生理学的领域，原指由基因所承载的生理特质集合，涵盖了个体的感官系统、运动机能及神经网络的固有属性。这些内在特质在外在表现上，则具体化为个体的性格风貌、能力水平及意志品质，它们共同构成了个人在学习新知、精进技能过程中的基石。当视角转向心理学领域，“素质”一词更侧重于强调个体素质的先天性维度，即先天赋予的生理条件作为心理发展不可或缺的初始基石，对个体的心

① 孙振声．诠释易理［M］．北京：华洋文化传媒，1989：158.

理成长轨迹具有深远的影响。在教育学语境下，素质被视为一个更多依赖于后天培育与塑造的概念，特别是通过教育干预的力量，促使个体的认知潜能与实践能力得以开发，进而形成符合社会期望、获得社会认可且具备稳定性的核心素养。简而言之，“素质”涵盖了个人心理思维、知识架构、人格魅力与处世智慧等多维度的综合展现。综上所述，人文素质乃是一种融合了知识才能、情感体验、意志品质与行为准则的复合型内在特质，它透过个体的独特性格、卓越气质及深厚修养等外在表征得以体现。

深入理解人文素质之精髓，需聚焦于以下四大维度加以剖析。(1) 人文知识库：这一维度汇聚了人类在历史长河中，通过实践探索累积的与自然和谐共存及改造自然的智慧结晶，特别是聚焦于政治哲学、历史法学、文学艺术等人文领域的宝贵遗产。人文知识的真正价值，在于其内化为个体行动指南与思想基石的历程，唯有如此，方能视为有效整合。(2) 人文思维体系：作为意识形态的重要组成部分，人文思想蕴含浓厚的民族风韵与个性特色，涵盖政治哲学思辨、道德观念构建及行为模式塑造等，其无疑是人文素质的灵魂所在。(3) 人文精神内核：此乃人文知识的深层提炼，涵盖对生命意义的深刻体悟、情感态度的基本认知以及道德价值的明确判断与选择。人文精神，作为超越具体知识范畴的普世价值导向，内嵌于人文知识之中而又超然其上，构成社会意识的璀璨明珠。(4) 人文实践路径：在将人文知识与思想转化为实际行动的过程中，人文方法发挥着不可或缺的桥梁作用。培养个体人文素质的关键，即在于运用这些方法去审视问题、寻求解决之道。上述四方面相互交织、相辅相成，共同构筑了人文素质这一概念的丰富内涵，使其成为一个完整且深邃的理论体系。

### （二）人文素质的具体内容

人文素质，作为个体在构建自我基础素养的进程中，经由环境熏陶、教育引导及实践历练，将人文知识深植于心、形之于体的稳固内在特质，它深刻塑造了人的气质韵致、风范气度与人格框架。这一素质的外在展现，涵盖了个体的崇高理想、道德情怀、文化素养、思维范式、言谈风范及行为模式等多元面向。值得注意的是，人文素质并非一成不变，而是个体可通过不懈努力逐步培育与完善的对象。概括而言，人文素质蕴含了四个核心维度，即知识底蕴的积累、思想深度的拓展、实践方法的掌握以及精神境界的升华，这四个方面相互交织，共同构成了人文素质的全面图景。

#### 1. 人文知识

人文素质的首要构成，即为其基石层面——人文知识，它构成了人类探索人文领域广度的基本框架，涵盖了历史脉络、政治智慧、文学瑰宝、法律原理、哲学思辨、艺术美学、道德伦理、宗教信仰及语言艺术等多元领域。人文素质之基，稳固于人文知识的深厚土壤之上。深入研习人文科学之精髓，不仅能够激发思维的火花，拓宽想象的边界，更能陶冶性情，为创造力的萌芽提供沃土，同时开阔个人视野，滋养心灵深处，并强化信仰之基，使之更加坚不可摧。

2. 人文思想

人文素质的又一关键维度，即人文思想，其不仅为人文知识提供了坚实的理论支撑与内在逻辑框架，更在特色上显著区别于科学思想，彰显出强烈的民族烙印、个性色彩以及鲜明的意识形态印记。

人文思想体系中，马克思主义的世界观、人生观与价值观占据着核心地位，深刻体现了人的全面发展理念，同时交织着爱国主义的情怀与增强个体人格魅力的深刻思考。

人文思想之精髓，聚焦于塑造基本的文化价值观念，这些观念植根于思想道德素质的深厚土壤，旨在培育出一批批品质卓越、综合素能兼备、具备高度领悟力与感染力的时代人才。

3. 人文方法

人文素质的第三维度，即人文方法层面，它深植于人文思想之中，既是认知策略也是实践策略。人文方法不仅揭示了人文思想的孕育与成型路径，更是衡量人文素质高低的关键标志之一，体现在个体能否灵活运用此方法框架进行思考与难题的破解。与科学方法所追求的精确量化与普适原则相异，人文方法侧重于定性的深入剖析与主体体验的细腻捕捉，紧密关联于特定的文化脉络与历史背景之中。唯有通过人文方法的运用，方能解锁人类超越理性范畴的潜能，展现出一种蕴含深厚人文底蕴与主观色彩的精神力量。

人文方法的广阔内涵还涵盖了人文思维与人文实践两大维度。人文思维，作为一种不拘一格的形象思考模式，与科学思维所崇尚的逻辑严密性形成鲜明对比，它更多地体现了人类独有的非理性特质，如直觉的敏锐与顿悟的灵光一闪。而人文实践，则是将人文知识通过人文思维的透镜加以应用与展现的过程，其核心价值在于倡导超越课堂界限，积极投身于多元化的社会实践活动之中。人文素质教育的核心目标之一，即在于培养学生运用此种独特的人文方法论去审视问题、探索答案，从而实现知识与行动的深度融合。

4. 人文精神

人文精神是人文素质的最高层面，是人文素质的核心和灵魂。人文精神是人文思想、人文方法产生的世界观、价值观基础，是最基本、最重要的人文思想、人文方法。

在人类文明与文化的璀璨星空中，人文精神扮演着导航者的角色，其光辉既映照出民族之魂，亦彰显着时代之精神风貌。陆士桢于其著作《人文精神与意义探寻》中阐述道："置于当代中国语境之下，'人文精神'一词蕴含了极为宽泛的意义范畴与目标导向，其并非局限于某一严谨哲学定义之内。……人文精神，广义而言，是人们在多元认知与实践探索中，对生命存在意义及价值所展现出的深切关怀，它是一种聚焦于人、以人为尺度的价值追寻。此动力源自人心深处，激励个体向往崇高人生境界，追求情感自由奔放与生活多彩多姿，想象力无限延展。它贯穿于人类一切活动之中，作为内在精神特质的映射，不仅囊括了……更蕴含了向人类提供深切关怀的深刻思想。"①

① 陆士桢，孟登迎．人文精神与意义探寻［M］．北京：中国社会科学出版社，中国藏学出版社，2005：4.

据此，人文精神可界定为：一种以人为主体的精神内核，其精髓聚焦于对人类生存本质及自我价值的深远考量，构成了个体行为准则与社会交往中的基础性“价值观念”与“生命哲学”，引导着人的存在方式与意义探索。

于人文素质的四维构建中，人文精神无疑扮演了灵魂的角色，其核心要义深深植根于“人本主义”的土壤之中，即强调将人置于至高无上的地位，并尊崇其内在价值。这不仅是对人的优先性的确认，更体现在对个体尊严的捍卫、价值追求的支持以及对人生轨迹深切关怀的实践上。人文精神作为一种广泛而深刻的人类自我关照，体现为对过往精神文化遗产的深切敬意以及对理想化全面发展人格的不懈追求与精心塑造。在探讨人与自然、社会及文化的互动框架时，其核心理念凸显人的主体性地位；于认知与行动的范畴内，其终极愿景聚焦于人类多元需求的满足，坚持人是终极目标的信念；于物质与精神的天平上，它倾向于精神的升华超越物质的累积，彰显人的价值凌驾于物之上，这不仅是人道主义的体现，也是人本主义的深刻践行；至于人际互动的经纬间，它强调个体间应相互尊重人格之尊严，彰显人人均等的原则。简而言之，此即倡导以人的生命为基石，发展为导向，自我实现为归宿的核心理念。

## 二、人文素质教育

### （一）人文素质教育的内涵

人文素质教育，作为一种深度教育形式，旨在通过系统化的知识传授、亲历性的实践体验与深刻的内心感悟，将跨越时空的人类卓越文化与人文精神渗透至受教者心田。此过程不仅促进个体内在世界的丰富与完善，更引导其构建出稳固而独特的个人品质框架。最终，人文素质教育致力于推动个体在自我实现的同时，亦能积极贡献于社会价值的创造与提升，实现个人与社会和谐共进的教育目标。

人文素质教育依据其教育内容的深度与广度，可细致划分为三大维度：首要层面聚焦于人文基础知识的全面构建，这一层面不仅涵盖人文学科的广泛领域，如思想教育、伦理道德、政治启蒙、语言文学、哲学思辨、艺术鉴赏及历史回溯，还深度融入民族传统文化的精髓，涉及传统知识普及、文化理念传承与精神价值弘扬。其核心目标在于，通过此层面的教育，使受教育者全面而深入地认知人文知识体系，尤其是本民族文化的瑰宝，从而内化本族群所推崇的道德、世界及价值观念，强化民族归属感与认同感。次要层面转向人类意识教育的探索，该层面聚焦于人类在意识形态领域的共同财富，包括但不限于卓越的意识形态成果、普遍认同的道德伦理与价值体系，以及跨越国界的行为准则。其教育宗旨在于拓宽受教育者的思维边界，引领其跨越文化的界限，领略东西方智慧的碰撞与融合，汲取全球思想文化的精髓，以开放包容的心态丰富自我，实现思想的升华。最终层面则深入精神修养的培育，此层面着重于精神层面的提升与修养的养成，涵盖精神境界的跃升、理想人格的塑造以及坚定信念的树立。精神修养教育的根本目的在于，将前两个层面所积累的人文知识与人类意识领域的智慧结晶，内化为受教育者的人格特质、气质风范与修养深度，形成其稳固而独特的内在品质，为其人生旅途提供精神指引与不竭动力。

促进个体品德的完善、塑造健全的人格特质、激发创新的思维火花、发掘并培养创造能力，构成了人文素质教育的双重核心要旨——既是其追求的目标，也是其发挥的关键功能。在此教育框架内，品德发展的培育策略聚焦于多维度的道德引导，具体涵盖道德理想的树立、道德规范的遵循、道德情感的培育、道德实践的锤炼以及道德习惯的养成，旨在全方位地增强受教育者的道德敏锐性与判断能力，进而促进其道德境界的升华与超越。① 在人文素质教育的广阔视域下，健全人格之培育旨在通过教育体系，促使受教育者在生理、心理、社会认知与道德观念间达成和谐共生的状态，确保个体能够自我洞察深刻、现实认知清晰，并在社会互动中秉持理性，由此孕育出积极向上的人生愿景、和谐融洽的人际关系、深厚的社会责任感以及坚定的自我认知。至于创新性培养方面，人文素质教育聚焦于激发受教育者的创造潜能与想象力，正如爱因斯坦所强调："想象力，作为知识之翼，其重要性尤为凸显。"创造力，作为卓越人才不可或缺的特质，其培育虽需人文与科学教育的深度融合，但人文素质教育在启迪直觉、滋养想象力方面，扮演着不可或缺的角色。新创意的诞生，往往根植于个体敏锐的直觉与丰富的想象力之中，而人文素质教育正是这一过程的催化剂，其对于创新意识与创新能力的培育作用，无可替代且至关重要。

### （二）人文素质教育的特点

#### 1. 理论的体验性

自然科学得以在严格控制的实验室环境中经历反复验证，而人文科学则须将浩瀚的历史长河、多彩的生活实践以及深邃的人生体验视为其独有的"试验田"，这一特性铸就了人文知识理论的内在体验性，即将人文理念与个体自我塑造紧密融合。首先，唯有历经深刻体验与内化的知识，方能构筑起个体人文知识体系的坚实基础，这一过程不仅促进了知识的累积，更实现了知识向个体生命本质的渗透与融合。其次，体验与内化作为跨越学科壁垒的桥梁，不仅打破了专业间的隔阂，更引领我们深入洞悉研究对象的核心，促使我们以多元视角展现思想精髓，从而在专业领域开辟新径，成为勇于探索的先驱而非墨守成规的守成者。再次，体验与内化对于激发创造性潜能至关重要。在人文素质教育的殿堂中，唯有通过触及心灵深处的深刻体验，学生方能敏锐洞察那些富有价值的问题，为后续的学术探索与实践创新注入不竭动力。最后，这一过程亦能有效克服学习中的僵化倾向，引领思维跳出既定框架的束缚，追寻那些独具匠心的原创性思考，从而推动认知边界的不断拓展与深化。

#### 2. 主体的不可替代性

在自然科学范畴，诸如生物学、数学、技术科学及工程学等领域内，少数的科学家与技术人员能够引领大众揭开世界奥秘的面纱，使得非专业人士无须深入探究具体科学细节，亦能享受科学进步之果，从而延续并发展人类的卓越科学文化遗产。然而，人文素质

---

① 谈新敏．公民科学文化素质研究［M］．郑州：郑州大学出版社，2005.

教育则彰显了主体不可替代的独特价值，其精髓在于个体的亲身参与与内心体悟，是任何间接方式所难以企及的。教育之旅的核心，全然仰仗于学习者个体的自主学习与不懈积累，外界的助力虽宝贵，却终究无法完全替代个人探索的足迹。无论是人文知识的汲取、人文精神的升华，还是人文实践能力的锤炼，每一环节的精进皆源自个人内在的不懈追求。缺乏此等个体努力，人类文明的人文之光便难以璀璨绽放，进步的步伐亦将受阻。从本质而言，人文素质蕴含着深刻的思想底蕴与精神价值，这份宝贵的精神财富唯有通过个体的亲身感悟与持续传承，方能生生不息，其独特性与不可替代性在此得以彰显。

3. 过程的连续性

人文素质教育独特的主体性特质，从根本上确立了教育过程持续不断的本质属性，它排斥了任何形式的速成或懈怠。人文素质教育的进程，如同一条不息的河流，始终处于动态演进与深化之中，永无止息地追求着更高境界。若高等教育机构未能将人文素质教育置于长期战略的高度加以规划与执行，同时学生群体亦忽视自身人文底蕴的持续构建，势必造成人文素质的滑坡乃至退化。唯有持之以恒、不懈怠地推进，方能有效促进学生人文素质的稳步提升与全面发展。

4. 情感的丰富性

人文素质教育，作为人性光辉的颂扬者，深刻触及并探讨着人类道德的深邃、理想的崇高与价值的多维，其内在蕴含着丰富的情感维度，彰显出教育的人性化精髓。此教育范式致力于培育学生情感世界的积极健康与细腻丰富，引导个体追溯并探寻人性本真的原始风貌，这一过程与塑造坚韧不拔、勇于直面挑战、持续进取、自尊且自信的个性特质紧密相连。在优秀历史篇章、文学佳作与艺术瑰宝的浸润下，人们得以深刻感知创作者的情感流向，从而不断趋近真善美的至高境界，同时坚决摒弃假恶丑的负面元素。

5. 目标的实践性

个体在人文知识的汲取中，能够为其人文精神的滋养提供有力支撑，然而，这并不直接等同于能将之无缝转化为切实有效的人文实践能力。要将人文知识内化为持久且活跃的人文实践能力，离不开持续且深入的实践锤炼。因此，激励教育对象积极投身于多样化的实践活动中，旨在培养其多维度的人文实践能力，并以此为基石，全面增强其社会责任感，乃是实现人文素质教育终极目标的必由之路。学校应当充分认识到社会实践活动与社团活动的价值所在，将其有机融入教学规划之中，并通过严格的评估体系加以监督，确保此类活动能在人文素质教育中发挥不可替代的积极作用。

## 第二节　大学生人文素质教育概述

当今时代，科技迅猛发展，经济繁荣昌盛，社会对人才培养的标准愈发严苛。大学生，承载着国家的未来愿景与民族的深切期望，其综合素养的优劣，直接映射着国家发展的潜力与民族复兴的前景。在此背景下，人文素质教育作为锻造大学生综合素养的关键一环，正逐步成为社会各界瞩目的焦点。人文素质教育主要是通过对大学生加强文学、历史、哲学、艺术等人文社会科学方面的教育，以提高大学生的文化品位、审美情趣、人文素养和科学素质。以下将围绕大学生人文素质教育的核心议题，深入剖析其内涵、价值与深远意义，旨在为推动我国高等教育体系的革新与发展贡献理论参考与实践洞见。

## 一、大学生人文素质教育的基本内容及原则

### （一）大学生人文素质教育的基本内容

#### 1. 人文学科知识培养

人文知识的培育根植于人文学科教育之中，这是一项异于专业技术学科范畴的、深具实践性的教育举措。它巧妙地将教育过程与受教者的个人兴趣及爱好紧密相连，通过设立选修课程、非学位性质的通识教育等跨学科的灵活教学形式来实现，旨在强化大学生人文素质教育的精神内涵，对于高校内人文素质教育工作的深入实施具有举足轻重的意义。人文领域的知识体系，构成了一个广博且深邃的教育框架，其核心广泛涉猎经济学、政治学、设计艺术、宗教学说、历史探究及音乐诗词赏析等多元学科领域。此体系通过细腻的思想启迪与情感渗透，悄然塑造着学习者的心理结构与处世哲学，逐渐熔铸为个体内在的修养与品格。与自然学科所秉持的客观理性、技术导向相比，人文知识的传授与培育过程，因其蕴含丰富的主观色彩与人文关怀，可被视为一种“柔性教化”的实践，强调在潜移默化中提升学习者的综合素养与人文情怀。

#### 2. 文化知识培养

文化素养的培育，作为文化知识传递的核心途径，奠定了提升大学生人文底蕴的坚实基础。通过持续的文化知识教育活动，不仅能够有效拓宽大学生对文化领域的全面认知与深刻把握，增强其文化积淀的广度与深度，还促进了学生将正面价值观与思想精髓内化为个人信念，促使他们以理性思辨的视角审视人生意义与存在价值，从而实现精神的成长与升华。在知识体系的构建中，文化知识教育融汇了自然科学与社会科学双重维度，两者相互交织，为大学生的现实生活提供了多维的参考框架、选择的余地、借鉴的素材及思考的触媒。这一综合教育模式助力学生深谙“人类本质与行为规范”，启迪他们进行做人之道的初步哲学探索，逐步塑造出根基稳固的价值判断与选择体系。在此过程中，学生不仅增进了自我认知与自我完善的能力，也深化了对世界理解与改造的视野，确保了文化知识、道德素养、体育技能及审美情趣等多方面的均衡并进，最终迈向德智体美全面发展的新高度。

#### 3. 人类命运共同体意识培养

在中国悠久的传统文化脉络及马克思主义中国化理论体系的精髓里，均深刻蕴含了追求“万物并育而不相害，道并行而不相悖”的和谐共生理念，倡导人与世界万物，乃至自我之间的圆融关系。自古以来，中国便确立了遵循自然法则行事的基本原则，正如《荀子·天论》所阐述：“天道运行有其恒定规律，不因圣君尧而存，亦不因暴君桀而亡。顺

应此道治理则吉，悖逆则凶。”进一步地，通过生活实践的深刻洞察，古人创立了“五行相生相克”理论，精妙地揭示了宇宙间万物间存在的客观且普遍的相互关联与制约规律，这一理论不仅是对自然现象的抽象概括，更深层次地，它凸显了人类命运紧密相连、共荣共生的价值观念。人类命运共同体意识的培育核心涵盖共享共融的理念、协同协作的认同以及尊重与理解的深化，这些要素广泛渗透于国际经济协作、政治互信、文化交流、生态共护、安全协作及气候治理等宏观层面，同时细微至人际交往、沟通艺术及关系构建等微观领域。历史长河中，人类虽为匆匆过客，却镌刻下不朽印记；自然之下，人类宛如稚童，怀揣好奇探索之心，亦历经坎坷与挑战。强化人文素质培育中的人类命运共同体意识，不仅是时代进步之迫切呼唤，亦是个人心灵归真、坚守初衷的必由之路，更是对生命尊严与多样性的深刻尊重与珍视。

#### 4. 思想道德修养培养

国之强盛，基于德行之基；人之立世，亦赖道德之柱。《大学》有云：昔人欲光昭明德于四海，必先理国；欲理国者，必以齐家为先；齐家之道，在于修身；修身之要，在于正心；心正则意诚，意诚始能致知；而致知之本，在于穷究事物之理，即格物以致知。故格物为求知之始，乃道德修养之基石①。意大利文艺复兴巨匠但丁曾深刻指出：道德之光辉足以映照智慧之隙，而智慧之光却难以填补道德之空缺。这一见解，跨越文化的界限，与中国传统智慧的精髓不谋而合，均将思想道德的培育视为人文素质教育的核心与终身发展的基石，持续贯穿于个体成长的每一阶段。然而，反观历史，我国曾面临思想道德建设滞后于经济社会发展的挑战，此脱节现象对社会的长远稳定与进步构成了显著影响，此问题历来受到党中央的深切关怀与高度重视②。

#### 5. 社会主义核心价值观念的培养

每一时代均孕育着与之相契合的核心价值观念，这些观念如同精神纽带，紧密凝聚着社会成员的心灵。在党的十八大上，明确提出“三个倡导”，其维度横跨个人修养、社会和谐及国家理想，以精练之语汇蕴含深邃之意蕴，迅速成为指引当下社会思潮与价值观念走向的灯塔与标杆。此核心价值观深深扎根于中华悠久文化的沃土之中，既是对民族文化精髓的传承与发展，也是在马克思主义理论照耀下的价值观创新实践。将这一核心价值观有机融入日常教育体系，旨在激发与塑造受教育者的正面思想倾向与价值认同，此举构成了高校意识形态教育工作不可或缺的关键一环。作为未来社会职场的中坚预备军及中国发展蓝图的领航者，大学生群体的价值观教育成效，直接关系到中国特色社会主义事业航程的稳健前行与现代化建设的宏图伟业。党中央始终将目光投向这一群体对社会主义核心价值观的学习践行状况，并适时颁布一系列政策指南，以精准施策，促进其深植于各行各业，成为高校人文素质教育体系的关键构成。此举措不仅在理论上为大学生人文素质与思

① 陈璐佳．原本《大学》的功能语篇分析［J］．赤峰学院学报（汉文哲学社会科学版），2014（3）：209-210.

② 中共中央关于深化文化体制改革推动社会主义文化大发展大繁荣若干重大问题的决定［J］．前线，2011（11）：4-14.

想品质的塑造提供指引，更在实践层面推动了相关培养工作的系统深化与全面落地。

### （二）大学生人文素质教育的原则

#### 1. 以学生为本原则

“人本理念”构成了大学生人文素质教育不可或缺的理论基石与导向准则。秉持此理念，核心在于将学生置于教育活动的中心舞台，深切尊重每位学生的独特个性与人格尊严，致力于促进其个性化潜能的充分释放与成长。我们力求构建一个促进学生全面发展的优质环境，不仅拓宽其知识边界，更塑造其高尚品德，为学生铺就一条通往成功与自我实现的宽广道路，从而在根本上促进其身心健康与综合素质的全面提升。

首要而言，秉持“学生主体性”的核心理念，即将大学生视为人文素质培育的起始点与归宿地。这意味着，在规划人文素质教育目标蓝图、构建课程体系框架以及营造浓厚的育人氛围时，学校需深切关注学生的个性化兴趣与爱好，将学生全面发展的多元需求置于核心考量位置，确保每一环节均紧密围绕学生展开。进一步地，将“学生主体性”原则全面渗透于校园文化建设的每一个环节，从物质环境的精心布置到制度机制的科学构建，再到精神文化的深度培育，均需彰显人性化关怀，力求在每一处细节中体现对学生成长的尊重与支持。同时，注重提升校园文化的品质与审美高度，使之既符合教育目标，又能激发学生的审美情趣与文化共鸣。

#### 2. 系统优化原则

系统优化乃指在既定条件下，对系统内部组织、架构及功能施以改良举措，旨在达成资源消耗最小化而效益产出最大化的持续进程。鉴于养成教育体系的庞杂性与系统性，大学生人文素质教育的推进绝非仅限于人文学科专任教师与学生单方面的责任范畴，而是需集合多方力量，共筑协同育人的宏大格局。教育机构的办学宗旨与理念、校园环境氛围、教师队伍素质、学生管理模式以及课程结构的规划等因素，彼此之间交织着复杂的互动关系，共同构建了一个全面的人文素质教育生态系统。为促进学生人文素质的深化，学校需不遗余力地优化这一生态系统中的各项要素，旨在打造出一个最有利于学生人文品质滋养与提升的理想人文环境，让深厚的人文底蕴在潜移默化中成为学生内在素质的一部分。

#### 3. 理论与实践相结合原则

在大学生人文素质培育的征途上，理实融合的策略要求我们将理论灌输与实践锻炼紧密交织，旨在双向提升：一方面，深耕学生的人文知识储备与人文精神境界；另一方面，强化其将人文理论付诸实践的能力。“识”与“践”的和谐共生，自古以来便是我国教育思想宝库中的瑰宝。为铸就既具备深厚人文底蕴又擅长人文实践的当代学子，掌握扎实的人文理论知识乃是基石。更进一步，倡导学以致用、践履所学，鼓励学生将人文智慧内化于心，外化于行，从而在不断提升人文修养的同时，也增强自身的人文实践能力。

## 二、大学生人文素质教育的发展

我国高等教育体系长期借鉴苏联模式，聚焦于专业人才的培养。然而，伴随社会进步与经济繁荣，公众对高等教育寄予了更为广泛与深远的期望，呼吁其承担更多社会责任，展现多元功能。国家与社会对高等教育的标准亦水涨船高。当前，现代高等教育体系已构建起一个集人才培养、科学研究与社会服务于一体的综合职能框架，其中，人才培养居于核心地位，且其标准正不断演进，愈发强调学生综合素质的全面提升与深化。

我国粒子加速器物理学界的杰出代表，曾任北京大学校长的陈佳洱教授，对人才综合素质的培育给予了高度关注。他深刻指出："于知识经济蔚然成风的当下，国际经济与科技的激烈较量，其实质乃人才之战的延伸。而这场战役的胜负，首要衡量标准便在于人才综合能力的展现。这种能力的差异，既涵盖专业知识与技能的精湛程度，更深刻体现于科学文化素养与思想道德品质的卓越与否。"

1996 年，北京大学秉持"强化基础、弱化专业界限、个性化施教、多元化发展"的教育理念，启动了一项面向 21 世纪的创新型人才培养战略。该战略旨在扭转传统专业化教育的局限视角，聚焦于学生综合素养的全面提升。它不仅倡导学生培养包容心、生存技能与专注力，更鼓励学生勇于担当，树立以国为怀、民为先的使命意识，深刻理解和践行个人发展与社会进步、国家繁荣及民族复兴的紧密相连，从而构建起个人命运与国家民族未来相辅相成的和谐观念。

清华大学遵循"卓越素质、高端层次、多元发展、创新引领"的育人导向，正逐步转型其人才培养体系，由原先的专业定向培养向建立在通识教育坚实基础上的宽领域、跨学科专业教育迈进。其目标在于培育出集健康人格、社会责任感、坚实基础、创新思维、国际视野及卓越领导力等诸多优异特质于一体的高素质人才，这些人才将以其全面的素养与潜力，为社会进步与全球发展贡献力量。

总之，重视大学生人文素质教育，促进大学生全面发展，是高等教育义不容辞的责任和重要使命。

## 三、大学生人文素质教育的目标、特征

### （一）大学生人文素质教育的目标

#### 1. 文化素质教育目标

高校文化素质教育目标主要包括基础文化教育目标和职业文化教育目标两个方面。

（1）基础文化教育宗旨的深化阐述。在高等教育体系中，基础文化教育旨在达成多重核心目标：首先，塑造学生掌握具备时代前沿性、深厚民族根基及广阔国际视野的人文学科基础知识，涵盖文学、历史、科学等领域的基础理论，奠定学生后续专业深造的坚实基础。其次，着力于构建优化的智能架构，通过文化素质教育促进学生形成对自然界、社会结构及人生哲理的全面且科学的认知体系，促进智力与非智力素质的均衡并进与和谐共生。最后，强化思维能力培育，作为文化素质教育的关键维度，旨在通过多元路径如哲学思辨强化逻辑思维，美术音乐等艺术熏陶提升审美与鉴赏能力，综合锻造学生卓越的思维能力与创造力。

（2）职业文化教育目标。高校职业文化教育的多维目标体系构建：首要目标在于奠定学生社会认知、职业认知及法律意识的基础框架，为学生步入社会职场奠定坚实的初步理解基础。进一步而言，通过深化职业探索，旨在培育学生形成系统化的职业思维模式，此非单纯知识量的堆砌所能达成，而是需构建起科学严谨、灵活应变的职业思维体系，如信息整合分析能力、环境适应与策略调整等，以实现知识的活学活用与高效转化。最终，职业文化教育的核心目标聚焦于职业精神与道德意识的塑造，此乃学生职业发展的灵魂所在。良好的职业精神与职业道德不仅能够促进学生顺利融入职场环境，更赋予其面对挑战的勇气、坚持不懈的毅力，从而为学生的职业生涯铺设一条稳健发展的道路。

2. 人文精神和职业精神教育目标

（1）人文精神教育目标。首要任务是激发学生对生命价值与意义的深刻认识与珍视。生命至上作为人文精神培育的基石，要求大学生将生命的宝贵视为行动与决策的先决条件，既要珍视自我生命，亦需尊重万物生灵，深入领悟生命的真谛，并秉持活在当下的积极态度。紧接着，应着力培育学生自我成长与完善的内在驱动力，鼓励其追求个人潜能的充分发挥与实现。这一过程不仅是人文精神教育的终极指向，也是对学生个人价值追求与全面发展的高度认同与塑造，旨在锻造出兼具自我实现理想与持续自我超越能力的理想人格。

（2）职业精神教育目标。在大学生人文素质教育的体系中，首要环节是铸就学生积极向上的职业心态，此心态乃职业精神之基石。优良的职业心态不仅是职业生涯的起点，更体现在诸如爱岗敬业等职业素养之中，即深切热爱并致力于所从事的职业。继而，应强化学生的责任意识，构建多维度的责任观念。这不仅要求学生对个人生涯承担明确目标导向下的规划与管理责任，还需在工作执行与团队协作中展现高度的责任感，以严谨细致的态度对待每一项任务，杜绝敷衍塞责，彰显强烈的职业使命感。最终目标是引导学生形成稳固且正面的职业风尚。这包括秉持脚踏实地、诚实守信的行事原则，依托于扎实的专业知识与技能，以卓越的职业风范指导日常行为，从而达成职业精神培育的最终愿景，即实现个人价值与职业成就的和谐统一。

3. 人文能力教育目标

人文能力是人文素质教育的外显，是内化于个体当中人文知识和人文精神的表达，人文能力教育目标应注重培养学生的人文科学研究能力，以及职业能力。

（1）人文科学探索能力的培育导向。高等教育在人文能力培养上，首要任务是启迪学生的人文哲思，旨在塑造一种思维范式，其中蕴含对自由精神的深切向往、对生命价值的崇高尊重、对国家社会的深切责任感，以及对道德规范的坚定遵循，从而构建学生思想层面的高远境界。进而，需注重学生人文探究技艺的锤炼。与科学方法论侧重理性逻辑与实验验证不同，人文方法侧重于引导学生在思维与实践中融入体验与感性洞察，鼓励其在面对问题与挑战时，以更加开放与创造性的视角进行探索，这种独特的方法论路径往往能够激发创新的灵感火花，为人文科学领域注入新的活力。

（2）职业能力的教育目标。首要之务，应聚焦于学生“专长技能”的培育，即职业领域内的特定胜任力，此能力根植于专业知识的深入研习与实践操作的紧密结合之中。其外在体现为学生能够在所属专业范畴内，精准匹配并高效胜任特定职业岗位的需求，构成高校各专业教育体系的特色核心竞争力，彰显专业间的差异化优势。随后，转向通用技能的强化，旨在使学生具备跨越行业界限的广泛适应性，能够在多样或相近的工作领域内灵活迁移与自我调整，这是高等教育对学生综合职业素养的普遍性要求。最终，职业能力教育的精髓聚焦于核心能力的构筑，此乃中等职业学校的核心教育目标所在。核心能力，作为职业领域的通用语言，具有高度的普适性和迁移价值，其培养旨在为学生职业生涯的持续发展奠定坚实基础，助力其在职业道路上灵活应对变化、精准规划路径并持续提升自我，实现职业生涯的长远成功。

### （二）大学生人文素质教育的基本特征

#### 1. 人文素质教育的主体性

教育领域内，核心在于激发学生的主观能动性，这在人文素质培育的语境下尤为凸显，强调的是学生作为主体的自觉意识。唯有当学生积极投身于学习进程，外部教育资源方能发挥最大效能。在高等教育的人文素质教育板块，必须将学生置于教育的核心位置，鼓励其主动参与，唯有深刻认识到自身的主体性，方能解锁潜能，展现出更高的学习热情与成长动力，进而促进个人全面而深入的发展。

#### 2. 人文素质教育的全面性

人文素质培育的核心理念在于促进全体学生之全面进步，致力于构建一个优越的成长环境与学习风气。其精髓可归纳为两大维度：一个维度是追求学生群体质量的整体性飞跃，强调高等教育需秉持对每位学子负责之态度，确保每位学生的素质成长均能获得必要的支撑与基础条件，此亦契合我国教育法所倡导的“教育公平，机遇均等”之原则。另一维度则聚焦于学生个体的全人发展，旨在提升其综合素养，认知到人的成长是德、智、体、美、劳等多方面的和谐并进。基于此，中等职业学校的人文素质教育应以此为路径，全面促进学生身心健康、技能精进、知识累积、品德锤炼及情操陶冶，实现其全方位、多维度的成长与发展。

#### 3. 人文素质教育的基础性

人文素质培育，其核心在于传授人性本真的要义，此乃人立身之基石，发展之源头，亦为个体诸领域进步与扩展之坚实根基。该教育体系深谙塑造完整人格之奥义，旨在引导学生领悟并实践做人之道，既包括理想人格之定位，亦涵盖践行路径之探索。面向新时代，教育之愿景聚焦于赋能学生，不仅在于知识的累积与技能的掌握，更在于道德品质的塑造与为人处世的智慧培育，实现知与行的和谐统一，全面发展。

#### 4. 人文素质教育的时代性

人文素质教育，作为时代的必然产物与知识经济背景下的核心诉求，于当前高等教育体系内更显其重要性。面对社会经济迅猛发展的浪潮，如何灵活适应产业结构转型升级所引发的高素质人才需求变革，同时兼顾高等教育内在质量的提升与学生中心地位的巩固，人文素质教育无疑是其中的关键桥梁。高等院校在推行人文素质教育之时，应勇于担当革新之重任，致力于培养那些既能紧贴时代脉搏，又富含创新精神与创造能力的未来人才，从而精准对接社会需求，促进人才质量的全面升级。

## 四、大学生人文素质教育的意义

随着我国高等教育步入快速发展与深化改革的崭新阶段，大学的教育职能经历了显著的转型与深化，其角色已超越了单纯的知识传授与专业技能培养的范畴，转而聚焦于人的全面发展。大学不仅是孕育专业人才的摇篮，更是塑造大学生完整人格、磨砺其独立思辨能力的圣地，致力于使大学生的思维轨迹与人类文明累积的集体智慧保持同频共振。不容置疑，近代高等教育的诞生根植于科学革命与工业革命的深厚土壤之中，其标志性的特征便在于专业教育的凸显，这一特质将其从普通教育体系中鲜明地区分出来。然而，高等教育实则源自历史悠久的人文教育脉络，作为其分支或形态逐步演进而成。人文教育的深厚底蕴与核心理念，自然应当成为高等教育不可或缺的内在特质，其核心聚焦于人的精神世界、文化素养与道德情操的关怀，致力于推动人的全面而深刻的成长。在高等教育的语境下，人文素质教育的价值尤为凸显，它不仅深刻作用于高校学子个体的成长轨迹，影响着高等教育体系本身的质量与深度，更在宏观层面上对社会文化、道德与发展的整体进步产生着不可估量的影响。

### （一）对高校大学生的意义

#### 1. 有利于高校大学生的科学素养和道德价值观的共进协调

在加速科技现代化进程的征途上，东西方均遭遇了前所未有的挑战，现代性的光辉正面临深刻的审视与反思。普遍而言，公众对科技进步抱有纯真的乐观看法，坚信其能引领人类社会迈向更加繁荣与幸福的未来。然而，在追求经济总量扩张与物质享受无度的驱动下，人类不惜与自然生态、其他生物乃至同类之间展开争夺，这种行为背后隐含着“福祸相依”的哲理，深刻揭示了自然界的辩证规律。现代科技，这把锋利的双刃剑，既承载着提升民众福祉的潜力，也潜藏着引发灾难的风险，其核心在于我们采取何种价值观去理解和驾驭这一力量，以确保其正面效应的最大化。科学的困境，实则非科学内在缺陷所致，而是源于人类价值观的偏离。在高等教育的殿堂中，专业教育以其独特性区别于普及教育，它不仅要求学生深耕科学文化知识的沃土，更需洞悉科学的效能与边界。高校的人文教育犹如灯塔，为科学教育指引方向并设定界限，促使学子在科学素养增强的同时，清晰界定科技应用的适宜与禁忌，学会在科技的多重功能间做出抉择，并融入道德伦理的考量。科学知识的累积，无疑拓宽了我们的智慧疆域，拓宽了视野，使我们在探索与改造自然的过程中，实现了人性的解放与价值的彰显，自我认同得以深化。而人文素质教育，则聚焦于人性的完善与道德精神的升华，它促使我们深入探究科技背后的深层意义与终极目的，确保科技发展始终服务于人类福祉，而非背离人性之根本。

2. 有利于提高高校大学生的创新能力

一个缺乏创新活力的民族，难以在全球民族舞台稳固立足。当前，我国经济发展相较于世界领先国家，存在显著差距，尤为突出的是科技创新能力方面。科技创新已蜕变为一国综合国力与国际竞争地位的核心标志，它是国家持续繁荣与进步的源泉。科技的飞跃、经济的繁荣乃至社会的全面进步，皆根植于劳动者素质的整体提升与大批高素质人才的涌现。高等教育体系深化改革的核心驱动力，正是创新能力的培育。而人文素质的涵养，则作为21世纪知识经济时代的迫切呼唤，其地位基础而关键，为科学探索提供方向引领，确保科技进步惠泽人类社会。于当下强调科技创新能力建设的语境中，坚实的人文素质构成了强化创新能力不可或缺的基石。人文底蕴与创新潜能，共同构成了人类生存与发展中不可或缺的双翼价值追求。在创新能力构建中，实证、理性与审美三大精髓，于无形中塑造着个体求实、崇理、尚美的精神风貌。从这一视角审视，科学创新之魂不仅深植于人格修养与道德品性之中，且与人文精神的核心价值不谋而合。进一步而言，优秀的人文素质能够促使个体频繁地在科学逻辑与人文情怀两种思维范式间进行交互、融合训练，从而构建起综合性的知识体系，这一过程对激发创新思维潜能、促进其全面发展具有显著的催化效应。

3. 有利于高校大学生未来的职业发展

强化人文素质培育，是促进学生自我完善的关键路径。高等教育在发挥其经济驱动力的同时，育人使命亦不容忽视。人文教育不仅是塑造高素质、应用型人才不可或缺的环节，更在激发职业人士内在潜能、指引职业发展方向上发挥着举足轻重的促进作用，成为大学生自我成长的必要支撑。高等教育的核心目标，本质上在于将完成中等教育的学生培育为切合社会需求的高级专业人才，明确了人才培养的标准与质量期望。尽管其核心聚焦于实现个体的经济价值，但此目标的实现深度以及知识技能的掌握与应用能力，均深刻受制于个体的精神风貌与心理状态。

### （二）对高等教育的意义

1. 有利于高等教育的“返璞归真”

高等教育的精髓聚焦于人才培养，因此，人的素养构建及其形成机制构成了高等教育宗旨的深层理论基础。历史上，人文主义教育理念曾对高等教育的演进产生了深远的烙印，其在高教实践领域的应用尤为广泛且充满活力。博伊先生主张，学生不应囿于狭隘、过度技术化的知识范畴，而应深入洞察所学专业背后的社会伦理价值与责任，以培养全面的职业视野与伦理认知。高等教育的成功实现其宗旨与展现其功能价值，核心在于其运作过程需紧密贴合大学生身心成长的自然法则，并致力于促进他们的全面而协调的发展。高等教育绝非单纯局限于“才”的雕琢，更是关于“人”的全面塑造。在这一过程中，大学生在汲取丰富专业知识的同时，亦需借助人文素质教育的力量，磨砺个人的独立思考与自主学习能力，进而构建起科学的世界观、人生观与价值观，以成就更加完满的自我。

2. 符合高校专业教育和通识教育和谐发展的需要

教育乃深刻影响个体身心成长之关键历程，其深远目标在于塑造更加睿智、富裕且高尚的人格，最终实现个体自由、全面与和谐的发展，此乃教育的终极愿景。大学，作为培育高层次人才的摇篮，依据学科体系与社会分工的实际需求，对学生实施专业化的教育策略，此举不仅是合理之举，亦属必要之措。在此过程中，专业教育扮演着核心角色，对于推动人的专业素养与能力的飞跃式发展，起到了不可估量的促进作用。然而，单纯依赖专业教育可能诱发另一种局限性发展，体现为知识的单一深化与能力的片面强化。为防范过度专业化之弊，通识教育的融入成为高等教育不可或缺的一环，以丰富其内涵，促进个体的全面均衡发展。回溯高等教育的历史脉络，不难发现，随着时代的变迁，高等教育的社会需求亦在动态调整，其目标定位亦随之更迭。然而，贯穿始终的是，高等教育始终将人才培养视为核心使命，通过促进人的全面发展来驱动社会的进步与服务社会的需求。

从本质层面剖析，通识教育与专业教育分属不同的价值取向范畴，两者之间并不具备绝对的对错之分，缺乏科学判定其优劣的严格标尺。置身于全球化浪潮的今天，高等教育的核心追求已转向培育兼具深厚学科素养与人文精神、怀揣社会关怀与责任感的新时代复合型人才。为此，高等教育体系亟待打破通识与专业教育间的界限壁垒，促进两者之间的深度融合与互补，进而构建一种融合人文智慧与科学理性的人才培养与教学模式，以实现知识与品德的双重升华。高等教育在促进知识进步的同时，亦承载着培育兼具创新力与综合素养人才的重任。人文素质教育的强化，成为缓解大学教育中通识与专业、科学与人文间潜在张力的关键，促使高等教育的教学模式实现从知识灌输向能力塑造与素质提升的深刻转型。据此，深化高校人文素质教育，能够巧妙融合专业教育与通识教育，推动两者相辅相成，共同以知识为基、德行为魂、价值观为导，全面滋养学生的认知、情感与意志，促进其和谐并进，迈向更加全面与完善的成长之路。

### （三）对社会发展的意义

#### 1. 有利于构建社会主义和谐社会

众所周知，构建社会主义和谐社会，是中国特色社会主义事业新的伟大实践。“社会主义和谐社会，实际上是指以人为主体的社会和谐发展状态。”[①] 此处的“社会和谐发展状态”着重描绘的是人与人之间、人与社会及人与自然间和谐共进的理想状态。作为社会构成的核心，人的福祉是和谐社会构建的根本目标，而此目标的达成离不开人的持续奋斗与贡献。归根结底，关键在于“人”本身，尤其是人的观念革新、意识觉醒、品格塑造及修养提升，这些内在要素发挥着至关重要的决定性作用。“从更深层次而言，和谐社会构建的步伐紧密关联于全体社会成员的思想观念、知识积累，以及人的精神风貌与内在世界。”构建社会主义和谐社会的新征程，对公民的人文素质提出了更为严苛的标准与期待。高等教育，作为培育与输送高素质人才的重要基地，其强化人文素质教育的举措，对于和谐社会建设的推动作用，无疑是不可忽视且至关重要的。

① 中共中央党校经济学教研部课题组．试论社会主义和谐社会的构建［N］．光明日报，2005-03-18（8）．

#### 2. 有利于强化民族文化认同和传承民族文明

文明之魂，深植于文化之根，中华民族之文化，宛若五千余年文明长河中奔涌不息的生命脉动，它不仅是民族自我认知的基石，更是心灵与精神的坚固支柱，鲜明地标定了本民族与他者之间的独特界限。于未来全球竞争格局中，民族文化的核心价值与蓬勃生命力，将扮演至关重要的决定角色。对于我们这一拥有辉煌而悠久文明历程的民族而言，璀璨的传统文化构成了民族精神的不竭源泉。置身于当今这个信息化与知识爆炸的时代，全球化浪潮汹涌澎湃，强化民族文化的身份认同与传承，更显其不可或缺的重要地位。为了推动中华民族迈向伟大复兴的宏伟目标，一种坚韧不拔的民族精神显得尤为重要，它不仅是提升我们精神竞争力与民族团结力的关键所在，更是优秀民族传统文化所承载的不可估量价值之体现。民族历史的深厚积淀，乃是孕育民族精神的肥沃土壤，一旦脱离了这片土壤的滋养，民族精神的培育便如同失去了根基与源泉，难以茁壮成长。鉴于此，当前亟须加强对高校学子民族传统文化的教育力度。高校应将人文素质教育置于更加重要的位置，尤其是要深入挖掘并弘扬民族优秀传统文化的精髓，将民族文化元素有机融入教育教学体系之中，使青年大学生在日常学习中受到民族优秀文化的深刻浸润与启迪，进而丰富其精神内涵，激发其爱国情怀与强烈的社会责任感。此举不仅能够有效增强新一代大学生的精神风貌与内在力量，更将对凝聚民族共识、增强国家向心力以及提升国家软实力产生深远而积极的影响。

## 五、大学生人文素质教育的必要性

### （一）人文素质教育是人的全面发展的需要

审视大学科学教育对于人的全面发展之贡献，不仅科学知识不可或缺，人文知识亦同等重要；科学精神与人文精神需并蓄兼收。科学教育的核心在于传授科学技术，旨在通过其应用增进社会生产力，丰富物质财富，以科技之光福祉人类。而人文教育，则侧重于人文知识的汲取与内化，致力于提升个体的人文修养与素养，滋养人文精神，促使认知、情感、意志与行为和谐统一，强化道德辨识力、情感评估力及审美鉴赏力，引导个体形成正确的价值导向与人生抉择。科学教育诚然能够助力个体适应社会的快速变迁，但在塑造世界观、人生观、价值观、道德观、情感观及心理观等深层次维度上，其效果或显不足。此等任务，恰需人文教育之介入与深化，方能实现更为全面而有效的解决。人文教育，正是承担起这一使命的关键所在，通过其独特的教育方式，促进个体内在世界的完整构建与和谐发展。科学精神的培育，根植于科学教育之中，进而孕育出深厚的科学素养，而人文教育，则是人文精神养成的摇篮，引领个体迈向人文素质的殿堂。两者相辅相成，深度融合，乃是人实现全面发展不可或缺的基石。这一融合过程，不仅强化了科学精神与素养的积淀，更赋予了个体以科学情怀，使之在科学探索中不失人文关怀；同时，也丰富了人文精神与素养的内涵，促使个体在人文滋养下，既保持对人文的深情厚谊，又坚守人文操守，最终达成科学与人文的和谐统一与完美融合。

人的全面发展是一个多维度、综合性的进程，涵盖了个性张扬、和谐共存、自由探索与审美追求等多元面向。这一进程超越了单一的智力与知识增进，深入触及思想情感的丰富、道德情操的完善，以及科学精神与素养、人文精神与人文素质的高度融合与和谐共生。然而，当前大学教育体系普遍存在的倾向是过分偏重科学教育，却在一定程度上忽视了人文教育的价值与地位，导致人文教育被边缘化。这种教育失衡的后果是，所培养出的学生往往擅长技术操作与数理逻辑，却缺乏对于科学、技术与数理之美的深刻感知与欣赏能力，成为仅擅长“制器”的专业人才。正如美国著名哲学家罗兰·斯特龙伯格所深刻洞察的那样，大学在某种程度上已演变为专注于培养工程师、医生及程序员等职业人才的工厂，其首要目的似乎在于确保毕业生能在高科技领域获得高薪职位，而忽视了对学生全面发展与综合素养的培育。① 高校在人才培养上过度聚焦于科技精英的打造，致使众多学子沦为技术娴熟却人文素质匮乏的“单翼天使”，此种发展模式片面且局限，有悖于大学教育全面育人的根本宗旨。为了塑造出既精通科技之道又能深刻理解其人文价值，既能驾驭机械之力又兼备深厚人文底蕴的复合型人才，大学科学教育必须与人文教育实现深度融合与互补。这种无缝对接，不仅是教育实践的必然需求，更是推动学生实现全方位、自由而充分发展的关键所在，确保每位学生都能在科学的理性与人文的温情间找到平衡，成长为全面发展的时代栋梁。

在大学教育的广阔舞台上，科学教育与人文教育的深度融合与协同，是达成学生全面发展培养目标的关键驱动力。人的全面发展根植于坚实而多元的知识体系与敏锐的思维能力，这些均要求科学理性与人文关怀的紧密交织与和谐共生。此外，人的全面发展还体现在其才能的全面拓展上，即对世界认知与改造能力的全方位增强，这离不开身心素质、物质与精神世界的和谐并进，而这些均依赖于科学教育与人文教育有效融合所营造的育人环境。全面发展的人才，并非仅限于技术掌握与科学方法的运用，而应是科学精神与人文素质并重，能够深刻理解科技背后的人文价值与社会影响。单纯的技术追求，若缺乏人文的滋养，将使人陷入技术至上的单维度困境，成为仅有技能而无灵魂深度的“空壳之才”。因此，科学教育与人文教育的融合，不仅是知识的整合，更是灵魂的塑造，旨在培养出既有技术深度，又具人文温度的新时代人才，避免“空心化”的单一发展倾向。

### （二）人文素质教育是教育回归本真的需要

教育的精髓聚焦于催化个体的独特成长轨迹，引领个体从个性化的萌芽迈向全面均衡的发展境界，旨在完善人性维度，铸就坚韧的人格框架、鲜明的个性特质、开放的思维体系及独立的自我意识，进而达成全面发展的终极愿景。这一过程不仅让个性璀璨绽放，也实现了个性、思维乃至精神层面的深度解放，真正促进了个人特色的最大化展现与自由度的持续提升。教育之本，即在于全方位地塑造、熏陶与培育个体，以培育具备综合素质的全面发展人才为核心使命，推动个体从自由探索逐步迈向全面的、充分的自我实现与人性解放，最终达到人的自由与全面发展的崇高目标。

---

① ［美］罗兰·斯特龙伯格．西方现代思想史［M］．刘北成，译．北京：中央编译出版社，2005：589.

教育内容的两大支柱体系，分别由科学教育与人文教育构筑而成。两者在培育与发展个体的路径上展现出显著差异。科学教育聚焦于向学习者传授自然科学知识，借助科学符号、概念体系及其阐释等外在表征，使学习者深刻把握科学原理与真理，进而运用科技手段揭开自然界的神秘面纱，实现对自然世界的改造与利用。相比之下，人文教育则侧重于挖掘科学背后的智慧精髓与创造力，以及科学探索过程中体现的人性光辉，将这些宝贵的精神财富内化为个体的心理素质与思维方式，赋予科学以深厚的人文底蕴与人性关怀，从而超越科学教育单一理性维度的局限，达到科学教育难以触及的深远境界。科学教育致力于培育个体的科学及技术理性，而人文教育则侧重深化人文理性，并同步促进价值理性的形成。因此，在科学教育体系中嵌入人文教育元素，旨在促进科学精神与人文精神、技术逻辑与价值判断、科学理性与人文关怀等多维度间的相互融合与强化，从而实现科学教育与人文教育的深度融合，确保个体在科学素养与人文情怀上实现和谐共进的全面发展。

教育的精髓旨在塑造学生完整的人格、培育其独立个性与自由思维，同时促进独立人格的形成，旨在全方位提升学生的综合素质，确保其个性获得均衡且充分的发展。教育的核心必然蕴含科学教育与人文教育的深度交融与互补。两者作为教育真谛的不可分割部分，相互依存，任何一方偏废都将导致学生成长的片面与局限。忽视科学或人文任意一端，均会加剧学生发展的单向性。此外，若在教育实践中忽视对人文精神与道德观念的培育，势必引发科学教育走向单一化的偏颇，影响学生的全面发展。于当代科学教育昌盛之际，融入人文精神于其间显得尤为重要，需将人文教育巧妙织入科学教育的经纬，实现两者间的深度交汇与融贯，确保两者并驾齐驱，从而更贴切地追寻教育的本质追求。这一融合旨在培育出既精通科学知识、掌握科学技术，又深谙人文知识与文化，不仅具备科学精神与素养，还富有人文素质与人文精神的复合型人才。通过这一教育模式，力求达成科学理性与人文灵性的和谐统一，全面促进个体的全方位成长，最终实现教育的终极愿景——促进人的自由、全面且充分的发展。

### （三）人文素质教育是科学不断发展的需要

科技的飞速进步，不仅加速了物质文明的跃升，也深刻地促进了精神文明的繁荣。它在多维度上重塑了人类的存在方式，包括生活、生产与思维模式，使之焕然一新。科技作为解放与发展生产力的关键驱动力以及社会福祉的增进器，其工具性特征要求生产实践遵循程序化、机械化、自动化的逻辑运行。然而，在这一过程中人类有被技术体系束缚的风险，个体可能沦为技术实现的工具，导致了工具理性的过度膨胀。此现象不仅削弱了人类的主观能动与创造潜能，还引发了科学与人性之间的疏离乃至异化，致使人的全面发展受到阻碍，最终陷入片面发展的困境。

为防科学技术偏离人文轨道，彰显其内在的人文价值，亟须实现科技与人文价值的深度融合与统一，促使科技重归人文价值怀抱。当前，科技作为影响思维、意志及行动的强大技术工具，若忽视人文价值导向与关怀，将导致科技异化，即将人简化为科技活动的单一工具，漠视人的多维度价值，诸如人文思辨、情感深度及对科技的人文审视等。此境况下，人逐渐在科技的程序化、机械化运作中失去自我，个性磨灭，蜕变为工具化、标准化的存在，个体发展趋于单向化，全面性遭受侵蚀，生命之丰富性为科技洪流所冲淡，精神领域亦遭功利化、物质化及实用化侵蚀。由此，人沦为科技的附庸，主动性、创造力受限，全面性惨遭削弱，步入畸形发展的歧途。

## 第三节　大学生人文素质教育的理论基础

### 一、人的全面发展理论

全面发展理论在马克思主义框架中，核心在于倡导个体个性的全面且自由释放，构想了一个以人的全方位、无拘束成长为基石的未来高级社会构型，其中，“个体自由的充分实现构成了集体自由发展的基石”。据此，人文素质培育理念与人的全面发展学说在精神内核上高度契合，可视作全面发展理论的实践深化，即将该理论的抽象愿景转化为对每位个体成长的细致关照。人文素质教育不仅致力于学生综合素质的普遍提升，更成为学生追求个人成长（或个性塑造）路径中的关键工具与策略。这一过程，深刻映现了马克思主义全面发展理论在新时代背景下的具体实践与创新发展。

人的全面发展根植于自我发展意识的觉醒，高校在培育全才的过程中，核心在于引导学生深化对生命意义与个人目标的内省认知，以此点燃其内在的发展渴求与强大驱动力。鉴于此，高校教育的重心应拓展至人文精神的滋养，旨在塑造具备全面素养的个体，并为学生的持续成长与终身发展奠定坚实的基础。

### 二、人本主义理论

人本主义理论深刻聚焦于人的尊严维护、价值彰显、创造力激发与自我实现的追求，坚决摒弃将人心理贬损至低俗化、动物化层面的趋势。该理论领域中的杰出代表马斯洛提出了需求层级的经典理论，将人的需求划分为五级阶梯，而自我实现的需求则高居顶端，视为人类追求的终极愿景。人本主义核心理念倡导个体内在蕴含自我实现的驱动力，追求真善美的天然倾向，鼓励个体挖掘并展现其内在潜能，以达成个人价值的最大化。马斯洛进一步指出，随着低阶需求的逐一满足，个体将自然而然地迈向更高阶需求的探索与实现，而当个体感受到外界的关注与认可时，这种正向反馈将成为推动其向更高精神境界攀登的强大动力。在情感维度上，大学生群体展现出强烈的被关注与认可需求，同时伴随着对失败的畏惧、情感的敏感与脆弱，这些心理特质凸显了高校实施人文素质教育的迫切性与重要性。我们呼吁教育者在教学中融入深切的人文关怀，将“塑造健全人格”与“促进个体自我实现”设定为教育的核心价值导向。这一理念强调，教育过程应细致入微地触及学生的内心世界，珍视每位学生独特的个性差异，致力于促进学生综合素质的全面发展与个性化自我实现的和谐并进。

人文主义构筑了高校人文素质教育的基石，其核心在于倡导教育者需建立在对学生的深切尊重与全面理解之上，借助多元化的教学及实践活动，营造出一个既轻松又不失严谨、既开放又鼓励交流的学习环境，以此激发学生的主体能动意识，引领其自主迈向成长与发展的道路。同时，人文主义亦向学子传递着自我调控与自我尊重的重要性，激励他们通过不懈努力探索并实现个人价值。高校人文素质教育的核心使命，即在于启迪学生领悟生命真谛与价值所在，掌握人际交往的艺术，习得正确的行事为人之道，从而全面塑造其人格魅力与社会能力。

## 三、建构主义教学理论

“后认知主义”的另一称谓为建构主义，该理论在当代教育理论与实践领域中占据了举足轻重的地位。其核心理念着重突出了学习进程中个体所展现的自主性与建构特质，即学生不仅是信息处理的中心环节，更是知识构建的主动参与者与创造者。建构主义能够成为大学生人文素质教育的理论基石，主要基于以下三大支柱。

（1）在建构主义视角下，教学聚焦于学生教育的中心地位，视学生为具有明确目标与独立见解的活跃信息处理者。教育过程旨在激发学生的求知欲与主观能动性，而非单纯的知识灌输。教师角色则转型为学生探索旅程的催化剂与辅助者，扮演着“桥梁”的角色，致力于促进学生信息处理能力与认知结构自主构建的能力，同时激发其自我觉醒、自主驱动与积极进取的精神。此自我导向的成长路径，深刻契合了人文素质教育所倡导的个体对自我价值的深度探索与未来蓝图的主动构想。

（2）建构主义教育观倡导将教学根植于真实情境之中，强调唯有在贴近现实的场景中，学生方能更为积极且自主地构建知识体系。此类富含社会性与复杂性的情境，常被称为“非结构化或挑战性学习域”，相较于结构化的学习环境，它为学生提供了更为丰富多元且生动的学习体验。为此，高校致力于构建真实的实习实训基地，打造复杂度高且贴近实际的学习环境，鼓励学生直面现实问题，并在此过程中，教师以引导者的身份，提供针对性的建议与指导。在文化课程的教学中，教师巧妙地融合多种教学资源，精心创设贴近生活的情境，以增强学生的情感体验与心灵触动。而在专业课程中，教师则着重培养学生的职业精神、职业道德及法律意识，旨在帮助学生更加顺利地实现从校园到职场的过渡。这种根植于真实情境的教学模式，与大学生人文素质教育的核心理念不谋而合，它不仅促进了学生专业技能的提升，更在潜移默化中培育了学生的人文情怀与综合素养。

（3）建构主义强调协作学习的价值，它认为每位学习者在知识建构的征途中仅是整体图景的一隅，且各自视角独特，见解纷呈。因此，该理论推崇以小组合作学习为媒介，促进学生知识体系向纵深与广度双向拓展，鼓励学生间开展互学互鉴、思维碰撞与深度对话，而教师则在这一过程中扮演引导者与辅助者的角色，适时提供策略支持与情感激励。

此种教学模式与高校人文素质教育所倡导的课堂教学理念不谋而合，均视协作学习为培养学生综合素养的重要途径。通过团队协作，不仅能够深化学生的集体主义精神与团队协作能力，还能有效提升其沟通技巧与表达能力，进而为大学生更好地融入社会、适应社会奠定坚实的基础，彰显了高校人文素质教育对于培养学生全面发展能力的深切关怀与不懈追求。

## 四、教育学理论

（1）教育的本质要求其顺应个体身心成长的自然法则，这同样适用于人文素质教育对青少年成长轨迹的适配性考量。高等教育在规划学生培养路径时，必须兼顾学生身心发展的序列化进程、阶段性特征与个性化差异，尤为关键的是，需特别关注大学生群体的独特性与复杂性，以确保教育举措能够精准对接学生需求，促进其全面成长。大学生人文素质教育的实践，正是建立在对学生身心发展规律深刻洞察的基础上，旨在通过精准培育学生的兴趣倾向、爱好偏好及潜能特长，进而推动大学生实现个性与全面发展的和谐统一。

（2）人文素质教育的实施根基深植于教学规律的沃土之中，这些规律涵盖了系统知识与直接经验的交织、智力与非智力因素间的平衡，以及师生间主导与主体角色的精妙互动。在推进人文素质教育的过程中，我们需秉持这样的理念：在系统知识体系的构筑之上，深入挖掘并激发学生的内在潜能，同时鼓励学生通过实践积累宝贵的直接经验，以此促进智力的全面发展。尤为重要的是，我们还应强化对学生非智力因素的培育，诸如坚韧不拔的意志品质的锻造。在中职教育的语境下，实施人文素质教育不仅要紧密依托上述教学规律与原理作为理论支撑，更需将目光投向人的全面发展与和谐成长的广阔图景，力求在教与学的互动中实现双方的共同提升，即“教学相长”的理想境界。

# 第二章　大学生人文素质教育现状分析

## 第一节　大学生人文素质教育主要成绩

### 一、大学生人文素质教育理念逐渐获得认同

认知的演进，恰似人生阶段的逐步蜕变，非一朝一夕所能促成身份之华彩跃迁，而是每个阶段自然孕育出相应的认知格局。教育理念的更迭亦循此理。传统的教育模式紧扣专业设定，以匹配既定企事业单位之需，通过定向培育人才以满足社会发展初期之渴求，对我国经济复苏与增长功不可没。然而，随着改革开放春风的吹拂，特别是经济体制由计划经济向市场经济的深刻转型，人力资源被赋予了前所未有的流通价值，融入资源配置的广阔领域。在此背景下，传统教育的局限性日益凸显，频遭企事业单位的质疑与批判，这成为推动教育界精英、学者及国家教育管理高层重新审视教育策略的强大动力。由此，一种倡导“以人为本”的人文素质教育理念应运而生，标志着教育认知的新飞跃与教育理念的重塑。几十载的实践深耕，“以人为本”之大学生素质教育理念已在国内高等教育界广泛渗透，有效契合了社会经济发展对大学生综合素质的迫切需求，成效显著。步入 21 世纪的辉煌篇章以来，我国不仅深化了九年制乃至十二年制义务教育的普及力度，为大学生素质教育的全面推进构筑了坚实的基石，而且这一以学生为中心的教育理念犹如一股清流，显著优化了教育各参与方之间的互动模式，激发了主动担当与积极作为的意识浪潮，其深远影响已深深烙印于社会大众的认知之中。

### 二、大学生人文素质教育逐渐受到重视，教育环境明显改善

中华人民共和国成立初期，面对人才供需失衡的境况，我国高等教育体系聚焦于理工科、医学、农学及军工领域的专业培育，人文社会科学的土壤则相对贫瘠，这一倾向在改革开放后引发了关于“高校精神隐退”的深切忧虑，社会各界纷纷呼吁增设人文社科专业，以重塑大学之魂，此倡议迅速在教育界引起共鸣。响应此号召，党和国家通过政策导向与资金扶持，双管齐下，积极推动高校增设人文社科专业，强化师资引进与培养机制，旨在构建一支高素质、高水平的人文社科专业队伍，以期在新时代背景下重焕高校精神之光。多类别人文社科课程体系在各大高校内全面铺开，涵盖政治、经济、哲学、历史、语言与法学等广泛领域。高校管理层在强化专业特色发展的同时，亦不遗余力地探索多元化

路径，以增强高校软实力，具体举措涵盖校园文化生态的优化、人文社科领域活动的鼎力支持、人文社科教育师资队伍的精心打造、高雅艺术文化在校园的深度融入、名家讲堂的定期举办，以及辅导员文化论坛的活跃开展等。当前，各高校紧密对接国家“双一流”战略规划，将师德师风表现确立为教育工作者评选表彰的核心标尺，而学生参与文化教育类活动的情况则成为其评优评先进的关键考量之一。这一系列举措有力推动了高等教育内涵式发展的纵深推进，显著优化了大学生人文素质教育的整体生态。

### 三、大学生人文素质教育课程体系逐渐丰富与完善

随着人类认知边界的持续拓展，课程体系经历着动态的充实与精进，其形态始终处于演进状态，而非固定于某一终极形态。审视近年来我国高等教育体系下的人文课程阵列，不难发现，作为素质培育基石的课程架构，已从传统的“四大基础课程”这一通识教育基石，逐步扩展至涵盖政治、经济、哲学、历史、语言学及法学等多学科领域的广泛布局。此细化分科的趋势，不仅精准对接了教育主体多元化、个性化的学习诉求，还进一步强化了知识传授向实践应用转化这一核心职能的实现效能，促进了教育目标的全面达成。当前阶段，课程体系的构建正积极促进着教育生态的深度融合，将高校管理决策层、人文社科教师群体、自然科学教育者、校外杰出学者、文学创作者、科研探索者以及广大学生等多元教育主体紧密联结，共同编织成一张资源网络，为课程的持续优化与创新注入了内外并蓄的活力源泉，进而驱动整个课程体系迈向更加完善的境界。

## 第二节　大学生人文素质教育缺失现状分析

### 一、大学生人文素质教育的现状

审视学生群体的人文知识底蕴、人文素质积淀及人文精神风貌，当前大学生的整体人文素质仍有待深度强化。众多综合性高校虽已将培育具备崇高人文情怀与卓越素质的人才置于战略高度，并付诸实践探索，一定程度上推动了人文素质教育的进展。然而，不容忽视的是，人文素质教育在高校教育体系中仍处于摸索与奠基阶段，其实施路径与策略不够成熟，进而制约了教育成效的最大化，直接影响到学生人文素质提升的成效。因此，深入剖析学校教育范畴内制约学生人文素质发展的因素，显得尤为迫切与重要。

#### （一）人文素质教育未受重视

我国高等教育之崛起，肇始于改革开放之春风，经济腾飞之际，社会对专业技能人才的需求与日俱增，促使高等教育地位显著提升。然而，公众认知中，高等教育往往被狭隘地视为行业技能传授的摇篮，入学之初即聚焦于专项技能之锤炼，却在一定程度上忽略了对学生综合素质的全面培育与提升，这一偏颇观念亟待扭转。

时至今日，高等教育领域内的学生正置身于日益激烈的就业角逐之中，而高等教育机

构亦肩负着增强学生就业竞争力、推动自身稳健前行的双重重任。在此过程中，对专业技能培养的过度聚焦成为显著趋势，课程建设与教学革新偏向于深化专业核心课程体系，从市级、省级精品课至校级优质课程，均围绕专业主干课程展开，却在一定程度上忽视了对构筑学生人格基石、道德情操与坚韧意志等人文素质至关重要的基础文化课程的建设与强化。此种片面追求即时就业成效的策略，虽能暂时缓解学生的就业焦虑，但从长远来看，或将制约学生潜能的充分挖掘与职业生涯的持续竞争力构建，使之难以在复杂多变的职场环境中立于不败之地。

### （二）人文课程设置明显不足

为了深化对人文素质教育价值的理解并强化其教育效果，人文素质教育作为根基性教育的重要性已达成广泛共识。鉴于此，各大高校均积极响应，结合人文素质教育的具体需求，设计并实施了丰富的人文知识课程体系。部分高校还特别增设了涵盖传统文化、文学艺术等领域的选修人文课程，并将一定学分的人文素质课程设定为必修要求，以确保学生接受到全面的人文熏陶。然而，尽管举措积极，但在实际操作层面，人文素质课程仍面临重视不足的困境，暴露出若干亟待解决的问题，这些问题对于全面实现人文素质教育的目标构成了挑战。

当前，部分高校已转向关注人文课程体系的构建，采取必修与选修并行的策略，以丰富人文教育板块。然而，这些新增的人文课程大多源自教师个人专长与兴趣，授课主体多为原专业领域的教师，课程本质上仍为其专业领域内的延伸。诚然，此类课程在拓宽学生视野方面发挥了积极作用，但相较于全面、系统的人文课程体系而言，它们缺乏层次分明的结构设计与整体连贯性，显得更像是专业课程的附加内容，缺乏必要的深度与广度。就课时安排而言，人文素质类课程多以选修形式出现，课时配给相对有限，内容覆盖面较为狭窄，难以充分满足学生对于人文知识广泛而深入的学习需求。

### （三）人文教育师资力量薄弱

教育的基石在于教师的素养。面对当前大学生人文素质不足的现状，深入剖析教师的自身人文素质及其知识架构显得尤为必要。调研显示，学识渊博、风趣诙谐且兼具文学底蕴与艺术造诣的教师更受学生青睐，这昭示着强化教师人文修养已成为高校教师不可或缺的成长路径。在人文素质教育的语境下，教师扮演着引领者的角色，而学生则是这一教育过程的主体。大学教师的人文素质水平，直接且深刻地影响着大学生人文素质教育能否取得实效。遗憾的是，现阶段人文素质教育领域的师资力量尚显薄弱，亟待加强。

目前，从教师配备的视角审视，专注于人文素质教育的师资力量呈现出显著的匮乏态势。鉴于学生培养实施“2+1”模式所导致的总学时紧缩及基础课程比例的缩减，众多基础学科教师面临职业转型的抉择，进而造成直接投身于人文素质教育领域的教师资源稀缺。此种师资力量的不足，已经对人文课程的全面开设与学生人文素质的培育构成了不可忽视的制约。

### （四）教学方法缺乏创新

人文素质教育之深化，需多维并进，不仅聚焦于课程体系之构建与教师素养之提升，更应着重探索教学方式的革新路径。教学方法，作为师生双方为实现共同教学目标，协同完成教学任务而采用的策略与手段集合，其内涵丰富多元，涵盖讲授、研讨、直观展示、实践练习、阅读指导、实地考察等多种模式。这些方法各具特色，旨在通过不同维度与层面激发学生学习兴趣，促进教学效果的显著提升，共同服务于人文素质教育的全面发展。

教学成效的优劣与教学方法的选择和运用紧密相关，其同样对学生人文知识学习兴趣的激发具有深远影响。高效的教学方法，宛如巧匠手中之利器，能够极大地促进教学目标的达成，实现教学效率与质量的双重飞跃。然而，在当前人文素质教育的教学实践中，与迅猛发展的网络时代相较，教学方法的创新性显得尤为不足，存在若干待完善之处，亟待我们深入探讨与改进。

在人文素质教育备受重视的宏观环境之下，众多高校纷纷设立了人文素质课程并配备了师资力量，然而，其教学效果及对学生产生的深远影响却未及预期之高度。审视教学方法层面，不难发现其存在显著的单一性问题，过度依赖传统的课堂讲授模式，偏重于人文知识的基本传授，却忽视了对学生日常人文修养的培育与引导。教学过程中，教师倾向于知识点的密集灌输，而学生则陷入笔记的繁重记录之中，致使人文教育失去了其应有的生机与活力。更为关键的是，学生学习完成后，往往仅停留于知识层面的积累，未能有效将所学应用于实践之中，从而导致能力素养的提升未能与知识积累同步并进。

教学方法的局限之外，教学载体的选用亦暴露出显著短板。当前，过度依赖课堂教学作为唯一载体，而未能充分发掘其他载体的潜力，导致教学步伐难以切合学生日益增长的需求。身处网络时代，知识迭代迅速，学生思维活跃且前瞻性强，此情境下，人文素质教育若故步自封于课堂之内，忽视对多元化教学载体的探索与运用，势必削弱学生对人文课程的学习兴趣与参与热情。遗憾的是，众多高校的人文教育仍局限于传统课堂教学框架之中，对网络课堂、实践平台等新型载体的应用尚显不足，这在一定程度上制约了人文素质教育向更深层次、更广领域的拓展与发展。

人文素质教育的实践维度亟待强化，其关注点不仅在于知识的传授，更需聚焦于知识的实践应用，力求将人文教育深度融合于学生培养的全过程，充分发挥第二课堂作为教育延伸阵地的独特作用。第二课堂，作为常规教学之外的重要平台，涵盖了学生活动、知识讲座等多元教育形式，旨在全方位展现与提升学生的文化素养。当前，高校第二课堂的活跃度普遍较高，成了展现学生风采与文化底蕴的重要窗口。然而，在实践运作中，部分第二课堂活动存在目标导向单一的问题，过于偏重学生管理的具体指标，而忽视了活动本身的文化内涵建设。此类现象导致资源投入与人力成本的显著增加，却未能收获与之相称的教育成效。单纯追求活动数量的累积，而非质量的提升，使得第二课堂难以充分发挥其在人文素质教育中的应有作用，这无疑是对人文素质教育资源的一种浪费，也是人文教育体系完善过程中不容忽视的遗憾。

各高校在推进人文素质教育进程中，纷纷制定了多元化的策略与举措，形成了丰富多彩的教育形态。这些教育形式虽以生动活泼的面貌初启，激发起一阵热潮，但后续对教育成效的追踪与评估却显得力不从心，往往流于形式，仅满足于完成既定流程，而对于实际成果则缺乏关注与深入探究。由于缺乏科学有效的考核体系，教育效果的量化评估成为一大难题，导致人文素质教育的实践多停留于表面，难以触及深层问题。此种情况下，人文素质教育的开展往往陷入一种“只问耕耘，不问收获”的尴尬境地，无法及时发现存在的问题与不足，进而无法精准施策，推动人文素质教育质量的稳步提升。因此，构建一套完善的教育效果评估机制，成为当前亟待解决的关键问题，唯有如此，方能确保人文素质教育的深入实施与持续发展。

### （五）人文素质教育质量保障机制存在不足

当前，高校在推行人文素质教育之际，其首要驱动力多源自对上级政策的响应。尽管部分高校已尝试拓宽人文素质教育的路径与方法，并初见成效，然而，由于课程体系尚不完善、教育定位模糊且缺乏明确的人文素质培养目标，加之质量评价体系存在片面性、保障机制不健全，致使大学生的人文素质难以获得全面而实质性的提升。具体而言，大学生人文素质教育质量保障机制的不足，集中体现在以下几个关键方面。

#### 1. 人文素质教育质量评价体系不完善

在审视高校教学质量评价体系时，不难发现其重心显著偏向于专业课程，而对于人文素质教育质量的评估则显得体系化不足。除却少数明确的素质类课程能够依托考核分数作为量化评价标准外，对于第二课堂活动、课外自主学习、日常行为表现等多维度的人文素质培育环节，往往缺乏系统性的评价准则及其成果应用机制。当前实践多依赖于教师与辅导员的主观印象进行学生人文素质的评价，此种方式难以保证评价过程的科学性与结果的客观性。综上所述，构建一套契合高等教育特性、全面而系统的人文素质教育质量评价体系，已成为亟待解决的问题。

#### 2. 对人文素质教育实施环节要求不严格

部分高校在教学实施监控的实践中，其焦点显著集中于专业课程领域，而对于人文素质教育的监控范围则相对狭隘，主要局限于已纳入课程体系的相关课程之内。至于课堂之外的教育实践、日常行为规范的塑造与养成教育过程，往往处于监控的薄弱地带，要求宽松甚至近乎于无，同时在校园文化的构建过程中，人文素质教育理念的融入也显不足。此现状下，课堂之外的人文素质教育模式难以获得系统有效的实施支撑与保障机制，从而制约了其整体效果的充分发挥。

#### 3. 人文素质教育质量监控范围不够宽

大学生人文素质水平的多元影响因素中，除却直接的人文素质课堂教学环节外，还需广泛考量与人文素质培育紧密相关的诸多方面。这些因素涵盖学校的管理效能、校园文化的熏陶氛围、教学基础设施的完善程度、教职工队伍的整体素养，以及学校与社会融合的紧密程度等，共同构成了影响大学生人文素质提升的综合体系。诸多高校在人文素质教育质量监控体系构建上，侧重于教学秩序的维护、理论教学成效的评估及学生理论知识掌握程度的量化考核，而对于教育方法与模式的创新探索、校园人文氛围的营造、教职工综合素质的提升，以及人文素质教育与社会实践的深度融合等关键环节，其监控力度尚显不足。此现状未能充分激发全校师生的广泛参与，也未形成一套全面覆盖、深入各环节的大学生人文素质教育保障体系。

4. 对大学生人文素质方面表现出的问题不够重视

在大学生群体的学习与日常行为中，普遍存在人文素质欠缺的现象，诸如随意丢弃垃圾、携带食物进入教学区域、遇见师长缺乏礼貌问候、课堂着装不当（如穿拖鞋上课）等不良习惯。面对此类问题，部分学校未能迅速采取有效措施加以引导与纠正，或是虽有相关规章制度却执行不力，久而久之学生群体逐渐对此类行为习以为常，进而制约了大学生人文素质水平的整体提升与改善。

## 二、目前高校学生人文素质缺失的表现

鉴于高校学生群体在生源层次、构成结构上的差异性，以及各院校对人文素质教育重视程度的参差不齐，当前大学生群体在人文素质的整体展现上呈现出较低水平，具体体现在人文知识储备、人文能力运用及人文精神体现等多个维度上的明显短板。

### （一）人文知识欠缺

人文知识，作为探索人类文化、精神世界的智慧结晶，可细化为理性与感性两大范畴。感性人文知识，源自日常生活的点滴积累，呈现出零散而非体系化的特点，它侧重于社会习俗的习得与传承，是人们在日常生活中自然汲取的人文养分。相对而言，理性人文知识则是经由系统学习与实践深化而来的，具备高度的条理性和理论性，其核心在于人文学科的深入探索，涵盖了文学、艺术、语言学、历史学、哲学等经典领域，共同构筑起人类精神世界的理论基石。

当前，大学生群体在人文知识领域展现出的匮乏现象，尤为显著地体现在对理性人文知识体系的认知与掌握不足之上。这一现象的背后，往往源于长期偏重专业技能训练的教育导向，无形中削弱了人文知识教育的重要性，甚至致使其处于边缘化乃至被忽视的境地。学生心理层面对于人文价值的轻视，进一步加剧了学习过程中对人文知识积累的忽视与淡化，形成了亟待扭转的教育现状。

于学生教育管理实践中，我们观察到学生对于语言基础技能的掌握，如语法规则的精通与词汇的恰当运用，存在显著不足。这直接导致了学生在表达时，思维逻辑易出现紊乱，难以准确传达意图；撰写文章时，文字表达显得生硬且缺乏连贯性，逻辑构建薄弱。更甚者，受网络文化浪潮的冲击，部分学生文字表达中混杂着汉字、英文乃至网络“火星文”，对语言基础知识的应用能力呈现下降趋势。同时，学生在历史知识与中国传统文化的积累上显得较为贫瘠，相应的理解能力也显得捉襟见肘。

### （二）人文能力不强

人文能力是指个体在社会实践活动中，凭借所积淀的人文素质，有效运用人文知识，以达成个人价值实现的能力集合。具体而言，学生的人文能力范畴广泛，涵盖了学习新知与深化理解的学习力、清晰表达思想观点与情感的表达能力、鉴赏美与创造美的审美能力、基于伦理准则的道德评判能力、与他人和谐共处的社会交往技巧、统筹规划与协调各方资源的组织能力，以及在社会实践中勇于探索、创新求变的实践能力。①

大学生虽然文化层次提高，专业技能加强，但是人文能力却存在缺陷和不足，主要表现在以下几方面。

#### 1. 语言和文字的表达运用能力不强

前述中提及的学生语言技能短板，直接制约了其口头与书面表达能力的充分展现。在人际交往的多元场景中，如与陌生人的对话、公开场合的演讲等，学生常面临言语表达力不足的挑战，具体表现为表述模糊、逻辑性欠缺、结构层次混乱以及难以精准传达意图等问题，这些问题频发且影响深远。

学生在书面表达领域亦展现出相似缺陷，依据其日常提交的论文作业质量观察，可见字迹模糊不清、语法应用谬误、错别字屡见不鲜以及词汇选用欠妥等基础性错误频发；在撰写各类实用文体时，同样暴露出诸多问题与纰漏。此系列现象无疑揭示出学生语言文字综合素养的不足，亟须采取有效措施以推动其显著提升。

#### 2. 心理承受能力不足

当前，学生群体中独生子女比例偏高，其心理韧性普遍显得较为薄弱。面对学习负担、社交困惑及就业竞争的严峻挑战，学生群体易显现出一系列心理健康问题，核心表现为抗逆力低下，稍遇挫折便易陷入沮丧与消沉，极端情况下甚至萌生轻生念头。此外，学生的自我管理能力不足，部分个体沉迷于网络游戏，乃至荒废了学业。自卑、抑郁、焦虑等心理状态在学生间时有发生，据本校心理健康服务中心数据统计，年度内接受心理咨询的学生数量远超百人，且不乏需长期心理干预的案例。此类学生在步入社会、投身职场及独立生活时，常展现出人际交往障碍、性格孤僻、行为偏激、社会适应力弱及团队协作能力不足等弊端，进而对其职业生涯与未来发展构成不利影响。

#### 3. 审美鉴赏能力偏低

在当前多元文化交织的语境下，网络潮流、短信文化、街头风尚等大众文化元素在学生群体中蔚然成风。鉴于高雅文化影响力的相对淡化，学生群体更易倾向于接纳那些蕴含庸俗元素与娱乐导向的大众文化产品，这一现象无疑加剧了其审美趣味的世俗化与娱乐化倾向。而在个人着装与形象塑造上，部分学生则忽视了学生身份应有的庄重与得体，转而通过染异色发型、穿着奇特服饰等方式标榜个性，这些现象深刻揭示了学生在审美取向与

---

① 谈新敏. 公民科学文化素质研究［M］. 郑州：郑州大学出版社，2005：123-124.

基本审美判断力上的显著短板。因此，亟须加强对学生审美教育的重视与引导，以矫正其审美偏差，培养其健康、高雅的审美情趣。

### （三）人文精神滑坡

人文知识的内化与积淀，是塑造人文精神、实现个人品德修养升华的至高境界。人文精神，作为对人类价值、命运及生存意义的深刻反思与探索，其核心在于将人类整体的、全面的、可持续的发展视为至高无上的目标。它秉持着人与自然和谐共生、共同进步的宇宙观、人生观、价值观及道德准则，积极倡导人与人之间、人与社会之间以及人与自然之间的和谐共存。这种精神体现为对他人的深切关怀、对社会责任的勇于担当，以及对真善美这一终极理想的执着追求。然而，当前社会功利主义的盛行，正悄然侵蚀着学生群体的人文精神，导致其呈现下滑趋势，亟须引起高度重视与有效应对。

#### 1. 缺乏理想信念和正确的人生追求

人生旅途，理想犹如璀璨灯塔，不仅照亮前行之路，更是心灵深处的动力源泉，赋予生命以方向、以期盼，促使个体不断攀升向上。作为一种不可或缺的精神，理想信念激励着我们向更高远的目标迈进，致力于构建意义非凡的人生图景。然而，反观当前部分学生群体，却陷入了无欲无求、信仰缺失的境地，过分沉溺于享乐主义，志向变得渺小甚至虚无。自踏入校门之初，部分学生便缺乏明确的目标导向，对学业与生活的未来规划显得尤为苍白。加之心态的浮躁与外界功利主义思潮的侵扰，不少学生倾向于设定短期目标，片面追求各类证书，却忽视了专业知识与技能的扎实积累。此等学习态度与生活态度，无疑是对理想追求的淡漠，对高尚精神境界的疏离，最终可能导致人生目标的匮乏与人生价值的贬损。

#### 2. 缺乏责任感和奉献精神

现阶段，部分学子在责任感与奉献精神的展现上显著匮乏，其生活价值观显著倾斜于个人利益的过分追求与个性张扬。具体而言，部分高校学生的社会责任感呈现出明显减弱态势，其表现特征可归纳为：偏重个体需求而轻忽社会需求，倾向功利考量而忽视道义价值，满足于物质层面的获得却忽视精神层面的升华，专注于索取而非奉献。部分个体过度聚焦于自我，缺乏对他人的关怀与理解，行事时往往仅从个人立场出发，秉持自我中心主义，易于计较得失，缺乏同理心与宽容心态，导致人际关系紧张。同时，存在对集体事务漠然置之的学生群体，他们在面对他人与社会时，普遍缺乏应有的责任感与担当精神。

#### 3. 缺乏基础文明修养

高校校园内，众多学子普遍存在专业知识偏重而人文教育及品德修养边缘化的现象，导致作为精神面貌基石的基础文明修养严重缺失。校园环境中，随处可见随意丢弃的纸屑、果皮、饮料容器及食品包装袋，构成了不和谐的景象；教室与宿舍内，长明灯、长流水的现象屡见不鲜，却鲜有人主动关注资源节约；部分学生因情绪失控而肆意破坏公共财物；更有学生言语粗俗，口出秽言，有失风范；考试舞弊、借贷不还等失信行为也时有耳闻。这些现象共同揭示了学生在诚信、勤勉、礼貌等基础文明层面的不足，凸显出其基础文明素养亟待提升的现状。

## 三、大学生人文素质培养缺失的原因分析

人的教育历程本质上可视为个体与社会环境间关系和谐发展的动态调适过程。在探讨影响当代大学生人文素质培育的诸多要素时，需综合考虑来自学生个体、社会环境、家庭观念、社会风气、高等教育机构及其教育理念、学生内在驱动力与吸收能力以及国家层面政策导向等多维度的局限性。这些因素相互交织，直接对大学生人文素质教育实践活动的有效实施构成了制约，进而影响了人文素质培养的整体成效与深度。

### （一）家庭及社会观念的影响

作为社会结构中的基本单元，家庭不仅承载着基本的社会功能，其在社会教育体系中亦占据核心位置，深刻影响着我国青年群体日常教育的主体格局。研究表明，家庭教育作为一种蕴含明确目标导向的实践活动，其营造的环境、氛围与风尚，以一种难以察觉的方式持续渗透并塑造着孩子的成长轨迹。家庭内部错综复杂的人物互动、处世哲学及文化实践，对孩子思维模式、心理状态、社交能力等方面的塑造具有深远且持久的印记，这种影响兼具承袭性与延续性。自古以来，中国便以高度重视家庭教养、门风培育及家风建设而著称，无论是烽火连天的战乱岁月，还是安宁祥和的和平时期，家风传承与建设以及礼义廉耻等传统美德的弘扬，始终是社会各界普遍认同的价值追求。毋庸置疑，我国社会正经历深刻的转型阶段，其间，经济体制的深刻变革、社会政策的重大调整、法律体系的逐步完善以及新旧思想文化的激烈碰撞，共同构成了复杂的社会背景。这一时期，对艰苦奋斗精神等正面价值导向的教育力度有所减弱，间接促使了不良社会风气与消极腐败现象的悄然抬头，对家庭教育环境造成了不容忽视的冲击。当前家庭教育领域凸显的问题主要聚焦于以下几点：一是家庭情感建设的极端化倾向，体现为情感缺失与溺爱并存的双重困境；二是家庭教育观念的功利化趋势加剧，过度追求世俗价值；三是家庭教育方法上知识传授与榜样示范的失衡，重智育而轻德育的现象普遍存在。

### （二）高校人文教育课程设置不尽合理

课程体系的构建往往综合考量三个维度：制度需求、知识深度及实践应用需求。教育的本质，作为社会历史进程中的产物，其内容框架、传授形式及课程设置均深刻根植于生产力与生产关系的动态交互之中。追溯我国教育史的发展历程，与西方高等教育体系的正式接轨肇始于清末，以京师大学堂（北京大学前身）为先驱，率先引入西式课程体系，同时，西方国家也在华兴办多所专业性高等教育机构，如美国借庚子赔款资助设立的燕京大学（后并入清华大学）、德国在上海创办的同济大学等，至今仍为我国高等教育体系中的佼佼者。中华人民共和国成立后，为快速恢复生产、推动工业化进程，我国高等教育步入了迅猛发展的轨道。这一时期，理工类院校如雨后春笋般涌现，课程重心显著偏向科技教育，而人文社科知识的传授则相对边缘化。及至改革开放，生产力的全面解放深刻触动了

社会观念，尤其是经济快速发展过程中伴生的部分社会动荡事件、犯罪现象以及不良风气的蔓延，对社会和谐与青年一代的价值观塑造构成了严峻挑战。当前态势已然昭示，我国高等教育体系中课程布局失衡问题凸显，思想文化类课程严重匮乏，其在塑造学生思想价值体系中的作用渐趋式微。尽管高等教育界正积极探索转型路径，致力于推行旨在适配高校变革需求的课程改革，着手强化人文素质教育，增设相关课程模块，并大力推进高校重组与资源整合战略，旨在构建综合型大学典范，广泛覆盖文、理、工、农、医等多元学科体系。然而，不容忽视的是，此类课程理念与资源配置的调整尚处于过渡与适应阶段，难以一蹴而就，导致当前高校课程体系仍显著偏重于优势学科，而对相对弱势领域的关注与支持略显不足。以清华大学为例，尽管该校已前瞻性地纳入人文素质类课程，但其仍多以选修形式存在，未能在核心课程体系中占据应有之位。因此，尽管人文素质类课程在高校中有所体现，但其课程容量与受重视程度相较于理工类科目而言，仍显薄弱，宛若冰山一角，亟待进一步加强与完善。

### （三）重视专业教育而轻视人文素质教育

当前，高校面临的院系架构失衡与专业范畴局限等问题，已成为制约大学生人文知识与素质培养的重要因素。这一现象的根源复杂，尽管近年来教育改革浪潮中不乏对学科观念的革新尝试，但要达成专业教育与人文素质教育和谐共进的愿景，仍需时日沉淀。鉴于我国正处于改革开放的深化阶段，社会各领域正经历深刻转型，经济发展模式与结构均需大幅调整，在此背景下，短期内见效快、针对性强的专业教育仍是支撑经济社会快速发展的关键技术人才摇篮。然而，人文素质教育因其内在的培育性质，在高等教育体系中仍处边缘，常以选修或非学位课程形式存在，未能充分融入主流教学框架。诚然，专业教育是对社会经济专业化分工趋势的积极响应，但若过分偏重，则可能构筑起学科间的无形壁垒，既阻碍了知识的跨界融合与流动，也削弱了对中国传统人文精髓的传承与发展动力。因此，在追求专业教育效率的同时，如何平衡并强化人文素质教育，成为高校教育改革亟待解决的关键课题。反观长期在技术前沿引领全球的西方社会，其在高等教育领域的演进中，尤为强调人文素质的培养与校园文化的营造，且对中国传统人文素质教育资源怀有浓厚兴趣与高度认同。诺贝尔物理学奖得主、瑞典籍学者汉内斯·阿尔文教授曾深刻指出："步入21世纪，人类的存续之道或许需回溯至两千年前，汲取孔子学说中的智慧精髓。"[①] 以此回观我们的教育现状，对于过分重视专业教育的这种认识仍需要一段时间来改善。

### （四）高校教师人文精神的缺失

高等教育机构作为社会与学术殿堂之间的桥梁，其教育职能对于促进大学生从"象牙塔"向社会的平稳过渡至关重要。在此过程中，高校教师不仅肩负着塑造学生精神世界、传授知识的崇高职责，还承担着引导学生形成正确价值观的关键任务。教师的学术造诣、道德品质、人文底蕴等综合素养，构成了影响学生全面发展质量的直接因素，进而对构建

① 董根洪．传承与超越——从传统价值观到现代价值观［J］．浙江社会科学，2012（5）：10-12.

支撑中国梦实现的人才基石的稳定性产生深远影响。据学术研究揭示，当前中国高等教育领域内，部分教师面临人文素质不足的问题，这一现状集中体现为人文知识、人文精神及人文方法方面的匮乏与欠缺①。追溯其本，高校人文环境之受损，实则源于多方面因素的交织影响：社会环境之急功近利风气对高校净土的侵蚀、教师评价体系之单一化趋向、校园文化氛围之薄弱，以及教师自身素养之不足。此等状况直接导致高校人文生态遭遇侵蚀，功利与实用思潮泛滥成灾，世俗与物质追求甚嚣尘上。在教师的言传与身教之中，这些负面因素被无意识地传递给莘莘学子，进而对高校固有的、潜移默化的人文培育环境造成了全局性的冲击与影响。高等院校作为文化的璀璨殿堂，本应扮演时代进步的领航者角色，然而近年来，其发展轨迹却逐渐与社会功利化现状趋同。从竞相追逐高校排名、生源争夺的商业化趋势，到人才招募、绩效考评及职业晋升体系的过度实用化倾向，这一系列变化促使高校教师群体趋于专业化、职业化，却难以孕育出真正的大师风范，导致了“数量充盈而质量匮乏，专家众多而大师稀缺”的窘境。

更为严峻的是，随着高等教育机构化、产业化、商业化步伐的加速，人文教育领域内，人文教师的核心地位正悄然被冠以“科学商人”之名的新兴群体替代，人文学科逐渐边缘化，其重要性被忽视，进而导致了高校教师群体中人文精神的普遍淡化与缺失。

### （五）文理分科制

文理分科制的教育模式是“分科教育”观念的继承与延续，曾为我国经济复苏发挥了重要作用，但伴随着时代环境的发展变化，其内在的缺陷也暴露出来，形成了“文科生感性细腻，长于写作；理科生理性睿智，长于技术”② 的固定思维认识，强制性地拉开了自然科学与人文学科之间的距离，加深了两者之间的隔膜。当前，“精通数理化，畅行无阻”的实用主义思潮，乃至“文科边缘化”的极端观念，在高校学子间悄然盛行，逐渐侵蚀着校园思想生态。这一趋势不仅触及了高校管理层的理念根基，具体体现在资源配置、项目审批及产学研合作上倾向“理强文弱”，无形中加剧了文理学科间的失衡，为高校师资构建埋下了不和谐的种子。众多文科教育工作者因此转向效仿理工科的发展路径，热衷项目申报与研究，却忽视了基础人文教育课程的核心价值，致使高校人文课程体系与氛围日益稀薄，对教育体系内个体的全面发展构成掣肘。值得注意的是，尽管国务院早在 2014 年便发布了旨在消除文理分科界限的政策导向，但其深远的教育改革效应仍尚需时日方能全面显现，这就意味着过往分科体制遗留的影响，将会在一段时间内继续对教育体系产生潜移默化的作用③。

---

① 何芳芝．高校教师人文素养现状研究［J］．华北水利水电大学学报（社会科学版），2015（2）：97-100.

② 王维砚．高中取消文理分科或走出“第三条道路”?［N］．工人日报，2014-09-21（2）.

③ 李雪岩，龙耀．知识学习．科学精神．人文情怀——再谈文理分科与高考制度改革问题［J］．中国青年研究，2009（9）：78-83.

### （六）就业压力过大

就业，是民生之基石。近年来，我国高等教育领域每年均迎来约 1000 万名毕业生，构成了一个规模庞大的潜在劳动力大军。然而，伴随国内外经济增速放缓的态势，这一群体面临的就业挑战愈发严峻，构成了高校与学生双方均须直面的重大压力。为应对此挑战，国务院及教育行政部门已密集出台一系列优化措施，旨在激励师生群体积极探索创新创业路径，以多元化方式纾解就业困境。然而，当前高校在推进就业创业教育的实践中，存在过度技能化与学术化导向的问题，一定程度上忽视了对学生人文素质的培育与强化，这成了亟待改善的教育短板。在当前日益激烈的人才市场竞争与严峻的就业态势下，加强高校就业创业教育中人文素质的培育，成了推动“双创”教育持续健康发展、有效缓解就业难题的关键要素。然而，审视部分高校年度就业创业总结会议，不难发现一种倾向：就业管理部门倾向于将不佳的就业表现片面归咎于特定专业（诸如法学、行政管理、播音主持等领域）的就业渠道狭窄，进而提议削减或撤销此类专业，此举无形中加剧了就业创业指导中的实用主义导向，削弱了高校人文素质教育体系的独立成长能力，长远来看，不利于培养全面发展的复合型人才。

### （七）功利价值观淡化了对人文精神的渴求

价值观，作为个体依据其知识结构与经验积累，对外部世界进行评判、认知与抉择的核心观念，深刻指引着个人的日常生活轨迹。不同实践背景下孕育的价值观各异，其影响力亦千差万别。近年来，社会主义市场经济体系的构建与对外开放步伐的加快，在带来技术革新、交流深化、人才培育与经济增长等积极效应的同时，亦使得西方多元社会思潮与价值观念，借由产业合作、文学作品、慈善基金、影视传媒、网络平台等多元渠道，在我国广泛渗透。此外，宗教活动的政策空间拓宽与国内不良价值观念的抬头，共同对社会主义核心价值观的阵地构成了挑战。这些价值观念，往往聚焦于个性张扬、自由追求与物质享受，其背后透露出强烈的功利色彩，与我国倡导的集体主义、爱国情怀与无私奉献等正面价值理念背道而驰。他们利用网络媒介、金钱诱惑、职业选择、宗教信仰及文化包装等多种手段，持续渗透并影响大学生群体的正向思想价值构建，干扰其价值判断的清晰度，削弱其对崇高理想的执着追求，进而在一定程度上淡化了人文精神作为价值导向的积极作用，对青年一代的全面发展构成了潜在威胁。

## 四、大学生人文素质培养缺失的不良后果

在高校大学生人文素质培育的进程中，家庭教育与社会环境的缺失、高校人文课程体系规划的不当、对人文素质教育的轻视态度，以及功利主义价值观念的广泛传播，共同构成了制约因素，导致人文素质培养出现显著短板。随着社会变迁的深入，这一缺陷所潜藏的负面影响逐渐浮出水面，对大学生全面发展的道路构成了不容忽视的阻碍，影响了其综合素质的均衡提升。

### （一）直接影响人才整体素质的提高

高校对于大学生人文素质的教育，核心聚焦于内在素养的雕琢，是一项倡导身心并蓄、综合提升的持续性教育实践。然而，在当前我国高等教育的格局中，人文素质教育的短板日益凸显，其不足未能有效校正长期以来专业教育带来的“知识结构单一化”问题，进而削弱了校园文化的深层建构能力，难以营造一种润物无声的文化生态与底蕴，制约了高校的长期健康发展轨迹。须知，文化作为个体成长及教育发展的基石，其缺位不仅阻断了中国传统文化素质教育精髓的传承与创新之路，也让高等教育改革目标变得遥不可及，特别是一流大学建设愿景的实现面临重重障碍。此外，文化的缺失还削弱了“学术自由”的土壤，影响了高质量师资队伍的汇聚与大学生综合素质的培育，最终将波及整个社会人才结构，打破其应有的平衡与多样性。

### （二）不能很好适应时代发展潮流

提升大学生人文素质教育，将其置于教育体系的核心位置，是 20 世纪末期党和国家鉴于社会进步所触发的教育环境变迁，而采取的一项关键性教育发展战略。此举旨在开辟通往 21 世纪全面素质教育目标的主要通道，并切合教育改革深化与时代发展的迫切需求。然而，在推进过程中，人文素质培育的短板逐渐显现，究其根源与后果，不仅映射出高等教育在紧跟时代步伐上的不足，更成为阻碍其成功转型、迈向新高度的关键障碍之一。当前历史阶段，社会分工日益精细，赋予高等教育双重使命：既需培育社会的适应者，也应孕育变革的引领者，预示着大学生群体在社会发展中的角色将更加举足轻重，同时，社会进步对大学生的基本素质提出了新标准。然而，当前高校在人文素质培育上的短板，导致了培养输出与社会需求之间的失衡状态，进而影响了教育课程设置、内容编排、教学方法以及学生综合素质与时代发展的契合度，阻碍了高等教育在人才培养与服务社会方面的效能最大化。

### （三）降低了人生价值的追求标准

人生价值的实现路径纷繁多样，生命的时长虽有限，却能以不同姿态绽放——或是平淡如水，静谧流淌；或是庸碌无为，虚度年华；抑或是波澜壮阔，轰轰烈烈。无论我们采取何种生活策略，本质上都是个人所追求的人生价值在日常轨迹中的具象展现。生命之旅虽短，却给予了我们多样化的选择权，而人生价值的长河则绵延不绝，需我们以深刻的理解和不懈的努力去探寻与实现，方能领悟其真谛。强化大学生人文素质教育，对于引导他们确立清晰的人生目标、责任感与社会使命感至关重要，并培养他们为中国梦不懈奋斗的崇高品质。然而，当前高校在人文素质培养上的不足，引发了个人定位与社会期望、个人志向与社会进步间的显著脱节，进而促使个人主义、功利主义等负面价值观悄然渗透，侵蚀了集体主义、爱国主义等正面价值观的教育领地。这一现象不仅模糊了大学生的人生价值标尺，还削弱了他们对于更高人生追求的热情与动力。

## 第三节　新媒体环境下大学生人文素质教育现状

新媒体时代的到来，为深化大学生人文素质教育开辟了新路径，也带来了前所未有的挑战。鉴于此，高等教育机构应敏锐捕捉新媒体的潜能，勇于革新教育范式，丰富教学素材，并着力强化师资队伍的专业能力，构建完善的教育评价体系，旨在提升教育成效，培育兼具人文素质与时代精神的未来栋梁。此外，政府、社会各界及家庭应携手并进，共同营造有利于人文素质教育发展的生态环境，为推动我国教育事业的繁荣进步贡献力量。

### 一、新媒体环境

#### （一）新媒体

新媒体概念萌芽于20世纪60年代的信息传播领域，作为数字技术蓬勃发展的产物，它标志着一种相较于传统媒介的革新形态。在传统媒体框架内，传播者与受众的角色界限分明，难以互易，信息流动呈现出单向、被动的特征。然而，新媒体的崛起打破了这一界限，使得信息传播者与接收者的身份界限趋于模糊，接收者亦能积极参与，而不再仅仅是信息的被动接收者。新媒体赋予了每个人成为信息传播者与接收者的双重角色，促进了人际交互的深化与信息传播的广泛覆盖。此外，新媒体还极大地推动了传统媒体在信息传输速度、效率及形式上的革新，不仅加快了信息传播速率，降低了成本，还极大地丰富了信息内容，融合了声音、文字、动画、视频等多元媒介形式，构建了全方位、多层次的立体信息传播生态。

#### （二）新媒体传播的特征

1. 交互性与即时性

对于传统媒体而言，其信息传播模式呈现为点对面的单向辐射，从单一源头扩散至众多接收端，这一特性阻碍了传播者与受众及受众相互间的顺畅交流。相比之下，新媒体的精髓则在于构建了点对点、一对一的精准传播网络，促使传播主体与受众间及受众相互间实现了无拘无束的广泛交流。在虚拟环境中，人际沟通虽享有高度自由，却也常伴以虚拟性与不确定性，这种特性消解了现实社会的阶层壁垒，缔造了真正的平等空间，其中每位个体，不论其社会地位如何，均享有同等的资源获取与机会把握。在信息生态的构建中，新型传媒环境下信息的生成已超越单一主体的单向输出，它植根于多元主体间的交流互动，是在思想的碰撞与融合中逐渐孕育而成的。尤为值得注意的是，这些交流往往发生于匿名的陌生人之间，为情感的真实流露与观点的多元呈现提供了更加灵活与自由的舞台。

2. 自主性和参与性

在传统媒体架构中，传播者往往扮演着“掌控者”的角色，对传播流程实施着主导权，这在某种程度上限制了受众的选择自由。然而，随着 Web 2.0 技术的兴起，新媒体正逐步构建一种全新的内容互动生态，标志着后信息时代的到来。这一时代见证了媒介焦点从传播者为中心向受众用户为核心的深刻转变，赋予了“传播”概念新的内涵，颠覆了传统“掌控者”与“受众”的界定。在此情境下，新兴传播媒介的使用者，即信息内容的消费者，同时也转变为内容的创作者，实现了身份的双重融合。这一变革促使每位用户都能成为“媒体”的化身，积极参与到信息的生产与传播之中。

3. 个性化与分殊化

从受众视角出发，传统媒体显著特征在于其广泛的覆盖面，面向大众群体，而新兴网络传媒则独树一帜，专注于服务的个性化定制。概括而言，传统媒介形态的核心始终是大规模、广范围的信息传播，即便涉足分众市场，其传播本质依旧维持着大众化的特性。唯有网络传媒，能够彻底践行服务的个性化理念。随着网络传媒的日益普及，用户拥有了前所未有的自由度，他们可以利用多样化的搜索工具，依据个人需求穿梭于浩瀚的数据资源之中，并基于个人偏好灵活设定信息的接收时间、地点及方式。同时，传播者也能精准把握每位用户的独特需求，量身打造个性化的服务体验。用户不再受限于仅被动接收预设线性流程的信息内容，而是主动依据个人需求与偏好，自主进行信息的搜寻、筛选与传播活动。以微博为例，它作为个性化传媒的典范，仅需一台联网的终端设备，无论是计算机还是智能手机，用户都能随时随地编辑并发布符合法律规范的多样化信息内容。这一数字化传播趋势的兴起，有效打破了传统大众媒体对信息接收时间的同步性限制，赋予了用户信息接收的异步性能力，使得他们能够根据个人的时间安排灵活选择内容接收的时机。

4. 海量性与共享性

互联网的诞生，促使全球计算机相互联结，编织成一张浩瀚无垠的数据网络，其中蕴含的信息既无限又全面。相较于传统媒介，如报纸受限于版面尺寸、电视与广播受制于时间框架，导致信息筛选成为必然，新型数字媒体则挣脱了这些桎梏，实现了信息传播形式的自由化。此外，它还突破了传统媒体的地域界限，将信息传播的疆域扩展至全球每一个角落，实现了跨越时空的无缝连接。这一革命性的传播媒介，以其时空上的高度开放性，确保了信息的全球覆盖与即时交流，无论个体身处何地、何时，均能自由参与信息的传播与互动。时空的开放性促使信息数据在纵向深化与横向扩展两方面并行不悖，实现了全球范围内信息的无缝交融，跨越国界限制，极大地促进了国际交流的便捷性。随着信息量的激增与用户基数的扩大，媒介间的互动愈发频繁而激烈。新媒体以其非凡的开放性为多元价值的碰撞与融合提供了舞台，各类精神文化在新媒体的时空维度内共生共荣，尽管展现形式各异，却避免了实际利益冲突的束缚，共同促进了文化的繁荣与发展。

5. 多媒体与超文本

在传统媒体的范畴内，报纸依托纸质载体，融合图像与文字语汇，承载新闻资讯的传播任务；广播独辟蹊径，以声音为媒介，跨越空间限制传递信息；电视则进一步整合，实现了声音与画面同步展现，为观众呈现丰富多彩的节目内容。相较之下，新媒体展现出更为丰富的多元化特征，它巧妙融合了图像、文本、音频以及网络数据等多种传播元素，不仅具备同步传输的即时性，还蕴含了互动性与综合性的传播特质，构建了一种全新的信息传播模式。新媒体巧妙融合了图像、文本、音画元素及动态视频等多重传播形态，用于存储、呈现及传递信息。这一多元化的传播特性，显著促进了各类传播手段的融合与互补，极大地丰富了传媒表达的形式与手段。对于广大受众而言，这意味着拥有了更加广泛且自由的选择空间，用户接收信息的最终方式完全取决于其内容偏好及个人喜好，实现了信息接收的高度个性化与定制化。

### （三）新媒体环境

新媒体的迅猛崛起深刻重塑了既有的传媒生态，美国皮尤研究中心在2014年发布的全球新闻媒体现状报告中，明确揭示了数字化浪潮在新闻领域的全面席卷，科技智慧、资本注入及人才力量正加速向新媒体领域汇聚。新媒体的渗透力之强，已近乎无所不在、长此以往地融入人类的日常生活，成了与水和空气一样不可或缺的生存要素。鉴于此，我们可以将新媒体环境界定为一个超脱传统框架、迈向“万物互联即媒介”新纪元的大众传播新境界。

随着互联网技术的蓬勃发展，信息技术的多元化景观日益丰富，不断吸引着公众的目光。近年来，新媒体技术作为一股热潮，其在人类生活中的作用日益凸显，其影响力无处不在，深深渗透到每个人的日常生活之中。大学生群体以其卓越的学习能力与对新奇事物的浓厚兴趣，迅速成为新媒体技术的热衷拥趸，在接触该技术后，他们迅速展现出高度的热情与追求。新媒体技术已超越了单纯工具的范畴，演变为一种高效的交流媒介，其对大学生生活与学习的渗透力尤为显著。在高校环境中，新媒体技术的地位日益提升，它已成为大学生学习过程中不可或缺的一部分，无论是在知识获取、信息交流还是技能提升方面，都发挥着举足轻重的作用。

## 二、新媒体环境下大学生人文素质教育的重要意义

### （一）有利于传承中华优秀传统文化

在推进当前中国特色社会主义文化强国构建的伟大进程中，对中华优秀传统文化的传承与弘扬显得尤为重要。深化大学生人文素质教育，需充分利用中华优秀传统文化的深厚底蕴，融合红色基因、地域特色与公益精神等多维度文化资源，旨在塑造学生积极向上的世界观、人生观、价值观，并激发其内心深处的民族自豪感与自信心。依托新媒体平台的即时性、广泛传播力特性，实施面向大学生的人文素质教育策略，能够更为有效地培育其文化自省意识与文化自信态度，进而促进中华优秀传统文化在新时代的传承与发展，确保这一宝贵遗产在新青年群体中焕发新的生机与活力。

### （二）有利于提升学生综合素养

审视学生综合素养的构成要素，不难发现其广泛涵盖了扎实的理论知识与精湛的专业技能，同时也深蕴着人生观、世界观及价值观等人文底蕴的精髓。针对大学生群体实施的人文素质教育，旨在有效引导大学生构建健全的自我认知体系，促进其内心深处对民族、

国家及社会之责任感与使命感的逐渐觉醒与增强。此举不仅有利于全面提升大学生的综合素养，还能够使他们更加切合当今社会对高素质、复合型人才的实际需求，从而在未来的社会竞争中占据优势地位。

## 三、新媒体环境对大学生人文素质教育的影响

### （一）新媒体对大学生人文素质教育的积极作用

#### 1. 新媒体丰富了大学生人文素质教育内容

新媒体凭借其显著优势，为人文素质教育领域注入了鲜活的创新动力，开辟了丰富的教育资源宝库。网络空间中的信息繁若星辰，教师们能够即时捕获学科前沿的动态理论与最新科研成果，紧跟学术步伐。与此同时，学生们则能在多样化的新媒体平台上，轻松获取广泛的学习素材，通过积极主动的学习模式，不仅拓展了知识疆域，还极大地拓宽了个人视野。

#### 2. 新媒体创新了大学生人文素质教育方式

随着新媒体技术的蓬勃兴起，大学生人文素质教育的实施路径迎来了前所未有的革新。传统教育模式往往囿于课堂框架，以教师讲授为主导，学生往往处于知识接收的被动地位。然而，新媒体的融入引领了教学范式的根本性转变，促使教学活动由教师中心向学生中心迁移，实现了由单向灌输向双向互动教学模式的深刻变革。学生可依托新媒体平台，自主开展学习活动，参与在线讨论与互动交流，此举显著提升了学生的主体性地位，有效激发了其学习热情与主动性。此外，教师亦可灵活运用新媒体技术，实施远程授课与在线指导，此举不仅突破了时空的界限，还极大地优化了教学流程，促进了教学效率的显著提升。

#### 3. 新媒体强化了大学生人文素质教育的师生互动

新媒体技术构建了多元化的师生互动桥梁，极大地促进了师生间交流的便捷性与高效性。首要的是，借助新媒体平台，教师能即时洞悉学生的学习进展，精准把握学生对教学内容的理解程度，从而灵活调整教学策略，实现教学方法的持续优化。此外，学生也能利用新媒体渠道，主动向教师反馈疑问、分享见解与提出建议，实现与教师的一对一深度对话，这一过程不仅强化了学生的自信心，还锻炼了其沟通表达能力。同时，新媒体还促进了教师间的交流与合作，他们可借此平台共享教学心得，共同研讨教学方法与内容，携手推动教学质量与水平的稳步提升。

#### 4. 切合学生的个性需求

在以往教育体系中，教学模式趋于固化，常陷于教师主讲、学生静听的窠臼，鲜少顾及学生的个性化兴趣与独特需求。然而，在新媒体与大数据技术深度融合的当下高校教育环境中，通过巧妙利用新媒体平台，系统能够敏锐捕捉学生的搜索偏好、转发互动及浏览轨迹等信息，精准定位学生兴趣所在与疑惑焦点，进而实施个性化内容筛选与定制化推

送，为每位学生量身打造符合其兴趣的人文视频与教育资源。此举在人文素质教育课程的实施上尤为显著，教育平台得以预先为学生提供个性化的预习材料，不仅显著提升了学习效率，还深刻践行了“一人一策”的学习理念，最大限度地满足了大学生对人文知识学习的个性化渴求。

### （二）新媒体环境下大学生人文素质教育的挑战

#### 1. 信息筛选与辨别难题

身处新媒体时代洪流，海量信息纷至沓来，其质量却良莠不齐，对大学生的信息甄别与利用能力构成了严峻考验。在利用新媒体平台搜寻资讯的过程中，学生常遭遇信息冗余、精确度欠缺及可信度滑坡等困境。加之互联网时代信息追踪机制的盛行与个性化推荐算法的干预，无形中促使了低质信息的泛滥成灾。尤为值得注意的是，新媒体平台上充斥着诱导性广告与诈骗类垃圾信息，它们不时侵扰着用户视线。鉴于大学生群体普遍具备强烈的好奇心与对新知的渴望，他们更易沉溺于浏览此类无益信息之中，这无疑对提升其人文素质构成了不小的障碍，阻碍了其全面发展与成长。

#### 2. 价值观引导与思想引领任务重大

在新媒体场域中，多元文化思潮交织激荡，对大学生“三观”（世界观、人生观、价值观）的塑造构成了复杂挑战。在此环境下，大学生的价值取向面临着多元信息的深刻影响，存在价值模糊与信仰动摇的风险。鉴于此，人文素质教育的使命愈发凸显其关键性与挑战性，亟待实施有效策略，以引导大学生理性审视多元文化，牢固确立社会主义核心价值观的根基，有效抵御不良思潮的侵蚀，保障其健康成长。

#### 3. 对教育者媒介素养提出更高要求

新媒体的广泛渗透向教育工作者提出了新的更高要求。教育从业者需持续精进其媒介素养，这涵盖了利用新媒体媒介创新教学模式的能力、网络信息的筛选与批判性思维能力，以及在网络空间中的安全防范意识。与此同时，紧随新媒体技术日新月异的步伐，教师们必须保持敏锐洞察力，熟练掌握新兴技术工具，以引领学生有效融入并驾驭新媒体时代。更进一步，教师群体应主动融入并积极参与网络文化构建，发挥引领作用，通过新媒体平台积极传递正面价值观，弘扬社会正能量，为营造清朗网络空间贡献力量。

#### 4. 碎片化知识影响思维深度

新媒体时代，信息获取方式的显著特征是碎片化阅读模式的盛行，这一趋势得益于新媒体的蓬勃发展与移动互联网技术的飞跃，它们共同构筑了便捷的知识获取途径，让学习跨越时空界限。然而，这一便利也伴随着风险，即学习过程趋于零散与碎片化，可能诱使大学生陷入浅尝辄止、难以深入的困境。具体而言，某些聚焦于历史人文领域的公众号，在推送内容时往往聚焦于单一事件，忽视了内容的全面性与连贯性，导致信息呈现孤立无援之态，缺乏应有的宏观视野与历史脉络。如此一来，大学生在阅读过程中难以构建起事件间的逻辑联系，难以在脑海中勾勒出完整的知识图景，长此以往，这种碎片化的学习方式极易引发认知的片面性，甚至可能在一定程度上削弱人文素质教育的成效，不利于学生综合素养的全面提升。

5. 学生的社交能力逐渐弱化

新媒体平台的鲜明特色，在于其无缝融合的在线即时交互与传播机制，这一特性极大地拓宽了教育的疆域与维度。然而，随之而来的亦是一个不容忽视的挑战：在虚拟世界的高频互动中，人与人之间真实而深刻的交流似乎渐行渐远。当大学生群体日益沉浸于线上沟通的便捷与高效时，一个潜在的隐患逐渐浮现——这可能会在某种程度上削弱他们的面对面社交技能，限制了他们运用语言精准表达自我的机会。进而，这一现象也对大学生人文素质教育的深度实施构成了不利因素，因其强调的正是情感共鸣、思想碰撞与人际交往能力的培养。

# 第三章　大学生人文素质教育课程设置

## 第一节　大学生素质教育中的人文课程

近年来，伴随我国社会经济的高速腾飞，高等教育的重要性愈发凸显，公众对其关注度持续攀升。在此背景下，大学生人文素质教育作为教育领域的一大热点议题，逐步成为教育改革与探索的核心方向。该教育形态的核心目的在于全方位塑造学生的综合素养，强化其人文素质底蕴，以期毕业生能更加从容地融入并引领社会发展的潮流。为达成此宏伟目标，各高等学府正积极投身于教育实践的深邃探索之中，致力于课程体系的优化重组与教学方法的革新升级，力求为学生构建一个充盈着人文精神与知识资源的学习殿堂。

### 一、大学生人文素质课程的特性

#### （一）人文课程的人本性

大学人文教育的核心要义深植于教育的本质土壤之中，旨在促进个体全面成长，实现人性层面的深刻解放。作为这一教育理念的实践载体，课程体系尤其是人文类课程的构建显得尤为关键。人文课程不仅深刻体现人性关怀，更是聚焦于人的成长与发展，充分彰显了以人为本的教育理念。其构建基础，是以人文学科，特别是文史哲为核心的课程体系。这一体系通过文学与艺术的熏陶，引领学生认识美、欣赏美、珍视美，进而培育出对美的深切渴望与不懈追求，助力学生绘就绚烂多彩的人生画卷。历史学科引领我们秉持历史视角，秉持客观公正的原则剖析与应对挑战，促进我们建立跨越时空的联结，既深掘过往的镜鉴，又洞察现实的脉络，更前瞻未来的启示。哲学，作为智慧的源泉，赋予我们洞察世事的深邃眼光，训练我们以辩证思维剖析问题，以睿智之心解决难题。这一系列以文史哲为基石的人文学科，共同构筑起以人为本的价值导向，无论是审美教育的熏陶，还是历史反思的启迪，抑或是哲学思辨的升华，均紧密围绕人的成长与发展这一核心展开。因此，人文课程，以其鲜明的人文学科主导特色，凸显了深刻的人本理念，不仅向人而生，更因以人为本的核心理念而闪耀着人文性与人本性的光辉。

#### （二）人文课程的导引性

人文课程，作为精神与价值引领的灯塔，其深邃不仅在于传授人文领域的广博知识与深刻学识，更在于培育学生洞察事物本质的能力，通过剥离现象迷雾，把握事物真谛，进而引导个体主观世界的自我革新与客观世界的积极改造，构建起坚实且正向的价值观念体系，筑就一座滋养心灵、指引方向的精神殿堂。人文课程的精髓，在于彰显人的自由意志与精神解放，助力塑造独立不倚、人格完善的个体。此类课程，实则是人类文化精粹的传承载体，是悠久历史长河中文明成果的璀璨结晶，它根植于深厚的人文文化土壤，并伴随人类社会健康、和谐的价值体系发展脉络而不断演进，成为连接过去与未来，促进人类全面发展的坚实桥梁。人文课程，作为人类精神财富的承载体，在浩瀚的人文宇宙中播撒着人文智慧的种子，其核心聚焦于人文精神的培养，让学生沉浸于这一精神家园，历经心灵的洗礼与净化，从而铸就自身崇高的人文情怀与品质，实现人文价值的内在升华，为个人成长与职业生涯奠定坚实的精神与价值基石，激发人性中最为闪耀的光辉，促使人生价值达到新的高度。人文课程，汇聚了人类思想的精粹与道德品格的精华，它不仅塑造着人文精神，更是人性光辉的璀璨展现。在此过程中，学生得以树立正确的世界观、人生观与价值观，培养起超脱于物质利益之上的义利观念，以超脱的精神境界引领自我成长，提升生命价值，塑造更加丰富、深邃的人生图景。这便是人文课程所独有的精神航标与价值灯塔，引领着每一个灵魂向着更加光明与崇高的未来航行。

### （三）人文课程的引领性

大学教育体系的核心由人文科学课程（简称人文课）、社会科学课程（简称社会课）及自然科学课程（简称科学课）这三大支柱构成，其中，人文课以其独特的先导性地位，成为驱动社会课与科学课发展的引擎，为其注入人文精髓，赋予两者更加蓬勃的生命力与创造力。人文之光，作为前行路上的灯塔，其重要性不言而喻：缺失卓越的人文底蕴，则难以孕育顶尖的理科与工科成就。同理，一所大学若缺失了人文与科学的深度融合，其长远发展必将受限，难以跻身一流学府之列。人文课、科学课与社会课之间的紧密关联，恰似文、理、工三者在高等教育生态中的相辅相成，任何一方的缺失都将影响整体生态的繁荣。正如张楚廷先生所深刻阐述的："自觉担当历史使命的大学，应尤为珍视并强化人文教育。缺乏人文大家的学府，难以孕育出科学巨匠；同样，一个缺乏人文精神的国度，也难以诞生出科学领域的领航者。"这一论断深刻揭示了人文教育对于大学乃至国家创新发展的不可或缺性，强调了人文课程在引领大学迈向卓越征程中的关键作用。[①] 可见，人文的引领性，这段关于文、理、工三者关系在大学教育中的描述与描绘，其实也可以用于描绘与形容大学人文教育与人文课程在大学教育中的引领性特性。

## 二、大学生人文素质课程的意义

名著，作为人文经典的典范，其深远意义不言而喻，映射出人文领域著作与经典的跨时代价值。人文课程亦如是，其恒久价值尤为显著，集中体现于双重维度。首要方面，人文课程在高等教育课程体系中扮演着引领者的角色，它横跨自然科学与社会科学两大领域，共同构筑了真、善、美的教育境界。在这三大课程体系的交织中，每类课程虽各有侧

① 张楚廷．论文、理、工关系［J］．大学教育科学，2011（1）：110.

重，却又紧密相连，互为支撑。自然科学课程，旨在通过深入学习与实践，赋予学生掌握科技知识与技能的能力，使其能够运用这些技能探索并改造自然世界，领悟自然界的本质规律，进而激发对真理的无尽追求与崇尚。而社会科学课程，则侧重于培养学生在复杂社会环境中的人际交往能力与社会适应能力，引导学生以和善之心待人接物，构建和谐的人际关系网络，推动社会正向发展，增进人性的光辉。在这一过程中，学生不仅能够体验到社会的温暖与善意，更能深刻理解并实践"向善"的价值观，促进个人与社会共同进步，向更加美好的方向迈进。人文课程旨在引导学生深入人文科学的殿堂，尤其是通过对人类经典文明的探索与研习，洞悉人性之光辉，启迪心智，培养独立思考能力，让学生在思想之海中遨游，领略思想的魅力，进而铸就独特的灵魂。这一过程不仅是知识的积累，更是思想的觉醒与心灵的升华，通过思维的激荡，个人的思想境界、修养层次及心性品质得以显著提升与净化。科学之舟需人文之舵指引方向，人文不仅是科学的道德罗盘，更是其思想灵魂的源泉。它引领科学向善而行，赋予其深邃的思想与崇高的灵魂之美；同时，人文也为自然科学点亮求真之光，使其在追求真理的道路上闪耀着智慧的光芒。人文、自然科学与社会科学三者携手并进，共同崇尚真理、追求善行、探寻美好，人文课程因此成为贯通三大课程领域、承载真善美价值的核心纽带。次要方法，人文课程承载着塑造人类本质的永恒使命。它是人类自我认知与提升的阶梯，彰显了人类的神圣性与独特性。人文课程不仅体现并强化了人的崇高地位，更促使人不断超越自我，迈向更加崇高、智慧与自由的境界。在这一过程中，人文课程成为推动人类向更加完善、更加高尚目标迈进的强大动力。

## 三、大学生人文素质课程的教学作用

### （一）人文素质课程有助于大学人文素质教育的顺利开展

大学生人文素质教育历经二十余载春秋，其发端初衷在于应对大学生群体中普遍存在的人文素质匮乏、人文精神淡漠及人文素质不高之现状。此外，针对部分大学生过于偏重科技知识而忽视人文素质的培育，强调应用与实践技能却轻视基础理论与原理掌握的倾向，大学教育领域内积极倡导并实施了人文素质教育的理念。在此过程中，人文课程作为人文素质教育的重要载体，其在大学课程体系中的有效落地与实施，成了首要且关键的一环。在推进人文素质教育的征途上，人文课程无疑扮演着至关重要的角色，它不仅是素质教育核心策略的具体体现，更是驱动素质教育深入实施的精髓所在。鉴于大学生人文素质教育旨在依托人文科学领域，着重于人的精神世界的丰富与人文素质的飞跃，旨在实现人的全面发展与自由成长，这一过程深深植根于以文学、历史、哲学为核心的课程体系之中。因此，大学生人文素质教育的有效运作与深化，势必依赖于人文课程的精心设计与实践教学。人文课程不仅是这一教育进程的催化剂，更是其持续前行的动力源泉，有力地促进了大学人文素质教育的顺利实施与蓬勃发展。

### （二）人文素质课程能提升人的价值，彰显人性的光辉

大学作为人性锻造与精神塑造的殿堂，其实现路径深刻地体现在人文课程的教育实践

中。这些课程不仅是提升个体人文素质的关键，更是优化人才培养质量的重要杠杆。人文课程深刻映射了人文教育的核心理念：强化人性、培育人格、雕琢人性，旨在推动个体实现自由而全面的发展，它们直接服务于大学人文教育目标的达成。人文课程的核心架构围绕着人文科学课程展开，聚焦于经典名著的研读与领悟，将经典文化与经典文明（或古典文化与古典智慧）视为课程的精髓与灵魂。这些经典，作为人类精神与智慧的璀璨瑰宝，不仅能够锤炼个体的心志，雕琢其灵魂，升华人性之美，还进一步凸显了人的价值所在，激发了智慧之光，引领着个人成长与自我超越的旅程。这些综合性的人文课程，广泛融合了文学、语言学、艺术、历史哲学等多学科精髓，其多元性特质显著，旨在拓宽个体的认知边界，扩展胸襟，激发对美好事物的向往与追求，引导人们矢志不渝地探寻真理、崇尚善良、追求至美之境。此类课程对于塑造健全心智、通达人性及培育完美人格具有深远影响，它们促使人性的光辉与明达在个体的精神世界中熠熠生辉，使人的价值在精神层面得到全面彰显，人性之美普照心灵，熠熠生辉。因此，人文课程在提升人的价值层次、展现人性光辉方面，展现出了其他类型课程所难以企及的独特作用与重要性。

### （三）人文素质课程能够促进大学的人才培养目标完善

普遍认同的是，大学承载着人才培养、科学研究与社会服务这三大基石功能，其中，人才培养位居核心，是大学的根本使命所在，其实现途径则深深植根于教学活动之中，教学活动又与课程设置紧密相连，相辅相成。当前学术界已普遍倾向于培养通才的教育理念，即致力于塑造具备综合素养的个体。然而，在专业化、职业化、功利化及实用主义思潮的影响下，大学人才培养日渐偏离其初衷，学生求学动机往往倾向于职业导向，追求高薪职位而非纯粹的学问探索与人性修养的完善。这一现象导致以人文学科为核心的人文课程面临边缘化趋势，其价值被忽视。诚然，学生为未来职业做准备是合理的教育期许，但仅以此为目的而忽视提升个人价值、彰显人性光辉的人文课程，则显偏颇，此举将阻碍学生实现全面、自由及富有个性的发展。人文课程在引导学生追求理想人格、培养高尚审美情趣、确立清晰人生目标方面发挥着不可或缺的导向作用。大学教育的核心目标在于培养整合的、人格健全的、独立个性的、生命厚重的个体，这构成了“全人”教育的核心理念。人文课程正是实现这一目标的关键驱动力，对于完善大学教育体系的目标追求具有决定性意义。因此，强化人文课程的地位，促进其与专业教育的深度融合，是实现大学教育全面发展的重要路径。

## 四、大学生素质教育中的人文课程设计要求

大学生人文素质教育课程设计之精髓，旨在全面塑造学生的综合素养与人文情怀。于教学内容之遴选与编排上，须深度融合学科之理论基础与实践应用，紧密对接当代社会发展之趋势与考验。课程之教学目标与要求，既着眼于学生知识技能的扎实掌握，也不可忽视其道德品质之锤炼与思维能力之培育，力求在知识与品德、理论与实践之间达成和谐统一。在进行教学资源与教材甄选时，需积极采纳高质量的教学素材与多元化的教学辅助手

段，旨在为学生打造一个多元且丰富的学习生态系统。依托精心策划的大学人文素质课程体系，我们能够更有效地促进学生综合素养与人文关怀的双重提升，为其个人成长及社会贡献之路铺设坚实的基石。

### （一）教学内容的选取和安排

在大学生人文素质教育的教学框架内，应强化对当前社会热点议题的深入剖析与研讨，旨在激发学生的社会关怀意识，并锤炼其问题解析与批判性思维能力。同时，可融合人文科学、社会科学、人文艺术及人文哲学等多维度知识，构建跨学科的课程体系，以此促进学生对人文素质核心价值与深远意义的全面领悟与掌握，进而提升其综合素养与批判性思维能力。为契合学生多样化的专业背景与兴趣倾向，应灵活设置选修课程或模块，鼓励学生根据个人兴趣深入探索特定领域，此举不仅能激发其学习热情，还能显著提升学生在学习人文素质教育过程中的自主性与参与度，确保教育过程更加生动、高效。

### （二）课程的教学目标和要求

在大学人文素质教育的课程规划中，确立清晰的教学目标与具体要求是至关重要的。此举不仅有助于学生明晰学习旅程中的基准与追求，还能有效激发他们的学习热情与内在驱动力。同时，详尽的教学要求为学生指明了实现学习目标的实践路径，包括具体的学习活动与任务安排。教学目标的设定应全面而多元，首先，在于深化学生的人文素质，促使他们能够包容并理解多元文化与价值观的碰撞与交融。其次，旨在培育学生的学术风范，通过培养独立思考与批判性分析的能力，塑造其严谨的学术态度与探究方法。最后，着重强化学生的创新潜能与批判性思维，鼓励其自主探索、独立解决问题；同时，也不忘锤炼其沟通与团队协作能力，确保学生在未来的学习与工作中能够顺畅交流、协同并进，展现高效沟通与团队协作的素养。

教学规范涵盖学生的课堂互动性、学术论文撰写、小组研讨及实践探索等多个维度。强调学生在课堂讨论与活动中的主动参与，旨在激发其学习兴趣与内在驱动力。而学术论文的创作要求，则着力于锻炼学生的批判性思维与深厚的学术功底。此外，通过组织小组研讨与实践活动，不仅促进学生间的团队协作，还显著增强其动手实践与解决问题的能力。

### （三）教学资源和教材的选择

在探讨大学人文素质教育的实施过程中，教学资料与资源遴选的策略占据核心地位。首要原则是确保所选教材既具权威性又具代表性，这意味着教材应由领域内权威专家编著或源自经典之作，从而保障学生接收到的知识信息真实、精准且全面，为其学术修养与素质的提升奠定坚实基础。进而，教学资源的多样性与丰富性亦不容忽视。这包括但不限于图书馆馆藏、数字化资源库及广泛开放的在线平台，它们共同构成了获取广博学习资源的强大网络。学校应积极提供电子书籍、详尽文献资料、前沿学术期刊等多种资源，供学生深入学习参考。同时，教师需扮演重要角色，挖掘并整理出启发性强的案例与实例，以此激发学生的思考与探讨热情。这一系列丰富的教学资源不仅能够拓宽学生的知识视野，还能在实践中促进其综合素质的全面提升与能力的增强。

## 五、大学生素质教育中的人文课程教学方法

在大学素质教育的人文课程教学中，教师所扮演的角色及其肩负的责任显得尤为关键。他们不仅是引领者，更是学生效仿的楷模，致力于激发学生的深层思考，拓宽认知边界，并培养其创新思维与批判性审视的能力。在教学模式与互动机制的构建上，教师应积极采用多样化的教学手段，诸如专题讲座、互动小组研讨以及深度案例分析等，以此激发学生的内在动力与主动参与意识，促进其对知识内涵的深刻理解与高效内化。此外，学习成效评估与反馈体系的建立，需着眼于对学生学习成果与发展潜能的全方位审视，积极采纳并重视学生的见解与反馈，旨在为学生量身定制个性化的学习辅导与支撑。在教师的悉心引导与学生的主动投入下，大学人文素质教育将更加卓有成效地助推学生的全面发展与茁壮成长。

### （一）教师的角色和职责

在大学人文素质教育的舞台上，教师的身份远不止于知识传递者，更是学生心路历程的引路人与灵感启迪者。他们需拥有丰富的学术底蕴与专业素养，巧妙融合学科精髓与人文素质，引领学生跨越学科界限，展开深度思考与探索。同时，教师应敏锐洞察学生发展需求，以开放心态倾听学生心声，及时解答疑惑，提供个性化关怀与指导，助力学生全人发展。更进一步，教师需通过激发学子的求知热情与探索欲，鼓励他们投身于学术探索、实践活动及社会服务之中，从而培养其自主学习的能力与创新思维的火花。教师还需秉持教育敏锐度与人文关怀，深切关怀学生的成长轨迹与发展进程，着重培育其人文底蕴、道德情操及社会责任感。教师应身体力行，成为学生心中的楷模与益友，构建和谐的师生关系，深入学生的生活与学习空间，提供全面而细致的辅助与支持。综上所述，大学人文素质教育体系下的教师，需兼具深厚的学科专业知识与背景，担当起学生探索之旅的导航者与启迪者角色，密切关注学生个性化发展需求，激发其学习兴趣与探究欲望，促进自主学习与创新思维的发展。同时，强化对学生人文情感、道德品质及社会责任感的塑造，与学生建立紧密而正面的师生关系，成为他们成长道路上的灯塔与同行者。

### （二）授课方式和互动形式

在大学素质教育的人文课程架构中，应强调以学生为主体的教学模式，旨在激发其主动参与与深度思考。教师可灵活运用讲授法、案例剖析、小组讨论、实践探索等多元化教学手段，以此激发学生的学习热情与创造力，进而提升学习成效与自主能动性。此外，强化师生互动与沟通机制同样关键，鼓励学生勇于提问、积极发声，营造活跃且富有成效的学术交流氛围。此互动过程不仅有助于教师精准捕捉学生需求与兴趣点，还能依据个体差异灵活调整教学策略，为学生提供量身定制的学习指导与支持，共同促进教学相长的良性循环。

### （三）学习评价和反馈机制

在大学素质教育的人文课程教学中，学习评估旨在全方位审视学生的学习进展与达成状态，为教学策略的个性化调整与优化奠定基石。评估体系应兼顾学生的学习历程与成果

展现，涵盖课堂参与度、作业完成情况、项目报告质量及考试成绩等多个维度。此外，融入同行评审与小组互评机制，旨在拓宽评价视角，深度剖析学生的学习状态与成长轨迹。教师应及时给予学生详尽反馈，针对学生具体问题与不足提供个性化指导与支持，促进学生自我审视与持续改进。此评价体系不仅有助于学生自我认知的深化，明确优势与待改进领域，同时亦作为教师优化教学策略、提升教学质量与学生学习成效的重要依据。在大学人文素质教育的背景下，学习评价还应聚焦于学生综合能力的培养与价值观念的塑造，以促进其全面发展。评价的核心目标不仅局限于掌握学生的学习现状，更在于通过评价机制激发其学习兴趣，增强学习驱动力，并培养其责任感与自主学习能力。在构建评价体系时，应追求多元化，融合定性与定量评估手段，诸如课堂表现观察、作业质量评估、小组讨论成效、项目报告审阅、个人学习反思及同行专家评议等，以全面审视学生的学习历程与成果，深入洞察其表现与成长轨迹。此外，评价过程需保持连续性，强调即时反馈与后续跟进，确保教师能迅速给予学生反馈，既肯定其优势，又明确指出改进方向，激励学生借助自我反思实现持续进步。同时，教师应基于评价结果，灵活调整教学策略与内容，提供个性化教学辅助与指导，以精准对接学生的学习需求，促进教学质量与学生成长的双赢。

## 第二节　大学生人文素质课程设置现状分析

国内高等教育界正日益认识到人文素质教育及其课程布局的核心价值，并已积极投身一系列深入的探索与实践。尽管通过持续努力已取得一定成效，然而，在教育实践的征途中，仍面临着诸多挑战与短板，具体体现在人文课程的全面性、整合度与科学性方面尚存提升空间，亟待进一步优化与完善。

### 一、大学生人文素质课程设置存在的问题

#### （一）人文素质课程缺乏界定标准

在素质教育理念的引领下，高校设立了旨在达成特定教育目标的人文素质课程体系。然而，当前我国部分高校在界定人文素质课程涵盖领域时面临困惑，缺乏统一且科学的规范标准，这一现状因个体差异（包括层次与背景）而加剧了对该问题理解的多元化。领域界定标准的模糊性，已成为制约人文素质课程体系构建效率与秩序的关键因素，导致课程设置出现混乱与低效现象。当前大学教育实践中，关于人文素质课程的认知呈现三足鼎立之势：一类聚焦于文化素质教育，尤指人文社科领域的专项课程；另一类则是作为自由选修课程的“公共选修”范畴，但需明确，“两课”等必修课程并不在此列，因其性质更偏向基础通识；最后一类则采取更为宽泛的定义，涵盖除专业课程之外的所有学习领域。

人文素质教育的精髓，作为一种深层次的教育理念，其核心在于通过精心设计的课程体系与教学实施，旨在拓宽学生的知识视野，引领他们探索并珍视生命多元领域中蕴藏的

内在价值，进而拓宽生活视野，赋予其应对多方挑战与压力的能力与韧性。其深远目标，乃是奠定个人终身学习之基石，促进对人类本质、普遍真理及永恒议题的深刻理解与反思，同时助力个体洞察时代脉搏，清晰把握所处时代的独特面貌及其所遭遇的挑战与困境。

### （二）课程设置缺乏系统性

在我国部分高校内，人文素质课程的规划呈现出较强的主观性，未能充分秉持以学生为中心的原则，亦未能精准对接学生的实际需求与期望，而是倾向于从院校及教师视角出发进行安排。此举导致部分课程内容难以激发学生的学习兴趣，甚至部分价值有限的课程也混入其中，形成了一种“课程拼凑”的现象，严重削弱了教学的整体效果与质量。

当前，多数大学在课程内容构建上仍沿袭传统学科专业化的路径，偏离了人文素质教育原本追求的基础性、普适性与整合性目标。人文素质课程应当致力于构建一个综合性的课程体系，强调知识的横向联系与深度理解。同时，我国大学人文素质课程内容面临知识化过度的倾向，侧重于知识的单向灌输，而忽视了对学生能力发展与素质提升的全面规划。这种偏向不仅导致知识负荷过重与课时紧张的矛盾，还难以构建起能够持续滋养学生、助力其终身成长的宽广知识框架，从而限制了学生综合素质的全面发展。

### （三）课程类型单一束缚创新能力的发展

当前，我国高等教育体系中人文素质课程的构建存在类型单一化的问题，缺乏深入探索与整合网络课程等多元化潜在教育资源的策略。这种过度聚焦于传统学科课程设置的模式，极大地限制了对学生创新思维与创造潜能的有效培育。鉴于人文素质教育的独特价值，我们需重新审视并充分利用多样化的课程类型与形式，以全面推进素质教育进程，促进学生的全面发展。

创新能力，本质上是指个体具备探索新视角、构想新观念、发展新方法以及定义新概念的能力。通常而言，新问题的洞察乃是新思想、新方法及新概念萌发的先决条件，这一规律在科学发展史中屡见不鲜，诸如爱因斯坦对绝对时空观局限性的质疑，促成了相对时空观的诞生；牛顿对苹果落地现象的深入探究，则引领他揭示了万有引力定律。因此，对科学领域的敏锐洞察，即创新思维，成了发现新问题不可或缺的能力，这种能力需经由有意识的、系统性的培育路径加以强化。鉴于此，课程体系的设置中，应当融入多样化的问题探究型课程，而非仅仅局限于知识的单向传授，以此激发学生的探索精神与创新潜能。

素质教育的核心理念应根植于“人本主义”，倡导学生依据个人兴趣与专业倾向自主选择学习路径，从而激发其内在动力、强化自我导向，并最大限度地释放个人潜能。然而，当前教育模式却普遍面临观念陈旧、方法单一的困境，传统的填鸭式教学依旧盛行，教师往往侧重于系统知识的单向传递，而忽视了学生提问的鼓励与引导，导致学生处于被动接受状态，缺乏主动思考与探索的机会，学习积极性显著下降。此外，课程结构也显得颇为单一，过分偏重于理论学科，实践课程的设置与实施严重不足，限制了学生个性发展的广阔空间。此种模式不仅磨灭了学生的个性特质，还抑制了创新思维与创造能力的培养，导致所培养的人才难以适应社会的多元化需求，偏离了高等教育旨在促进个人全面发展的根本宗旨。

### （四）师资力量不足，教师素质有待提高

确保人文课程教学质量，关键在于精心遴选并构建高素质的师资团队，这是素质教育理念有效落地的核心环节。当前，我国高等教育体系中，部分教师群体展现出知识视野的局限性，专业划分过于精细，导致跨学科、跨领域的交流与融合存在显著障碍。具体表现为：自然科学与人文社科教师间缺乏对话基础，人文领域内古典与现代文学教育者间亦难觅共鸣，即便是自然科学内部，不同学科乃至同一学科下的不同专业方向间也鲜有思想碰撞。综上，我国高校在人文社科领域的优秀教师资源严重匮乏，且教师群体在人格魅力与榜样作用方面的展现亦不尽如人意，这些现状均对人文素质课程的设置与教学效果构成了直接制约。鉴于此，迫切需要深化大学教师的知识结构改革，加快培养一支兼具深厚学术功底与广泛知识视野的优秀教师队伍。同时，值得注意的是，近年来我国多所高校将一流教育资源过度集中于研究生教育与科研领域，一定程度上削弱了本科教学及人文素质教育环节的师资力量，这一趋势亟须得到调整与纠正。

### （五）缺乏校园人文教育的环境与氛围

学校的文化氛围乃是一种隐性课程，其构建应与显性学科课程的创设同等重视，共同构成教育环境的两大支柱。作为高等教育的核心殿堂，大学不仅是知识的熔炉与创新的高地，也是文化向外辐射的关键节点。校园人文环境与氛围的营造，实为教育体系中的首要隐性课程，涵盖了精神、物质、制度及关系四大维度。其中，精神层面的隐性课程居于核心地位，可视为此类课程的“精髓”，它融汇了学校的精神魂魄、校训真谛、办学理念、教育理念体系、校园文化的深度滋养、学术风尚的塑造以及师生教学互动所形成的独特风气，共同铸就了学校的精神基石、文化积淀与学术声誉。物质性隐性课程构成了隐性课程体系的结构支撑，涵盖了校园内办公、教学、科研、实验、体育、娱乐及休闲等多样化功能的建筑与设施，同时也延伸至这些建筑所蕴含的设计理念、造型美学、地理融合、风格特色、色彩搭配及品位格调，共同搭建起教育环境的实体框架。制度性隐性课程，则作为规范与引导校园内各类活动——行政运作、教学实施、科研探索、学习进程及服务提供——的基石，其管理制度体系在大学的运作中扮演着引导方向、规范行为、激发潜能的关键角色。制度不仅约束行为，还在无形中塑造着大学的精神风貌与运行效率。至于关系性隐性课程，它聚焦于校园内人际互动的深刻影响，体现为师生间、学生间及校园成员间错综复杂的关系网络。积极挖掘与利用这一课程的潜在价值，对于构建和谐融洽的校园环境、促进个体间的相互理解与支持乃至提升整体教育生态的质量与活力，均具有不可估量的正面效应。

然而，我国高校在构筑校园人文环境及其氛围的进程中，普遍显现出认识不足与资源匮乏的双重困境。具体而言，存在以下显著问题：其一，部分高校在塑造校风、学风方面失之严谨，导致学生学习态度消极、纪律松弛，整个校园缺乏深邃的精神底蕴与文化积

淀；其二，众多高校对于文娱活动的重视程度明显不足，将其视为学习生活的边缘点缀而非重要组成，实则此类潜在的人文素质培育途径，对学生心灵的熏陶与启迪，远非传统课堂教学所能及；其三，校园建筑与设施的设计往往忽视整体风格的塑造与定位，难以与院校独特的文化氛围相融合，甚至出现脱节现象，此类物质层面的潜在课程缺失，无疑成为制约校园人文环境营造的一大障碍。

## 二、大学生人文素质课程设置存在问题的原因分析

### （一）办学理念排斥人文性

高等教育机构的核心办学理念聚焦于培育兼具高深理论研究与工程实践应用能力的复合型人才，秉持产学研深度融合的理念，以能力为核心驱动力，注重实用价值的导向，旨在为学子铺就自主职业选择与创业发展的坚实基础。面对课程体系调整与革新的挑战，鉴于教学时间的有限性，增设人文类课程的努力面临诸多挑战。首要难题在于，自然科学基础理论作为专业知识学习的基石，其重要性不容忽视；同时，实践教学作为高等教育特色的显著标志，非但不能削弱，反而需持续强化；此外，随着社会经济的飞速发展，不断涌现的新知识与趋势日益成为课堂不可或缺的内容，迫切需要纳入教学体系之中。面对资源有限且难以全面兼顾的现实困境，常见策略是削减被视为“非直接效益”的人文课程份额。当前，众多高校人文社科类课程的课时占比普遍维持在约11%的低位。在资金配置层面，鉴于人文科学投资回报的非即时性，高校往往倾向于优先将有限的资源倾注于专业建设之上。这直接导致了诸如人文师资力量的构建与强化、图书馆人文藏书的扩充、人文类学科课程体系的优化、课外文化活动及文化体育设施的完善等关键领域的经费支持捉襟见肘。此类现象深刻揭示了当前办学理念中科学性与人文性之间存在的某种张力，甚至有将人文性边缘化的倾向。

### （二）市场经济的功利驱动

市场经济的迅猛浪潮，携带着急功近利的浮躁心态，悄然渗透至我国高等教育领域，促使高校不经意间陷入了过分强调专业技能、轻视人文教养的实用主义学习误区。此背景下，大学生群体普遍将主要精力聚焦于各类等级考试与证书获取，致使他们难以抽身，更遑论静心阅读人文类书籍。即便有少数学生于闲暇之余翻阅人文书刊，其初衷亦多限于娱乐放松，而非出于拓宽知识边界、激发创新能力、深化文化素养的主动追求，从而在这方面的思考与探索显得尤为匮乏。市场经济的功利导向亦显著体现于雇用方的价值取向。受社会功利风气之浸染，部分用人单位倾向于短视地聚焦于特定技能的即时效用，而未能充分重视人才应具备的综合素养，此现象对大学生群体构成了不容忽视的导向偏差。因此，我国高等教育机构需坚定立场，积极抵御来自部分用人单位对人才需求理解的片面引导，确保教育目标不偏离培养全面发展的高素质人才的根本轨道，避免大学教育被简化为单一技能训练的“工具化”职业教育模式。

### （三）现实的就业压力影响

市场经济体系的构筑，为经济与社会的蓬勃发展开辟了前所未有的机遇与挑战并存的广阔天地。传统上，高校毕业生由政府全面包揽分配的格局已然瓦解，取而代之的是毕业生需依托个人优势，在激烈的市场角逐中奋力争得一席之地。自 2002 年我国高校实施扩招以来，首批毕业生便踏上了自我探索与竞争之路，经历着一场关于能力与机遇的优胜劣汰历程。在此过程中，部分个体与机构受“唯科学至上”观念的驱使，往往仅聚焦于眼前利益，忽略了长远发展的重要性。在遴选人才之际，首要考量的并非学生的综合素养，而是其在特定专业领域的卓越程度。一旦被录用，企业首要关注的是该员工能为组织带来的即时效益。鉴于此，面对严峻的就业形势与市场的即时需求，高校倾向于设置更为细化的专业方向，以强化教育的针对性与实用性，这一趋势加剧了人才培养过程中的功利化倾向。众多学子在校期间便积极投身于各类资格证书的考取，将主要精力与兴趣聚焦于深化专业知识的研习之中。就业政策的导向效应与当前现状，成了影响高校人文教育发展的一个不可忽视的关联因素。

### （四）授课教师缺乏人文追求

部分高校教师面临知识结构局限的问题，缺乏综合性的人文素质与科学素养的融合。在高等教育体系对院校、专业及课程过度专业化的追求下，教师的知识构成显现出明显的文理隔阂趋势。多数教师的知识体系和能力范围被固化于单一学科范畴，对人文教育与科学教育的内在价值认知不足，导致其知识储备与教育理念难以切合当前人文与科学教育交叉融合的发展需求。对于众多人文领域的教育工作者而言，科学技术，尤其是尖端科技，常被视为遥不可及的领域，期望他们在教学过程中自然融入现代科技元素、灌输科学思维、培育学生的科学情怀，实属不易之挑战。相反，若要求多数高校教师将人文教育的精髓与理念深植于其教学实践之中，同样面临重重困难。整体来看，教师队伍在素养层面展现出一种对人文情怀追求缺失的状态。

## 第三节　大学生人文课程设置与教学对策

在大学教育体系中，人文教育与人文课程之间存在着紧密的相互依存关系，对整体教育格局具有不可估量的重要影响。人文教育的核心追求，旨在促进个体实现自由且全面的成长与发展，进而推动人的解放与自我超越。强化人文教育的实践路径，必然涉及人文课程与教学体系的深入实施与优化，因为人文课程在此过程中扮演着至关重要的角色，它们不仅是实现教育目标的基石，还是塑造个体精神高度与智慧深度的关键力量。人文课程赋予人以崇高的精神境界与深邃的思维能力，使“人”之定义超越了物质层面的局限，赋予了其存在以永恒的价值与意义。

### 一、大学生人文素质课程设置的原则

在全球化浪潮席卷的当下，人文素质已跃升为大学生核心能力架构中的关键要素。为

培育出拥有卓越人文素质的学子，深入探索与精心规划大学生人文课程体系显得尤为迫切。本书旨在系统剖析并阐述构建大学生人文课程的五大核心原则，强化大学人文教育的品质与成效，确保其能够精准对接时代需求，有效促进学生全面发展。

第一，大学生人文课程的架构应秉承科学严谨与实用导向相融合的原则。科学性维度要求课程内容紧密贴合人文学科的内在逻辑，确保知识的传授既系统又精确，体现学术的规范性与深度。而实用性方面，则侧重于课程设计的应需性，聚焦于增强学生的实践能力与应用水平，促使他们将所学知识有效融入日常生活与未来职业中。在教学实践中，教师应巧妙融合理论精髓与实际案例，鼓励学生运用所学理论解决现实难题，从而在提升人文素质的同时，也强化其综合技能与解决问题的能力。此教学模式不仅促进了学生对人文知识的深刻领悟，还显著增强了其实践操作的灵活性与适应性。

第二，在构建大学生人文课程体系时，应秉持系统整合与层次递进相交织的原则。系统性强调课程体系需呈现出一个完整且条理分明的架构，确保学生能够获得全面而连贯的人文知识教育。这要求学校进行全局性的课程设计规划，科学编排课程序列与教学内容，有效规避课程间的冗余与割裂现象。而层次性则聚焦于学生的认知发展轨迹与个性化成长诉求，要求以基础人文课程为起点，逐步过渡到专业领域课程，同时融合通识教育与精英培育的双重路径，清晰界定各层次的教学定位。此举旨在引领学生循序渐进地深化人文素质，灵活适应不同学习阶段的需求变化。通过系统性与层次性的深度融合，学生能够稳固构筑起人文知识体系的基石，为其日后的学术探究与职业生涯铺设坚实的理论支撑与实践基础。

第三，在设置大学生人文课程时，应融合人文内涵与教育价值并重的原则。人文内涵方面，课程内容需聚焦于学生精神世界的滋养与价值观的构建，致力于提升学生的道德认知、审美鉴赏能力及文化积淀。经由人文课程的学习历程，学生将深入探索人类文化的深邃与广阔，洞悉人性本质、情感体验及社会现象的内在逻辑。教育价值层面，则侧重促进学生全面发展的目标，着重培养其综合素养及社会责任感，确保教学内容横跨哲学、历史、文学、艺术等多维领域，以此拓宽学生的知识版图并激发其创新思维。在教学实践中，教师可灵活运用启发式教学法与讨论式学习模式，激发学生的自主思考能力，培育其批判性思维能力，进而塑造出积极向上、富有社会责任感的价值观与人生观。这一过程旨在培育出既具备人文关怀又勇于担当的杰出人才，为推动人类文明的持续发展贡献力量。

第四，在构建大学生人文课程体系时，应秉持时代契合与古今交融的理念。鉴于社会日新月异的进步，人文课程设置必须敏锐捕捉时代脉搏，紧扣人文精神在当代社会的演进趋势。这要求我们持续更新课程内容，确保其既体现时代特色又引领学术前沿。比如，增设跨文化沟通、新媒体文化传播等前沿课程，以响应信息化与全球化的时代呼唤。同时，坚守文化传承之责，不可让传统文化的光辉在历史长河中黯然失色。因此，课程设计应巧妙融合古典与现代，通过经典文献研习、古代哲学智慧探索等课程，激发学生对优秀传统文化的兴趣与热爱，从而增强其文化自信与民族自豪感。此等融合古今的人文教育模式，将助力学生在全球化浪潮中坚守文化根脉，强化民族认同，为国家与民族的长远发展注入深厚的文化底蕴与精神力量。

第五，着重于大学生人文课程设计时，应融合实践导向与创新驱动双重原则。实践性维度，旨在强化学生的实践操作能力，通过精心设计富含实践元素的课程与活动，促使学生将理论知识有效转化为解决实际问题的能力。例如，通过组织社会实践调研、社区服务项目等，让学生亲身体验理论与实践的深度融合，从而提升其解决问题的能力。与此同时，创新性原则聚焦于激发学生的创新思维与潜能，鼓励他们投身于创新研究与实践之中。学校应积极倡导创新引领发展的理念，通过设立创新实验室、资助学生创新创业项目等手段，为学生搭建起展现创意与才华的平台，培养其成为既具创新精神又具实践经验的杰出人才。这些人才将作为未来社会发展的核心驱动力，推动人类文明不断迈向新的高度。

## 二、明确人文课程理念

在行动之前，理念为舵，指引着方向，课程建设的征程也不例外，人文课程的构筑也需以明晰的课程理念为基石。人文课程的架构应紧密契合人文教育的核心理念，两者相辅相成，殊途同归，均旨在以人为本，聚焦于人的全面发展，旨在通过课程建设来彰显人性之美，弘扬人性的光辉。在这一过程中，课程理念不仅是对课程建设的宏观指引，更是确保人文教育精神实质得以贯彻的关键所在。

首要之务是将人文理念深度渗透于多元化的课程体系之中。理工科的基础知识框架与原理探索，实则蕴含深厚的人文意蕴，而人文领域中的文学、历史、哲学等学问，也展现出严密的逻辑与理性思考。这要求大学教育在各类课程设置时，均应巧妙融入人文精神，确保理工科学生能接受人文素质的熏陶，构建起基础的人文知识体系；同时，文科学生则需在学习中融入理工科的逻辑思维与基础知识，促进跨学科知识的交汇融合，使学生得以全面发展，个性特征显著增强。此外，人文课程应成为专业教育不可或缺的组成部分。高等教育的终极目标在于培育全面发展的高素质专业人才，这类人才不仅应具备深厚的专业知识，还需在道德品质、身心健康等方面全面发展。若专业教育孤立进行，缺乏人文教育的滋养，所培养出的将是技术娴熟却人文素质匮乏的“单向度人”，这类人才的成长有悖于高等教育的初衷，亦不利于其个人在社会的全面融入与贡献。因此，必须将人文课程有效融入专业教育体系，培养出既精通科学技术又深谙人文精神的复合型人才，以推动社会在科学与人文并重的轨道上健康前行。

## 三、完善人文课程体系，加强人文课程教学

### （一）人文课程建设全过程的一体化

高等教育体系需秉持人才成长法则，而课程作为其实施的基石，其构建亦应顺应此规律，人文课程体系的构筑亦不例外。据此，人文课程的设计应聚焦于人才培养的完整周

期，强调课程实施的过程连贯性与全程覆盖性，旨在确保学生在整个教育旅程中持续浸润于人文课程的滋养之中，进而促进其综合素养与独立人格的全面发展，实现人格结构的和谐统一。因此，在大学教育课程规划中，务必确保人文课程贯穿教育的每一阶段，力避其设计呈现零散、零星乃至碎片状态。课程架构需经历由分散向整合、由片面转综合、由割裂至连贯且系统化的蜕变，以保障人文课程体系的综合化、系统连贯性覆盖教育全程。此举旨在促进学生的课程学习摆脱片面、零散的局限，实现知识体系的系统性与整合性构建。人文课程不仅应贯穿学生其他学科学习的始终，还应服务于培养具备综合素养而非单一技能的人才，此即大学教育人才培养的核心理念与终极目标。

### （二）人文课程内容的综合化

人文教育领域涵盖广泛，其知识体系的庞大性决定了全面掌握其全部内容对于受教育者而言实为不易，故而有选择性地接受教育显得尤为重要。在此框架下，“通识”与“识通”双轨并行，成为人文教育学习的核心策略。这并非倡导所有专业学生均需涉猎所有知识领域，而是鼓励聚焦于那些具备深厚底蕴的知识进行学习。因此，高等教育机构需精心构建一套核心的人文课程体系，旨在为学生提供既有深度又具吸引力的学习内容，确保其能在有限的时间内，以充沛的热情与专注力，深入探索这一领域。为此，优化人文课程结构，实现课程内容的整合与升华，形成一系列高质量的课程集群或模块化课程，是大学教育机构责无旁贷的使命。

### （三）完善人文课程师资队伍

大学的人文教育质量优劣，核心在于教师队伍的整体素质与积极性。人文教育的有效推进与实施，离不开教师的身体力行与深切投入。大学中人文教育边缘化或影响力减弱的现象，应部分归咎于人文课程师资力量的薄弱与体系构建的不完善。鉴于此，亟须组建一支兼备深厚人文涵养、个人魅力与专业实力的教师队伍，以驱动人文教育的蓬勃发展。此队伍成员不仅应拥有坚实的专业学术基础与广泛的知识视野，还需深谙人文精髓，能够精准把握人文课程精髓，科学构建课程目标体系。为实现这一目标，大学应积极选拔具备人文根基与卓越学术造诣的教师，专注研习人文教育相关课程、体系与结构，从而打造一支高效精干的人文课程教学团队。通过他们的努力，开发一系列优质的人文课程，以全面促进大学人文教育的深入实施与高质量发展。

### （四）加强人文课程教学

在强化人文教育实践中，除了确立清晰的人文课程理念、体系、目标内容及构建高素质的教师队伍外，提升人文课程的教学质量同样至关重要，它是大学育才不可或缺的环节。人文课堂旨在引领学生广泛涉猎人文知识，深化其人文底蕴，并在人文情感的熏陶下，逐步涵养人文素质与精神。教师应凭借自身深厚的人文修养与热情，引领学生遨游于人文的浩瀚海洋中，同时革新教学范式，通过共读、品味、研讨经典著作，激发学生的自主阅读兴趣与热情，使其在人文的海洋里领略智慧的深邃与广阔，自主构建人文思想框架，树立正确的三观。此外，课外教学活动与实践亦不可或缺，它们为学生在真实情境中感悟人文魅力、体验人文精神提供了宝贵机会。通过组织经典名著阅读会、人文哲学讲座、学术研讨会等形式多样的活动，不仅使人文知识深入学生心田，还促进了其人文精神的升华，助其实现个性自由与全面发展的和谐统一。

## 四、积极运用案例分析和教学实践法

案例分析和教学实践是大学人文素质课程教育中重要的教学方法，能够促进学生的综合能力和跨学科思维的培养。下面将通过详细的讲解介绍这两方面。

案例分析作为一种教学手段，涉及教师在课堂上融入真实或构想案例，旨在通过案例剖析促进问题解决，并强化学生对学科知识的实践应用与综合思维能力的提升。在此过程中，教师可精选与人文修养紧密关联的典型案例，涵盖社会议题、文化面貌、伦理观念及人际交往等多维度，鼓励学生跨越学科界限，采用多元化视角进行深入剖析与讨论。案例分析不仅有助于学生洞悉现实世界的纷繁复杂与多元并存，还能有效激发他们的批判性思维，提升面对问题时的分析解决能力，进而促进其全面发展。

教育实践强调以亲身体验与积极参与为核心，驱动学生的知识汲取与个人成长。在大学人文素质培育的语境下，这一过程可借助参访展览、社会调查、实地考察及社会实践等多元化途径实现，确保学生能够身临其境，感悟深切。此类实践活动不仅锻造了学生的实践技能，还强化了其社会责任意识，促使他们将抽象理论转化为解决现实问题的能力。在此过程中，教师扮演着至关重要的角色，既是活动的策划者与组织者，又是学生探索之路的引导者与同行者，负责引领学生踏入实践场域，并在全程中给予适时的指导与反馈。实践环节的深度融入，不仅深化了学生对人文素质教育内涵的理解，还极大地激发了他们的学习热情与探究欲望，进而提升了学习的质量与深度。

# 第四章　传统文化与大学生人文素质教育

## 第一节　中华优秀传统文化融入大学生人文素质教育

民族之灵魂深植于文化土壤之中，无论是哪一方国度或族群，其文化均历经萌芽至繁荣的悠长历程，勾勒出各自文化的“往昔画卷”“现实镜像”及未来展望，中华民族的文化发展轨迹亦不例外。尤为值得一提的是，中华民族的优秀传统文化中蕴藏了构筑核心价值体系的关键要素，它是维系民族存续与进步不可或缺的精神桥梁与强劲的精神动力源泉。在当代社会语境下，优秀传统文化的深远意义超越了民众日常生产与生活的范畴，同样成为教育体系中不可或缺的一环。大学生群体通过深度接触与研习优秀传统文化精髓，能够显著提升其人文素质底蕴，进而在纷繁复杂的社会竞技场中更加游刃有余。中华优秀传统文化不仅为他们提供了导航灯，引导其积极向上地生活，勇于直面生活挑战，还为其职业生涯铺设了更加坚实的基石，助力其获得更加卓越的职场发展优势。

### 一、传统文化概念、特征及分类

#### （一）传统文化的概念

传统文化，作为历史长河积淀的璀璨瑰宝，并非仅局限于博物馆展柜中的静物或图书馆书架上的古籍陈编。它所蕴含的思维范式、价值体系与行为规范，不仅承载着历史的延续性，还展现出与时俱进的演变能力，是人类创造力与想象力跨越时空的辉煌展现，是智慧之光与思想魅力交相辉映的活体存在。因此，传统文化不仅是推动人类文化不断攀升的阶梯，为文明进步铺设坚实的基石，也是引领我们前行，照亮未来道路的智慧灯塔与导航先驱。

中华民族的文化遗产，熔铸于“独树一帜的语言体系、浩瀚无垠的文化典册、惠及全球的科技工艺、绚丽多彩的文学艺术、深邃睿智的哲学信仰与严谨全面的道德伦理体系”之中，生动诠释了华夏民族的生活哲学与精神特质，彰显了传统文化的广博底蕴。中华传统文化之精髓，可概括为四大维度：首先是物质文化，古代中国在数学、天文、农耕、中医药、造纸术、印刷术、建筑艺术与园林设计等领域均展现出世界领先水平，成就斐然；其次是精神文化，儒、释、道及诸子百家思想交相辉映，构筑了独特的价值观、道德规范、思维模式、审美旨趣、宗教信仰与民族性格，映射出古人对精神世界的深邃探索，其思想精髓跨越时空，成为现代文化不可或缺的一部分；再次为制度文化，古代中国构建了以“家国一体”为核心，依托血缘宗法关系的社会制度体系，形成了严密且深具影响力的体系架构，对中华民族的价值观念、社会变迁与国家发展产生了深远影响；最后为行为文化，涵盖了古代民众日常行为的习惯与模式，诸如服饰风尚、饮食文化、民居特色、岁时节庆及民俗风情等，深刻反映了民众的日常心理状态与社会集体意识，同样构成了传统文化的重要维度。

### （二）传统文化的特征

传统文化的时代价值和历史地位得到党中央的充分肯定。为了更好更准地认识和理解中华传统文化，我们需要凝练出中华传统文化的总体特征。

#### 1. 颇具特色的民族性

审视中华传统文化之生成与演进历程，它乃中华民族之智慧结晶，彰显着鲜明的中国韵味与独特风貌，系在长期回应中国人民精神追求与文化发展内生动力中逐步孕育而成的瑰宝。此文化传统之精髓，深刻契合了中国人民及整个中华民族对于生存智慧与价值导向的深切渴求，成为其安身立命不可或缺的精神支柱。中华传统文化深植于爱国主义这一民族精神的核心，其独特性在于“家国一体”的深厚情感纽带，使之在众多民族中独树一帜，展现出独特的民族天性与底蕴。张岱年先生曾精辟论述：“政治独立之于国家，正如文化独立之于民族，各民族文化均应坚守并弘扬其独特魅力。”①进而，中华传统文化所采用的传播路径与表现形式，恰恰契合了中华民族的心理结构，使之更易深入民心，为广大民众所接纳、传承，展现出强大的文化生命力与亲和力。

#### 2. 独具魅力的和谐性

中华传统文化蕴含深厚的和谐特质，自其萌芽之际便深切关怀人与人之间的和谐共处，强调“天人合一”的哲学理念与人际关系的和谐构建。与西方文化的滥觞——古希腊文化相较，两者在精神探索的起点上便存在根本差异。古希腊文化聚焦于人与自然界的对话，开启了对宇宙本源及人类征服自然能力的深刻追问，其核心在于探讨世界起源、人类如何驾驭自然、如何成为自然界的主宰及万物之灵，以及在此过程中实现人的主体性。这一过程凸显了人与物质世界的紧密联系。

同样，中华传统文化与印度佛教文化亦存在显著不同。尽管古印度文化在时间上或可追溯至更早的源头，但其核心关怀则转向了人与超自然力量——神与佛的关系探索，呈现出另一番精神风貌。印度佛教与古印度文明，其关注点超越了生死界限，更倾向于彼岸世界的探寻，而非此岸的人间烟火与常识逻辑所构建的生活图景，这一倾向孕育了浓郁的宗教文化氛围，并在政治管理体系中孕育出政教紧密融合的治理架构。与之形成鲜明对比的是，中华传统文化自其诞生至繁荣，始终聚焦于人际关系的微妙与和谐，洋溢着浓郁的人文关怀。在探讨人与自然的共生共存时，中华文化不倡征服之道，而主张天人合一的哲学理念，视人类为自然生态系统中的和谐一员，自古便秉持着与大自然和谐共处的理念。在

① 张岱年．新经济全球化与文化综合创新［N］．天津日报，2001-08-08.

审视人与神的关系维度上，中华文化并未深陷宗教传统的窠臼，反之，我们构建了一个以常识为基石的伦理社会体系。在此体系下，神祇多为人文精神的具象化体现，是人类基于精神追求或政治治理需求而创造的产物，如“观音菩萨”的慈悲为怀，“文武财神”的勤勉与智慧等，这些神灵不仅承载着人民的信仰与寄托，还在创造过程中融入了深厚的人文关怀。这些人造神祇，独具中华文化的精神气质与美学魅力，它们不仅是信仰的象征，更是中国人民勤劳、勇敢、坚韧不拔等优秀品质的艺术化表达，生动诠释了中华民族在探索与奋斗中展现出的拼搏进取精神。

3. 兼收并蓄的包容性

中华传统文化的包容特质，既在其形成与演化的历史脉络中得以彰显，又在其承继与革新的时代进程中焕发光彩。观其历史构建之路，中华优秀传统文化以儒家学说为核心，历经广泛吸纳与深度整合，形成了兼收并蓄的文化格局。从“独尊儒术”的思想一统，到“三武法难”中的文化激荡；从汉唐盛世的辉煌，到宋明理学与伊斯兰文明在元代的交汇融合；直至“陆王心学”引领新儒学潮流，最终儒、释、道三教合一，铸就了传统文化的新风貌。这一过程，本质上是中华优秀传统文化以儒家为主体，不断吸纳并融合多元文化元素，实现文化共生共荣的生动实践。转视其传承与创新的轨迹，中华优秀传统文化在从传统向现代社会的转型中，其固有的文化精髓——“天人合一”的宇宙观、“世界大同”的理想追求等，始终保持着深邃的哲理意蕴与广泛的适用性，闪烁着包容与博大的光芒。正是这份包容性，深刻揭示了中华文化历经千年而不衰，持续繁荣发展的内在动因，也为其在新时代的传承与创新提供了不竭的动力源泉。

4. 连绵不绝的连续性

中华文化的连续传承与历史深度紧密交织，构成了其独一无二的文明特性。作为世界文明史中唯一连续绵延超过五千载且未遭中断的文化形态，中华文明至今仍展现出广泛而深刻的全球影响力。在中国社会发展的浩瀚进程中，其结构与功能、作用随时代变迁、意识形态更替而展现出多元面貌。于封建时代，中华传统文化主要肩负为统治阶级孕育治理人才、涵养士人阶层、教化民众之责；步入当代社会，则侧重于培育民众的爱国情怀，深耕历史文化底蕴，强化新时代人才的人文素质，并赋予其承担文化传承与创新的时代使命。这种文化内部固有的高度稳定性，确保了其在时间维度上的连贯与延续，进而奠定了其历史深度的坚实基础。

5. 与时俱进的发展性

中华传统文化展现出与时俱进的演进风貌，它不仅从历史深处汲取养分，还与现代文明交相辉映，绽放出鲜明的时代价值与创新光辉。在古代，中华民族倡导“天人合一”的哲学理念，而在当代社会，这一思想已升华为构建人与自然和谐共存的生态文明新境界。同样地，古时的“民为贵，君为轻，社稷次之”民本思想，在中国共产党的领导下，深刻转化为以人民为中心的发展理念，引领着国家走向共同富裕的康庄大道。这一不断前行的文化特性，根植于其深厚的基本内容与精神内核之中。儒家文化作为其核心组成部分，长期致力于追求仁爱与道德完善，将“仁”视为思想之基石，提出了“仁者爱人”的核心理念，深刻揭示了人与动物之间的本质区别，彰显了人性之崇高。此外，儒家所倡导的“己所不欲，勿施于人”原则，历经千年仍熠熠生辉，成为指导人际关系和谐相处的普世准则，其价值与意义历久弥新。

6. 美美与共的世界性

中华传统文化不仅是中华民族的瑰宝，亦是全球精神文化版图中不可或缺的一环，由此赋予了其鲜明的世界维度。在全球化背景下，不仅是中华民族，世界各国民众于现代化进程中均遭遇了不同程度的“人性异化”困境，工具理性的泛滥加剧了这一状况，导致人们普遍感受到精神的疲惫、压力的激增以及幸福感的削弱。面对精神世界亟待重构的迫切需求，众多有识之士纷纷将目光投向中华传统文化，冀望从中汲取精神滋养，以寻回那份久违的内心宁静与和谐。全球范围内，众多深具洞察力的学者深切体悟到，中华优秀传统文化的深厚底蕴，正逐步成为化解现代社会焦虑与不安的有效良方。以儒、道、释为核心的中国传统文化体系，正逐渐演变为各国精英知识分子精神滋养的宝贵源泉。他们积极投身于这一文化的学习与借鉴之中，力求通过不断的自我提升与超越，探索出针对本国挑战的创新解决之道。

### （三）传统文化的分类

1. 传统文化精神

传统文化精神内涵丰富，几千年历史中孕育出的精神仍具有勃勃生机，核心内容主要包括爱国主义精神、伦理道德和审美追求。

（1）爱国主义精神。爱国情怀作为贯穿中华民族历史的精神脊梁，深刻植根于优秀传统文化之沃土，构成了民族凝聚、国家前行、社会演进的坚实基石。古语有云：“国是千万家，家是最小国。”国民若缺乏对国家的深情厚谊与坚定支持，国家的稳固与统一将面临严峻挑战。中国精神这一复合概念，囊括了民族与时代精神的双重面向，其中，民族精神的核心即为爱国主义，它融合了团结一致、崇尚和平、勤勉坚韧、奋发图强的品质，共同构筑了社会主义核心价值体系的核心要义。

（2）伦理道德。“伦理”这一术语，系指在处理个体间、个体与社会间交互作用时所应恪守的道德与规范体系，它构成了一组引导行为选择的理念框架，是对道德现象进行深层次哲学剖析的概念性表达。伦理道德，作为中华民族悠久历史长河中逐渐积淀而成的民族精神核心要素之一，其重要性不言而喻，而强调人伦纲常与道德操守，则是中华民族世代相传的优良传统。在这一传统中，孔子的核心理念“仁”与“礼”尤为突出，它们倡导“仁爱之心，以人为本”及“自我约束，复归礼制”，旨在构建一个以宗法血缘为纽带，紧密联结的伦理关系网络。

（3）审美追求。审美偏好是个人对特定事物或现象持有的独特见解与评价，体现了高度的主观性色彩。中华民族深厚的文化底蕴与悠久的历史脉络，赋予了古代中国人独特而传统的审美感知与偏好，中华美学的发展历程如同一幅绚丽多彩的画卷，展现出其多样性、复杂性与流派纷呈的壮丽景观，令人赞叹不已。此美学精神根植于中国传统文化的精髓之中，是奴隶社会与封建社会共通特性的产物。中国传统美学之精髓，可凝练为美善相融、情理交织、认知与直觉并行不悖，以及人与自然和谐共生的至高境界。这一美学理念的传承与弘扬，要求教师具备深厚的文化素养与传承意识，在教学实践中巧妙融入，以期实现审美教育的深远影响。

2. 传统文化知识

（1）语言文字知识。语言与文字，作为日常生活中最为普遍且深入人心的传统文化载体，其传承之完整，得益于中华民族所展现出的卓越包容性。汉语与汉字作为广泛应用的通用语言符号，其普及并未削弱少数民族语言与文字的生存空间，众多少数民族的语言与文字依旧在各自地域内被民众广泛使用，熠熠生辉。此外，普通话的推广虽为中华民族树立了统一的沟通标准，却并未导致地方方言的消逝，反而促使它们以更加活跃的姿态，在各自的文化土壤中继续繁衍生息，丰富了中华民族语言文化的多样性。语言领域的多样性，尤以少数民族语言与方言为显著表征，它们不仅是语言传承性的生动体现，也是传统文化在语言层面的典范展示。至于文字知识之广博，涵盖诸如古汉语中的词类活用、特殊句构等，这些经典元素跨越时空界限，至今仍被广泛沿用。众多日常成语，便是源自文言文的深厚底蕴，如《论语》十二章中提炼出的“温故而知新”“吾日三省吾身”，均是对古代智慧的现代传承与运用。

（2）传统文学知识。文学作品，作为承载并展现传统文化精髓的卓越媒介，深刻映射了特定历史时期的社会风貌、生活图景与自然景观。传统文学，这一中华民族古代智慧的结晶，扮演着记录往昔生活、抒发内心情感的重要角色，其范畴广泛，涵盖以体裁划分的四大支柱：古代诗歌、散文、古典小说及寓言故事。尤为突出的是，古代诗歌在初中语文教材中占据显著位置，几乎每册均载有约十篇佳作，这些作品形式多元，包括古体诗、近体诗、词及曲，共同编织了一幅幅绚丽多姿的文化画卷。

（3）传统历史文化知识。历经无数朝代的更迭与变迁，中华民族在多元民族的交织融合中，孕育了深厚而广博的历史文化底蕴。在这段绵长的历史进程中，无数历史事件与杰出人物相继涌现，为中华民族的发展轨迹添上了浓墨重彩的一笔。历史文化知识，作为连接过去与现在的桥梁，不仅是个人博古通今的宝贵资源，还是深入理解国家脉络与社会变迁的坚实基石。

（4）传统风俗知识。地域之别，孕育了迥异的风俗习惯；国界之隔，则铸就了多样的礼仪规范。当前，我们所传承的风俗节日与礼仪惯例，皆是历经时代筛选，切合社会现状的典范。谈及中国，春节无疑是最为经典的传统节日，其间的诸多习俗，诸如张贴对联、燃放爆竹、身着新裳、除夕之夜守岁等，无不彰显着鲜明的民族特性与深厚的文化传承价值，这些均值得我们珍视与延续。在当今社会，礼仪的规范与践行更显其重要性与紧迫性。部分家长对孩子溺爱有加，乃至忽视了对长辈应有的尊重与敬称，此类现象亟须教育与引导。回溯古昔，古人对于敬称与谦称的使用极为严谨，譬如称自己之父必称“家父”，而称对方之父则尊为“令尊”，此类细节之处，皆体现了古人对礼仪文化的重视与传承，值得我们深思与借鉴。

（5）传统科技与艺术知识。传统文化的多样性中，科技与艺术领域同样璀璨夺目，不容忽视。中国古代科技的光辉成就，集中体现在被誉为四大发明的指南针、造纸术、火药与印刷术之上，这些发明不仅是古代智慧的结晶，还是科技史上的里程碑。同时，诸如张衡巧妙设计的地动仪以及扁鹊精湛的医术，均为古代科技发展的生动例证，展现了古人探索自然的卓越智慧。此外，传统艺术文化亦以其丰富多彩的表现形式，对现当代艺术文化的演进产生了深远的积极影响。这些艺术形式不仅传承了历史记忆，还激发了当代艺术的创新灵感，共同构筑了中华文化的多彩篇章。

## 二、传统文化中的育人元素

### （一）核心思想理念

我国传统文化的核心思想理念可以凝练为“讲仁爱、重民本、守诚信、崇正义、尚和合、求大同”。

“讲仁爱”可视为一种途径，旨在塑造学生内心深处对他人尊重与关爱的价值观，要求学生在钟爱之物上，亦能设身处地为他人着想；面对自身不喜之事，亦不应强加于他人，展现出一种宽广博爱的胸襟。“重民本”则强调培养学生深厚的民本情怀，使其思想行动紧密围绕广大人民群众的根本利益展开，确保每一项决策、每一分努力都能切合人民的期盼，为民众福祉而不懈追求，体现对人民主体地位的深刻认同。“守诚信”侧重于构建学生在道德基石上的坚不可摧的信任体系，要求学生在言行举止间，始终秉持诚实守信的原则，承诺必践，行动必果，以诚信为尺，衡量自我，赢得他人信赖，共筑社会诚信的坚固防线。“崇正义”可视为一种教育理念，旨在培育学生将内在公正之心与社会规范结合起来，作为评判是非、处世立身的双重标尺，确保行为举止公正无私。“尚和合”则强调培养学生在多元中寻求共识，既能珍视差异，又能有效调和冲突，达成和谐共生的思想境界。“求大同”则是引导学生深化对祖国的热爱、对人民的深情，以及对中国特色社会主义制度的坚定信仰，进而升华至普世之爱，形成广泛而深刻的博爱精神。

### （二）传统美德

传统美德，作为传统文化道德维度的鲜明展现，囊括了诸如“自强不息之精神、勤勉敬业与群体和谐之理念、援助危难与解救困境之行动、勇于担当与见义勇为之气概，以及尊老爱幼之深情厚谊”等丰富内涵。论及传统美德与传统文化深层精神内核的关联性，传统美德实为传统文化核心哲学观念在道德实践层面的具体映射与生动诠释。

于此情境中，“矢志不渝之奋进”系倡导学生秉持乐观向上的人生态度，持续展现锐意进取的精神风貌。“业精于勤，群策群力”则强调个体应对其职业怀抱高度责任感，同时积极融入集体，营造和谐共进的工作氛围。“援手于危难，解困于急需”呼吁学生对遭遇困境与危险者心生怜悯，并依凭自身能力，采取切实行动施以援手。“英勇担当，维护正义”意味着在确保个人安全之余，勇于站出来，维护国家、社会及他人之合法权益。“尊老爱幼，情深意切”则侧重于弘扬敬老爱幼的传统美德，对长辈尽孝，对亲人深情关怀。

## 三、中华优秀传统文化概念与内容

历经岁月的沉淀，中华文化之精髓得以存续，深刻塑造着华夏儿女的民族性格，并作为行为指南，引领着中国人民的日常实践。此等留存下来的宝贵财富，即被誉为中华优秀传统文化的典范。优秀传统文化，作为文化繁荣发展的基石与源泉，其传承与发展对于提升民族文化内涵与素养、捍卫国家文化安全、强化民族文化软实力，乃至推动国家治理体系与治理能力向现代化迈进，均具备不可估量的重要价值与深远意义。

### （一）中华优秀传统文化的概念

在宽泛的语境下，优秀传统文化可视为一个民族跨越世代，其先辈们基于生存与发展的迫切需求，巧妙利用自然与社会赋予的一切资源，经由改造、创造、享用及世代传递，所积淀下的物质、精神与制度性遗产的综合体现。而从狭义角度审视，优秀传统文化则特指那些在历史长河中沉淀下来的，深刻塑造着民族性格，构建世界观、伦理观、价值观，并影响着思维方式与审美情趣等精神层面的宝贵成果。中华民族历史悠久，其优秀传统文化之博大精深，不但体现在丰富的外在形态上，而且蕴含于深邃的内在精髓之中。

中华民族之悠久传统文化，作为独树一帜的古老文化范式，屹立于世界文化之林，历经沧桑变迁而绵延不绝，构成唯一跨越数千载岁月未遭断裂的文化脉络。此种卓越的文化传承，实则是文明长河中持续演化，精粹汇聚的产物，深刻映现了民族独特的性格风貌与精神内核。民族传统文化之精髓，不仅囊括了历史长河中涌现的纷繁多样的思想体系与观念形态，还体现在物质、精神及制度层面的多重文化积累与成就之中，是各民族历史长卷中璀璨的文化瑰宝与智慧的结晶。①

### （二）中华优秀传统文化的主要内容

中共中央办公厅、国务院办公厅印发的《关于实施中华优秀传统文化传承发展工程的意见》中，明确指出以下要点：首先，深入发掘并阐释中华优秀传统文化所承载的核心价值观念与思维范式；其次，应着力传承与颂扬中华民族千百年来积淀的传统美德；最后，必须坚定不移地捍卫与发扬中华人文精神的精髓。② 三者的内在联系犹如人体结构中的骨骼架构、经络联通与血肉丰满，展现出深刻的层次构造与系统整合。人文精神趋向内在自省，聚焦于个体心性之修养与品德之磨砺；而传统美德则指向外在实践，强调道德规范的履行与社会风气的塑造。核心理念在这一进程中扮演着核心催化剂的角色，它通过人文精神的内在深化与传统美德的外在实践相互交织，实现自身的升华，并反过来指引着传统美

① 江海燕．弘扬中华优秀传统文化，促进中华民族伟大复兴［J］．新经济，2018（Z1）：50-51.

② 中共中央办公厅、国务院办公厅．关于实施中华优秀传统文化传承发展工程的意见［N］．人民日报，2017-01-26（06）．

德的实践深化与人文精神的内在涵养，循环往复地推动从理论认知到实际行为的转化过程。此核心思想体系，作为构筑中国人精神基石的关键要素，不仅塑造了民族的性格特质，还为教育对象构建起稳固的世界观、人生观与价值观框架，提供了认识论层面的指引以及践行传统美德的具体路径与方法。

中华优秀传统文化的精髓思想体系，深刻彰显了其深厚的文化底蕴与价值核心。若从结构功能论的视角剖析，则可洞悉其文化基因的深层次构成，此乃把握其核心价值理念的必由之路。该理论框架下，每种文化均被视为具备内在结构，并以此为基础实现其功能与影响。在中华优秀传统文化中，天人合一的整体观、天下为器的朴素唯物论、有无相生的朴素辩证逻辑、日新又新的革新精神，以及贵和尚中的价值取向等，共同指向了一个核心的哲学追求——“达道”。这一“达道”的核心理念，在《道德经》将万物本源视为“众妙之门”的论述中，得到了鲜明的体现与印证。中华文化之独特，在于其并蓄人文光辉与理性精神，与西方文化及佛老文化显著相异。这一特性尤为鲜明地反映于中华民族既崇尚道德理想之境，又身体力行道德实践之实，深刻贯穿于其日常生活习俗与生产方式之中。具体而言，中华文明植根于悠久的农耕社会，于宗法制度之下孕育出独特的伦理与政治交融的文化形态。它深刻探讨天人之际，而最终归落于人际关系之和谐，将内修圣德与外施王道并列为至高理想，倡导个人修身、家庭和谐、国家治理直至天下太平的宏伟蓝图。同时，中华民族自古以来便展现出对理性与实用的高度重视，追求天人合一之境而不忘人事之要。在政治领域，尤为强调以德治国、以民为本的理念，这些政治理想中蕴含着古代贤哲对理性精神的不懈探索与实践，彰显了中华文化在理性与人文之间寻求平衡与统一的独特智慧。

核心理念、传统美德与人文精神三者相互交织、互为支撑、融会贯通，携手驱动着中华优秀传统文化生生不息地传承与发展，并将之深深植根于培育中国特色社会主义事业建设者与接班人的教育沃土之中。它们合力为新时代青年注入精神活力，拓宽其道德实践的维度，深化其文化底蕴，同时不断激发其承担民族复兴大任的使命感与动力源泉，确保中华文化的生命之树常青，复兴之路绵延不绝。

综上所述，中华优秀传统文化构成了中国特色社会主义文化的核心源泉之一，其深厚底蕴承载着中华民族最本质的精神向往，是区别于其他民族的独特精神烙印，也是我们国家文化软实力的坚实基石。这份文化遗产，为中华民族的绵延不息与茁壮成长提供了不竭的精神滋养，堪称我们民族之“根本”与“灵魂”，凝聚着中华民族精神的精髓与华彩。

## 四、中华优秀传统文化融入大学生人文素质教育的价值

### （一）中华优秀传统文化是大学生人文素质教育的力量源泉

在高等教育体系中，大学生人文素质的培育旨在锻造适应中国特色社会主义建设需求的高素质人才，此过程深植于中华民族璀璨夺目的优秀文化沃土之中。各类人文素质教育内容的构建，均依据各自独特的教育文化脉络与源头展开，每一份教育资源均紧密关联于

人文素质教育的传承宗旨与最终目标。文化教育信仰的确立与人文素质教育目标的设定，均需追溯至特定民族与社会的深层思想根基。值得注意的是，优秀传统文化不仅是大学生人文素质教育的灵感源泉与坚实支撑，还是推动其向前发展的核心动力之一。本质上，中国职业教育体系下的人文素质教育，作为中国特色社会主义文化不可或缺的组成部分，深深扎根于中华优秀传统文化的丰厚土壤之中，正是这些宝贵的文化遗产，滋养并促进了中国特色社会主义文化的孕育、成长与繁荣。据此，高等教育中的人文素质教育亟待融合优秀传统文化精髓，旨在塑造大学生具备高尚的职业道德与强烈的社会责任感，进而为中国社会主义建设贡献力量。高校作为人才培养的摇篮，亦是社会主义文化建设的关键阵地，承担着弘扬文化之重任，无可推卸。在教育实践中，高校应进一步强化人文素质教育的分量，此举不仅能够促进校园内人文气息的浓厚，还可以有效纠偏过往对职业技能培训的过分侧重，为高等教育的全面发展与提升注入新动力。

### （二）中华优秀传统文化是大学生人文素质教育的资源宝库

中华优秀传统文化蕴含着中华民族的文化基因，使国人在浩瀚的文化滋养中深刻领悟中华文明的精髓。大学生通过研习这一宝贵遗产，能够激发内在的文化自觉，构筑起积极向上的人生观与职业操守，为职业生涯构筑稳固的思想基石。作为中国人民在历史长河中不断累积的高度民族特色与传承性的文化资产，中华优秀传统文化为高校人文素质教育注入了强大的文化动力，构成了不可或缺的文化资源宝库，对于促进教育内涵的丰富与深化具有深远意义。中华优秀传统文化富含对劳动及劳动者之尊崇的深刻内涵，激励大学生主动探索工作与家庭的价值所在，深思职业教育与技能对个人成长及社会进步的积极影响，从而以更加包容的心态审视多元社会现象。在此过程中，学生得以在传统文化的浸润下，领略传统价值的独特魅力，并借助这些优秀传统价值观审视自身行为的社会角色与责任，进而以恰当的行为准则与积极态度应对社会现实。具备高尚思想道德素质与卓越专业素养的大学生，无疑将在社会主义现代化建设的伟大征程中，发挥不可或缺的积极作用，贡献出他们的智慧与力量。

### （三）中华优秀传统文化是大学生人文素质教育的价值指引

中华优秀传统文化构成了大学生人文素质教育社会价值导向的核心参照，其不仅引领着职业教育与技能培养在制造业等多领域的深化，还促进着中国跨行业价值观念的多元共生与深化发展。社会价值观的构建，既需在劳动实践中得以彰显，又离不开对社会生活广泛而深入的参与。在中华优秀传统文化的熏陶下，大学生能够在高等教育阶段深切体会到传统价值观念的深远影响，进而在校园日常中自发地以正面价值标尺审视周遭事物，运用传统文化的智慧应对社会生活的种种挑战。这一过程促使大学生的价值观念悄然向更富人文精神的方向蜕变，使人文素质教育的精髓在实际行为中得到践行，同时在人际交往中营造出浓厚的优秀传统文化气息。

## 五、中华优秀传统文化融入大学生人文素质教育的原则及路径

### （一）中华优秀传统文化融入大学生人文素质教育的原则

#### 1. 以中华优秀传统文化规制大学生人文素质教育的目的

高等教育中的人文素质教育旨在深化学生的人文素质，旨在构建一个和谐共生的社会环境，增强人际关系的和睦与理解，进而减少社会矛盾的滋生。优质的人文教育素材能够在学生群体中构筑起社会价值观的普遍认同，借助主流社会思潮的力量，指导学生有效调和人际矛盾，间接助力职业教育领域的进步与社会生产力的跃升。此外，人文教育还扮演着促进学生职业技能优化的角色，它激励学生以人文价值观为镜鉴，反思并深化对专业知识的理解，提升专业素养。因此，在将中华优秀传统文化融入人文素质教育体系时，高校应坚守以中华优秀传统文化为导向的原则，确保教育目标的精准定位与持续践行，防止教育初衷的偏移。

#### 2. 以中华优秀传统文化践行大学生人文素质教育的理念

于中华优秀传统文化精髓之中，人类占据着与自然共融共生的核心地位，其自我价值的升华植根于与自然界的和谐互动之中。无论是过往时代所颁布的律令、道德准则，还是广为流传的价值观，均在不同程度上彰显了对于人性的尊崇与维护个体尊严的重要性。诚然，古代与现代人之内在特质或存差异，但中华优秀传统文化中对于人的深切敬意，却为高等教育人文教育之发展提供了宝贵的方向指引，为铸就大学生坚实的人文底蕴奠定了基石。中国，作为历史悠久的农业大国，其传统文化深深植根于农耕文明的土壤之中，展现出与西方海洋文明迥异的风貌。与西方强调探索与扩张不同，中国农业文明崇尚自给自足、安居乐业，视土地为生命之根、家族之基。即便是在封建制度的框架下，中国的文化精英亦常将耕读并重的家族传承视为无上荣耀。此外，中国传统文化所倡导的“天人合一”哲学，不仅体现了人与自然和谐共生的理想境界，还成为一代又一代中国人生活实践的行动指南与精神支柱。

#### 3. 以中华优秀传统文化丰富大学生人文素质教育的方法

中华优秀传统文化为大学生提供了审视职业教育内容的新视角，助力其认识论框架的拓展与深化，促使他们能以更加多元的认知路径探索职业教育的广阔领域，进而增进对专业知识的深刻理解与掌握，为职业生涯的稳健起步奠定坚实的基础。在高等教育的殿堂中，实践被奉为提升专业技艺与职业能力的核心途径。实践不仅是真理之镜，映照知识的真实面貌，也是职业能力评估的关键环节。唯有通过专业知识的实践运用，大学生方能精准把脉自身能力的短板，为其学业成就的跃升铺设坚实的道路。优秀传统文化同样赋予实践以重要地位，近现代杰出教育家黄炎培尤为强调教育实践中理论与实践的紧密结合，视其为锻造优秀人才的必由之路。在中国传统哲学中，“行知合一”的理念始终指引着对真理的不懈追求。在高校推行人文素质教育之际，教师应当积极融入传统文化中对实践价值

的深刻理解，引导大学生从这一独特视角审视理论与实践的内在联系，深刻理解职业实践对于个人成长与社会发展的重大意义。此举旨在为高等教育事业的持续发展提供一套既深远又科学的指导原则，确保其行稳致远。

## （二）中华优秀传统文化融入大学生人文素质教育的路径

### 1. 中华优秀传统文化与大学生人文素质教育的内容融合

近年来，高校纷纷投身育人模式的创新浪潮，深化教育改革实践，将教育的重心由单一的专业知识传授，逐步转向以人文素质为根基的职业素养培育，旨在开辟一条既切合时代需求又彰显中华优秀文化精髓的教育新路径。这一过程不仅是对传统文化的有力弘扬，还为高等教育事业的繁荣与发展注入了新的活力与动能。高校在深化人文素质教育之际，积极将中华优秀传统文化精髓融入教学之中，此举不仅彰显了传统文化的引导与承续价值，还显著强化了学子的专业情操。诚然，大学生求学之路旨在锻造卓越的职场竞争力，然其人文底蕴的深度与广度，同样对其职业生涯的宏伟蓝图产生着不可估量的正面效应。此外，国家与民族核心价值理念的成熟构建，亦是推动社会全面进步不可或缺的精神基石。故而，优秀传统文化所蕴含的核心价值观，自然而然地渗透至高校人文素质的培育体系之中，成为其不可或缺的滋养源泉。进一步而言，优秀传统文化还促使高等教育紧密契合中国特色社会主义核心价值观念，激发了大学生的职业学习热情，激励他们以社会主义建设者的身份，满怀使命感地投身于社会实践的广阔天地。在此过程中，学生被引导以中华优秀传统文化为鉴，批判性地传承职业传统，携手共推职业教育事业的蓬勃发展。

### 2. 中华优秀传统文化与大学生人文素质教育的形式融合

中华优秀传统文化深刻体现对人的自主性的尊崇，将人置于文化创造与传承的核心地位，其内在的人本主义精神与现代人文素质教育的核心理念不谋而合。在社会主义建设的宏伟蓝图中，高等教育亦需紧密围绕学生这一核心主体，确保职业教育始终聚焦于学生群体的成长需求，从维护学生利益的视角出发，推动教育实践的革新与深化，切实践行人文主义精神的要义。为此，优秀传统文化需与大学生人文素质教育在形式上实现深度交融，旨在构建一个促进学生全面素质发展的广阔舞台，鼓励学生自由探索，通过自主学习路径强化职业素养。此种以学生为中心的高等教育模式，旨在颠覆传统二元教育框架，促进师生间的扁平化交流，使教师能凭借其独特的人格魅力，成为学生树立正确人生观道路上的重要引路人。

### 3. 中华优秀传统文化与大学生人文素质教育的创新融合

首先，为激发学生对人文精神的兴趣并强化其综合素养，高校应积极倡导于正规教学框架之外创立传统文化社团，利用社团活动的多元与活力，促进学生对人文精神的深度探索，并确保这些活动能有效与课堂教学相互衔接，构建全方位的人文素质培育体系。其次，通过策划丰富多彩的传统文化体验活动，高校不仅能够使学生在娱乐中领略文化瑰宝的魅力，还能在这一过程中逐步构建起对传统文化的深刻理解与认同。最后，在致力于构建充满文化底蕴的校园环境及深化大学生人文素质教育的过程中，高校应积极推动信息技术与优秀传统文化教育的有机融合。具体而言，可建立学生网络互动平台，利用校园系统发布数字化教学材料，巧妙融入优秀传统文化精髓，同时，搭建个性化学习空间，以满足学生差异化的学习需求，从而有效促进人文素质教育质量的整体提升。

## 第二节　中国传统礼仪文化融入大学生人文素质教育

中华民族历来崇尚文明、尊崇礼仪，享有“礼仪之邦”“文明古国”的美誉。中国传统礼仪文化，作为中华民族悠久历史长河中璀璨夺目的文化瑰宝，根植于五千多年的文明土壤，构成了中国人民独特的精神风貌与文化传承，是中华文明演进与辉煌的显著标志。时至当下，这一深厚的礼仪文化已跨越时空的界限，化作现代社会各领域的道德规范与行为准则，广泛渗透于民众的日常生活与工作中，不仅深刻塑造着社会的生产生活方式，还潜移默化地重塑着公众的价值体系，尤其对于塑造当代大学生的人文素质与道德观念，其影响深远且不容忽视。

### 一、中国传统礼仪文化概述

礼仪，作为人类社会步入文明门槛的鲜明标志，可追溯至远古时期的宗教祭祀仪式之中。在原始的社会架构中，礼仪最初聚焦于对天地神祇的祭祀与供奉，表达着先民们对超自然力量的虔诚敬仰与无尽尊崇。及至西周，礼仪的维度得以大幅拓展，它不仅限于宗教领域，还成为统治者治国理政的基石，特别是周公的礼乐制度，犹如一颗璀璨的星辰，引领着中国传统礼仪文化在华夏大地绽放出璀璨的光芒，开启了其蓬勃发展的崭新篇章。自汉唐以降，历经儒学大家们的精心雕琢与不断充实，中国传统礼仪文化渐趋完善，构建起一套系统而深邃的理论框架。为深刻把握中国传统礼仪文化的精髓及其体系架构，并进一步剖析其深远影响，下文将依次阐述其概念界定、内容与分类以及基本特征。

#### （一）中国传统礼仪文化概念界定

1. 礼仪的含义

在中国传统文化语境下，“礼”与“仪”之初，乃为两异之维。“礼”，誉为“天地之纲、民行之矩”，它既是社会运转之律，亦为国之政治架构，更是个人立身行事之道德标尺，涵盖礼仪、典仪、礼制、礼俗、礼则、礼貌等广泛范畴。相对而言，“仪”则侧重于礼之表现形式，涵括仪节之规范、仪表之端庄及仪式之庄重。进一步追溯，古汉语中“仪”与“义”常可互训，东汉许慎于《说文解字》中释“仪”为“度”，并言其从人，义声（引自臧克和、王萍校订版），从而将仪提升至道德伦理的层面，引导并规范人的言行以合于礼。学者葛晨虹则指出：“礼为仪之灵魂，仪则是礼之具象化呈现，构筑成一整套严密且完整的行动模式。”（参考葛晨虹《中国礼仪文化》）简言之，礼者，内在修养之体现；仪者，外在表现之形式。两者虽形式有别，实则相辅相成，共融一体。时至今日，“礼仪”并提，泛指社会生活中广泛认同并自觉遵守的各类风俗习惯、行为规范及礼仪准则，亦是个人内在素养的外在映射。

2. 传统礼仪的含义

传统礼仪，作为“礼仪”与“传统”的深度融合，其渊源可追溯至远古时期，跨越时空界限，凝聚了历朝历代的社会风尚与民众智慧。传统并非仅指代过往，而是历经世代传承，与当下相融共生，并昭示着未来发展的脉络与趋势。故而对于“传统”这一概念，我们应秉持审慎态度，避免武断地将之视为历史的遗迹而轻易肯定或否定。中国传统礼仪体系中，诸如跪拜、揖让、袒臂、虚左等礼仪，其仪式之庄严、礼节之庄重，深刻塑造了中华传统文化的独特面貌，并对历史发展产生了深远影响。这些由华夏先民传承至今的礼仪规范，历经千年而不衰，彰显了其强大的生命力、向心力及持续传承的能力。在当代社会，我们有责任对中国传统礼仪进行精心的保存、合理的完善与积极的创新，以期在保留其民族特色的同时，赋予其鲜明的时代特征。通过这一过程，我们不仅能让传统礼仪在新时代焕发出更加璀璨的光彩，还能进一步增强民族文化的自信心与凝聚力，推动中华文明的繁荣发展。

3. 中国传统礼仪文化

在中国古代社会架构下，为了稳固社会结构与政治秩序，统治阶级精心构建了包含详尽礼仪规范与仪式规程的体系，并树立了切合当时社会需求的伦理秩序，其中上下分明、尊卑有序、亲疏有别成为核心原则，这些准则与规范逐渐深入人心，成为民众日常交往中的自觉遵循，深刻塑造了个体的思想观念与行为模式。历经岁月的洗礼与历史的沉淀，这些伦理道德观念与日常行为规范逐步凝聚成一种独特的文化形态——中国传统礼仪文化，它不仅承载着历史的厚重，还成为一种文化的传承与表达。中国传统礼仪文化以《周礼》为范本，蕴含着“忠孝信义”的德育内容，要求人们践行忠孝礼仪，在生活中做到孝悌忠信、礼义廉耻；中国传统礼仪文化包含着“明礼诚信”的道德原则，倡导人们知礼明仪，恪守诚信，做到言必信、信必行、行必果；同时，中国传统礼仪文化强调“礼之用，和为贵”，[①] 追求“天人合一”，主张自然与人为的和谐与统一。

## （二）中国传统礼仪文化的内容与分类

古代中国素有“五礼”之论，涵盖“吉、凶、军、宾、嘉”五大类别，各自承载着不同的文化意涵。吉礼，专指祭祀天地神灵之庄重仪式；凶礼，则聚焦于丧葬之事，体现对逝者的哀悼与尊重；军礼，关乎战事，规范了战争期间的礼节与程序；宾礼，作为外交与贵族间交往的桥梁，涵盖了从天子至士人各个层级的会见与款待礼仪；嘉礼，则侧重于促进社会和谐与人际亲密，涵盖饮食宴饮、婚冠庆典、宾射竞技、燕飨交游及贺庆活动等广泛内容。历经数千载的演进与变迁，这些传统礼仪文化已深深烙印于民众生活之中，持续发挥着深远影响。从普及程度、历史延续性及民间接受度考量，中国传统礼仪文化在内

---

① 杨伯峻．论语译注［M］．北京：中华书局，2002：8.

容层面可细化为五大维度：其一，生养成长礼仪文化，关乎生命的孕育、抚育与成长的仪式；其二，婚嫁丧葬礼仪文化，围绕婚姻缔结与生命终结的重要仪式；其三，个人形象礼仪文化，强调个人修养与外在表现的礼仪规范；其四，社会交往礼仪文化，涉及人际交往中的礼节与准则；其五，节日习俗礼仪文化，则是通过庆祝传统节日与习俗来强化社会凝聚力与文化认同的礼仪实践。

1. 生养成长礼仪文化

在人类社会纷繁复杂的礼仪体系中，生养成长礼仪占据着举足轻重的地位，它标志着个体生命旅程中各阶段过渡的庄重仪式。这一文化范畴广泛涵盖了诞生礼、成年礼及祝寿礼等核心要素。古代中国，家族观念根深蒂固，血脉延续被视为家族繁荣的基石。因此，每当新生命降临于世，家族便围绕着新生儿展开一系列庆典仪式，由此催生了诞生礼仪的丰富内涵。这一系列仪式，自诞生之初始，经三朝洗礼、满月欢庆、百日祈福，直至周岁庆典，逐步推向高潮，尤以周岁礼最为盛大庄重。于周岁之日，幼儿身着盛装，佩戴“长命锁”，参与“抓周礼”，这不仅是其首个生辰的庆典，亦是现代“生日”庆祝习俗的历史渊源，寓意着生命之树的新篇开启，成长之路的里程碑式标记。及至青春年华，成年礼作为男女青年迈向成熟阶段的标志性仪式，同样承载着深厚的文化意蕴与社会期望。它标志着个体从青涩迈向成熟，是身份转变与社会责任承接的重要象征。古代中国，男子届至成年则行冠礼，女子则行笄礼，此二礼旨在唤醒成年男女之“成人”自觉，促其深刻体悟自身所承载之家庭与社会使命，进而激励其尽心侍奉双亲，矢志报效家国。而祝寿之仪，则为尊老祈福之传统习俗，意在颂扬老者福寿绵长，家族和睦共融。古之寿礼繁复多样，涵盖呈递寿帖、布置寿堂、举行寿仪、共享寿宴及赠予贺寿之礼等，皆旨在祈愿老者康健长寿，尽享天伦之欢。时至今日，中国社会仍承袭古代生养成长礼仪之精髓，不仅隆重纪念个体之诞生、成年及寿辰，更在欢聚庆典之中，寓教于乐，引导当代青年勇于担当，敬老爱幼，心怀感激，培育高尚品德。此举不仅是对传统文化的传承与弘扬，更是对年青一代精神风貌的塑造与提升。

2. 婚嫁丧葬礼仪文化

婚丧礼仪文化聚焦于婚姻缔结与丧葬仪式的文化表达。婚姻，作为人生关键节点，对于家族血脉延续与社会和谐稳定均具有不可或缺的重要性。婚嫁之礼，旨在促成适龄男女缔结良缘，构建亲密伴侣关系，是一种正式确认夫妻身份的仪式体系。这一体系中，纳采意在表明求亲之意，纳征则涉及聘礼之交换，请期旨在选定吉日，而亲迎则标志着新郎亲自迎接新娘入门，这些均为古代婚姻成立所必经的传统仪轨，唯有遵循，方能获得家族认可与社会承认。步入现代社会，婚礼筹备依旧烦琐而隆重，往往需要数日乃至更长时间的精心安排，涵盖一系列繁复的礼仪流程。亲朋好友齐聚一堂，共同见证这一幸福时刻，现场氛围热烈而温馨，展现了人们对婚姻美满的深切祝福与美好期许。丧葬仪式，作为凶礼之核心，是生者向逝者致以深切哀思与崇高敬意的系列活动与庆典。在古代，此类仪式涵盖了从哭丧以表哀伤、吊唁以示怀念，到出殡展现离别，以及服丧期间恪守哀悼的种种礼节。至于葬礼形式，则多元化呈现，包括但不限于土葬之归土为安、火葬之灵魂升华、水葬之顺应自然、天葬之天人合一，以及风葬之回归辽阔，每一形式皆蕴含独特文化意涵。古人对于丧葬礼仪之讲究，细致入微，不仅体现在对逝者遗体的妥善处理上，还渗透于丧礼规模之规划、丧服设计之匠心等诸多方面。在中国古代社会，丧葬之事无分贵贱，上自九五之尊的帝王，下至布衣百姓，皆视为重中之重，故有“丧礼至重，孝行彰显”之古训流传，此亦是对后代子孙孝道传承的期许与要求，深刻体现了中国传统“孝”文化的核心价值。婚嫁与丧葬礼仪，作为贯穿人生始终的重要仪式，共同构成了人生礼仪中不可或缺的一环，见证了生命的诞生、成长、成就与归宿。

### 3. 个体形象礼仪文化

个体形象礼仪文化是经由个体在日常生活的长期积淀而形成的，它作为内在道德品质与礼仪修养的外在映射，广泛涵盖了仪容之雅、仪态之谐、仪表之整以及言谈举止之宜等多个维度。其中，端庄大方的外貌、自然得体的举止、整洁合体的服饰，以及温和谦逊的言辞，共同构成了古代贤士塑造理想形象不可或缺的要素。古代中国人尤为重视个人形象的塑造，追求面容的严整与神态的稳重，即便是笑容，亦需含蓄而不失风度，避免轻浮之态。此外，古人的服饰观念亦极为讲究，视其为身份与文化的象征。有云：“礼仪之邦，夏之称也；服饰之美，华之誉焉。华夏同体，共承此道。”此言深刻揭示了古代中国对于礼仪与服饰并重的文化传统，以及华夏民族对于外在形象与内在修养和谐统一的追求。①

### 4. 社会交往礼仪文化

人际交往中的礼仪文化，作为社会互动中逐渐确立的行为范式与指导原则，旨在促进人际关系的亲近与情感的顺畅交流。此文化体系内，社交礼仪扮演着至关重要的角色，它涵盖了称谓礼节、会面仪式、信函往来礼仪以及宴饮款待之道，其核心精髓则体现为尊重、谦和、分寸感与自我约束。特别地，称谓礼仪构成了日常交往中不可或缺的一环，它关乎如何恰当地称呼他人。在古代社交场景中，称谓的选用绝非轻率之举，而是需根据对方的身份地位与年龄长幼精心斟酌，以确保每一称呼都能精准传达出对对方的敬意与尊重，从而维系社交场合的和谐与秩序。称谓礼仪的类别广泛，涵盖了姓名式称谓、亲缘关系称谓及职务身份称谓等。而相见礼仪，作为日常人际交往中的基本礼节，旨在传达友好与尊重，其重要性不言而喻。人们在会面时，需兼具热情与礼数，既展现真诚又维持礼仪的适度。古代会面礼仪丰富多样，除作揖、抱拳、拱手等传统礼节外，还包含“介绍引荐、谦辞推让、赠物致敬及回礼应答”等一系列细致入微的相见礼节。至于书信礼仪，作为人际沟通的重要桥梁，其形式与内容皆蕴含深厚的礼仪意涵。书信的结构、称谓用语、表达思念之情的话语、寄托美好愿望的祝词，以及署名后的敬词，均需精心斟酌，以体现交流双方之间的谦逊、尊重与礼貌，这些元素共同构建了书信交往中复杂而细腻的礼仪关系。

---

① 李学勤．春秋左传正义［M］．北京：北京大学出版社，2000：1827.

5. 节日习俗礼仪文化

节日习俗礼仪文化，作为民众在长期社会实践中积淀并传递的生活方式与文化传统，根植于集体意识之中，彰显出中华民族共通的文化归属与价值导向。中国古代传统节日丰富多彩，诸如春节、元宵节、清明节、中秋节、重阳节等，各具特色。春节期间，民众有除尘布新、拜年祈福之俗，共享饺子，寓意辞旧迎新，福瑞盈门。元宵佳节，则赏花灯、舞狮跃动、品尝汤圆，祈愿家国安宁，岁月静好。清明时节，扫墓祭祖、踏青插柳，既缅怀先贤，又弘扬孝道伦理。中秋之夜，家人围坐，举杯邀月，共享月饼，寓意团圆美满，幸福安康。重阳之日，登高望远、饮菊花酒、食重阳糕，表达对长者的崇敬之情。历经数千年的演进，这些节日习俗已深深融入民众的日常，成为维系社会稳定和谐、促进国家长治久安的重要力量。在当代社会，中国传统节日及其习俗礼仪文化日益受到重视，每逢佳节，人们依据地域特色与节日传统精心筹备，共襄盛举，确保了这一宝贵文化遗产得以薪火相传，生生不息。

显而易见，中国传统礼仪文化展现出高度的多样性与广泛性，其范畴广泛涵盖了服饰礼仪、宴飨礼节、会面仪轨、祭祀仪式、诞辰庆典以及婚丧礼俗等多个维度，几乎触及了社会生活的每一个角落。这一深厚的文化传统，不仅在古代对民众的日常行为进行了详尽而严格的规范，更跨越时空界限，对现代人的生活方式与价值观念产生了深远且持久的影响。

### （三）中国传统礼仪文化的基本特征

中国传统礼仪文化，其深厚底蕴与博大精深之处，在于历经悠久历史长河的洗礼与演进，持续吸纳新兴思想、理念与要素，从而铸就了独树一帜的礼仪风范。此文化体系展现出普遍性、标准化、层级性、传承性以及演进性等多重特征，既是对过往智慧的结晶，也是对未来发展的启示。

1. 普遍性

礼仪，这一横跨时空、跨越国界的文化现象，广泛植根于人类社会的每一个角落，无论历史深邃之古，或地域辽阔之外，有人类足迹之处，必有礼仪规范与默契之约。中国传统礼仪文化及其实践活动，深刻渗透至人类社会活动的多个维度，包括政治舞台的庄重、经济往来的规矩、文化交流的雅致以及社交场合的和谐，成为社会各界共识并共守的礼仪框架与行为标准。诚然，不同国家的传统礼仪文化，因各自独特的历史脉络、宗教信仰、文化积淀及发展水平等多元因素，呈现出异彩纷呈的面貌与差异。就个体层面而言，个体间礼仪文化素养与修养层次或存显著差异，然则中国传统礼仪文化之存续，实为其内在合理性的体现，它跨越国家、民族、地域界限，成为社会交往中普遍尊崇与践行的基石。在这一框架下，人们需自觉遵循既定的礼仪准则，以复礼自律，言行皆需审慎考量。更进一步，中国传统礼仪文化的普遍性质，彰显于其超越个体意志的稳固性，它无所不在，时刻渗透于日常行为的每一个细微之处，默默塑造着中华民族共有的礼仪风貌与精神特质。

2. 规范性

中国传统礼仪文化，作为人类社会共同生活的结晶，乃是通过习俗的累积、广泛认同与普遍践行所形成的社会规范、道德律令及法制要义，其约束力渗透于日常生活的方方面面，细致入微地调控着人们的言行举止。具体而言，于社会规约层面，此文化细致厘定了关乎衣、食、住、行等基础生活领域的礼仪细则，引导个体日常行为步入正轨，催生崇尚文明、崇尚善良的社会风气。道德层面，中国传统礼仪文化深植“忠国守法”“诚信知礼”“和睦友善”之精髓，呼吁公众恪守社会公德、职业操守与家庭美德，此等准则不容置疑，亦无须条件地付诸实践。而在法治视角，中国传统礼仪文化的核心价值精神在我国诸如《中华人民共和国劳动法》《中华人民共和国婚姻法》《中华人民共和国道路交通安全法》等多部法律条文中得以彰显，倡导公众以礼为先，守法为荣，主动维护社会安定有序，共筑和谐社会之基。综观之，中国传统礼仪文化，兼具社会规范、道德标尺与法治要求之属性，其规范性之强，不容忽视。

3. 等级性

古代中国社会，其结构基于身份、地位、层级等维度构建出鲜明的等级体系，由此，服务于政治秩序的中国传统礼仪文化亦演变为一套严谨的以身份与地位为导向的礼仪层级架构，鲜明地烙上了等级制度的印记。在社会生活的广阔舞台上，这种等级性特征显著地体现于对不同身份、地位、层级个体的礼遇安排与接待规格的差异化处理，形成了上下有别、尊卑有序、长幼分明、贵贱有别的社会规范体系，精确界定了每个个体的社会角色、身份标识及受尊崇程度。进而，不同等级间所享受的礼宾待遇截然不同，构成了社会阶层分化的具象表达。此外，中国传统礼仪文化的等级性还蕴含于社会交往中的双向对等原则之中，即处于相近公职地位与社会层级的人们，在相互交往中需秉持相互尊重、有来有往的原则，实现尊重的相互给予与礼仪的相互回馈，这便是“尊重互换、礼尚往来”这一传统美德的深刻体现，它强调了人际交往中的平等与尊重，即便在等级分明的社会结构中，也追求着一种基于相互理解与尊重的和谐共处之道。

4. 继承性

礼仪，作为中华民族悠久历史文化的璀璨瑰宝，其传统在中国文化传承的浩瀚长河中熠熠生辉，历经数千年而不衰，彰显了其深邃的生命力与不朽的价值。传统，乃国家与民族之根，忽视或遗忘传统，无异于自我割裂与背叛。因此，中国礼仪文化的持续繁荣，根基在于对中国传统礼仪文化的深刻继承与弘扬，中华民族亦无法割裂与自身文化传统的联系而另起炉灶。在当代社会，众多礼仪文化的形成与发展，皆深深植根于对传统礼仪文化的汲取与再创造之中。诸如端午节、中秋节、重阳节等传统节日所承载的礼俗风情，以及尊老爱幼、谦和礼让、天人合一等中华礼仪精髓，均为古代中国卓越礼仪传统的现代回响与传承。这些传统礼仪文化，穿越时空的界限，持续渗透于人们的思维深处，规范着社会行为，塑造着人类文明的多样面貌。尤为重要的是，中国传统礼仪文化的传承，并非简单地复制与沿袭，而是一个动态演进的过程，它要求在保留精华的同时，勇于摒弃糟粕，不断创新与发展，从而在时代的变迁中保持其生命力与活力。这种在继承中创新，在创新中传承的模式，正是中国传统礼仪文化能够历久弥新、影响深远的根本原因所在。

5. 发展性

中国传统礼仪文化的孕育与成型，本质上是一个持续演进的动态历程，它紧随人类社会发展的步伐，历经变迁，不断自我革新。新时代的曙光下，新兴礼仪文化虽应运而生，却非必然与中国传统礼仪文化形成对立，而是构成了一个复杂而包容的动态体系，其中新旧礼仪文化交织共生，经历着磨合、更迭乃至兴衰的循环。这一过程，必须在保持中国传统礼仪文化动态平衡的基础上实现，紧密贴合新时代实践发展的需求。自近现代以来，社会变迁的浪潮、历史进步的轨迹，以及中外文化交流的日益频繁，共同推动了中国传统礼仪文化与全球礼仪文化的深度互动、相互渗透与融合。在这一过程中，中国传统礼仪文化不断吸纳新的文化元素与思想精髓，实现了内容的丰富与思想的升华，逐步转型为中国现代礼仪文化的新形态。面对新时代，我们应当秉持发展的视角，理性审视并珍视中国传统礼仪文化的价值，通过实际行动促进其在现代社会中的创造性转化与创新性发展。唯有如此，方能确保中国传统礼仪文化在时间的长河中历久弥新，实现其永续传承与繁荣发展的宏伟目标。

## 二、中国传统礼仪文化教育对大学生人文素质提升的影响

### （一）礼仪文化教育使学生具备人文思想

人文知识体系之基石，乃多维度、深层次的基本理论及其内在逻辑法则，此即人文思想之精髓。在人文思想的启迪下，大学生群体得以积极探寻生命之真谛，自我审视并克服内在局限，持续推动个人成长与完善，进而促进其人文素质的显著提升。而礼仪教育，作为人文思想传播的重要途径，其本质在于向学生灌输深刻的人文理念。例如，通过礼仪教育，深入植根人本主义观念，使学生深刻认识到人在社会结构中的核心地位及作为社会衡量标准的重要性。此外，不容忽视的是，万物皆具普遍联系之特性，科技发展与人文思想之间亦不例外。两者之间存在着错综复杂而又相互依存的关系：科技进步对人文思想产生深远影响；反之，人文思想也成为科技进步不可或缺的精神动力与智力支撑。这种相互作用中，还蕴含着一种微妙的制衡机制，即当个体的人文思想达到一定高度时，其人文素质亦会自然而然地得到升华，进而对科技探索与应用产生更加积极、深远的影响。

### （二）礼仪文化教育使学生具备人文精神

人文精神，作为民族精髓与时代风貌的交相辉映，构筑了世界观与价值观的根本基石，此二者之塑造，实为人文思想与人文方法交织作用的结晶。在人文素质的广阔疆域中，人文精神占据着举足轻重的地位，其渗透于礼仪教育的每一环节，成为推动大学生人文素质攀升的强劲动力。具体而言，在礼仪教育的实践中，教师在传授礼仪知识之余，更应强调学生的主体性，鼓励学生将所学理论付诸实践，这一过程深刻体现了对学生主体地位的尊重与激发。进一步而言，无论是在人与自然的和谐共生中，还是在人与社会、文化

的深度交融里，均应将人置于核心地位，视为一切活动之出发点与归宿。因此，礼仪教育不仅传授了礼仪之规，还在潜移默化中培育了大学生的人文精神，使其能够在多元环境中保持对人的深切关怀与尊重，成为具备人文精神素养的新时代青年。

## 三、中国传统礼仪文化教育融入大学生人文素质教育的途径

### （一）在礼仪教育中渗透人文知识

人文知识乃人文领域繁荣之基石，其涵盖之广，跨越历史长河，涵泳文学海洋，深究哲学奥义。将此类知识巧妙融入礼仪教育之中，不仅深化了大学生对人文领域的认知维度，还在理解之上，促进了其人文素质的全面升华。以民族礼仪中重阳节之习俗为例，教师于课堂之上，可引领学生追溯其源远流长的历史脉络。重阳节，这一富含文化意蕴的节日，囊括了登高望远、品尝菊花美酒、佩戴茱萸等诸多习俗，皆源自东汉桓景与费长房之传奇故事，据传此类习俗蕴含消灾祈福之深意。在台湾地区，重阳佳节恰逢金秋送爽，正是放飞风筝之佳时，此项活动遂渐成重阳节新风尚，备受民众喜爱。此间种种，无不彰显着人文知识的独特魅力与深厚底蕴。学生通过学习这些丰富多彩的人文知识，不仅拓宽了视野，还在心灵深处植下了人文素质的种子，为其成长之路铺就了坚实的文化基石。

### （二）在礼仪教育中遵循人文方法

人文方法，深植于人文思想的沃土，既是认知世界的钥匙，也是实践探索的灯塔。在礼仪教育的语境下，遵循人文方法，能够引领大学生以更为宏大的视野审视问题，其立场超脱于狭隘的群体与阶层局限，转而聚焦于人的本质生存境遇，以此作为价值评估的基石，激励大学生运用人文思维框架去剖析难题、寻求解决方案。具体而言，礼仪教育应尤为注重体验教育的价值，致力于将理论知识与具体文化情境紧密相连。以国际商务谈判礼仪为例，教学过程中需强调情景模拟的重要性，鼓励学生身临其境地感受谈判桌前的紧张氛围，并思考在此氛围下应如何恰当地展现礼仪风范。商务谈判的成功，往往建立在双方深刻理解并尊重彼此文化背景与风俗习惯的基础之上，这样的相互理解和尊重，是达成高效沟通、促进协议达成的关键所在。因此，通过礼仪教育，大学生不仅能够掌握礼仪规范，还能学会如何在多元文化环境中运用人文方法，以更加开放和包容的心态去应对挑战，达成共赢。

### （三）组织礼仪社团推行礼仪文化

学生群体因兴趣多元而呈现活跃态势，社团作为其实践探索的平台，扮演着组织各类活动的关键角色。因此，鼓励学生自发筹建礼仪社团，不仅能推广礼仪文化，还能通过此类活动，让学生深切体验礼仪教育中蕴含的人文关怀，进而促进其人文素质的整体提升。具体而言，礼仪社团可致力于探索中国古代礼仪与现代礼仪的异同，辨析哪些传统礼仪历经沧桑仍熠熠生辉，而哪些古代仪轨则在现代人眼中焕发出新奇之光。这一研究过程，实则是一场穿越时空的文化之旅，使学生得以深入学习丰富的历史知识，洞悉我国历史长河中文化、政治等多方面的变迁轨迹。通过这样的学习方式，学生不仅能够拓宽礼仪文化知识的视野，还能

深刻理解其背后的历史脉络与文化底蕴，从而在潜移默化中提升自身的人文素质。

## 第三节　民族体育文化精神融入大学生人文素质教育

在社会持续进步的浪潮中，高校教育领域内人文素质教育的价值日益凸显，其地位逐渐提升至前所未有的高度。将中华体育精神与民族体育文化精髓深度融合于大学生人文素质教育之中，此举不仅能够促进学生体格之强健，更能在心灵深处激发其文化自信与民族荣誉感。接下来，将深入剖析民族体育文化的独特魅力与中华体育精神的深邃内涵，并据此探讨两者携手并进于大学生人文素质教育中的积极作用及实施策略。

### 一、民族体育文化的内涵

民族体育文化，作为一种蕴含深厚民族特性的传统体育文化范式，其核心概念可界定为由多元民族群体共同孕育，旨在促进体质健康与休闲娱乐并重的综合性文化表现形式。这一形态不仅体现了各民族通过运动形式展现的生动活力与过程复合性，更是民族文化发展历程中逐渐沉淀并固化为特定民族生活方式的重要标志，深深刻印着各民族的独特印记与文化基因①。

民族体育文化的精髓囊括了精神、物质与制度三大维度。精神文化层面，它汇聚了传统体育文化中的思想精髓、意识形态与观念导向，持续地将这些元素熔铸为体育文化的核心思想与民族精神，其内核涵盖价值体系与思维模式两大支柱。物质文化层面，则以多样化的实物形态为载体，展现出传统体育精神的广度与深度，将文化内涵展现得生动而具体。至于制度文化层面，它是人类社会在追求体育发展进程中，自发构建的一套有序、有规可循的规范架构，是体育活动中社会关系的集中体现。正是这三重特质的交织融合，赋予了民族传统体育一种独特的活动形式，其核心在于竞技强体与情感表达的心理映射，这种价值体现往往寓于体育行为之中，成为民族传统体育作为文化形态存续与发展的坚固基石。简言之，民族传统体育不仅是一场身体的竞技，还是心灵的对话，其文化价值的展现，正是通过这一系列体育活动行为得以稳固确立。

此类文化，承继着母体文化的精髓，历经世代传承，蕴含着厚重的历史底蕴。它根植于民众日常生活，与之紧密相连，全面映现了民众生活的多彩面貌，是民族文化中最为积极踊跃、最具生命力，且影响最为深远、意义最为崇高的组成部分，是推动民族茁壮成长的不竭动力。尤值一提的是，中华传统文化中蕴含的“自然和谐共生”“天人合一之道”“侠之大者，为国为民”“厚德以载物”“身体力行，知行合一”等核心价值观念，不仅铸就了其历久弥新、跨越千年的不朽魅力；这些价值观念与当今社会主义核心价值观所倡导的自由与和谐共融、以人为本、以德治国、以身作则、实事求是精神及深沉的爱国主义情怀等理念，亦不谋而合，相互辉映。

① 崔乐泉．中国少数民族传统体育［M］．贵阳：贵州民族出版社，2011.

## 二、民族体育文化对大学生人文素质教育的积极影响

### （一）培养大学生的爱国主义精神和集体主义精神

首先，自古以降，我国始终致力于倡导爱国主义与集体主义的价值观，此二者构成了教育体系中不可或缺的核心理念，亦为我国高等教育领域恒久流传的教育基调。民族传统体育项目，作为民族文化的重要象征，其赛事常超越个人范畴，参与者所代表的不仅是自身，还是所属团队、地域、民族乃至国家的形象，他们秉持着对集体的忠诚与对体育精神的崇尚，持续奋斗，不懈拼搏。在国际舞台的盛大赛事中，当胜利者荣耀加冕，其国家的国歌响彻云霄，国旗高高飘扬，这一幕不只是对运动员个人努力的最高赞誉，更是对一国民族体育精神辉煌成就的集中展现①。诚然，民族体育活动远非单纯的竞技娱乐所能涵盖，它深刻地承载着民族团结的纽带、民族自信的基石以及民族精神的灵魂，这些元素显著提升了参与者对胜利的渴望与民族归属感的认知。不仅如此，民族体育活动还是一种富含伦理道德价值的文化现象，它内在地融合了民族团结的凝聚力、民族自信心的强化以及民族精神的传承，从而在潜移默化中增强了参与者的民族认同与爱国主义情怀，使之肩负起更为厚重的责任感。

其次，中华民族之爱国主义与集体主义精髓，实为民族传统体育所矢志传达之核心理念。此类体育活动构筑的，恰是自强不息、团结协作之民族精神高地。我华夏儿女深受其感召，即便遭遇重重困苦与挑战，亦能秉持“众志成城”“风雨同舟”之团队精神，携手跨越通往胜利之路上的重重障碍。此种精神财富，对于当代大学生的爱国心与集体意识之凝聚与升华，发挥着不可或缺的关键作用。

### （二）培养大学生的创新和创业的自主能力

“不懈奋进”作为民族传统体育跨越世代所承袭的崇高品德之一，其精髓深植于传统文化之根。《易经》有云：“天地运行不息，人当效法自然，持续前行。”又言：“天地大德，在乎珍视生命。”此二语深刻诠释了民族传统体育文化中不懈追求、珍视生命的坚韧意志，此精神犹如灯塔，照亮并激励着历代英才前行之路。置身于今日这个变幻莫测的时代，对于当代大学生而言，精确定位自我、不迷失于潮流、紧跟时代步伐，并学会以坚韧不拔之姿应对突如其来的挑战，显得尤为重要。他们需秉持积极进取之心，预先规划职业生涯，树立清晰的职业愿景，同时，运用创新思维持续增强个人职业素养，力求成为适应社会变迁、引领时代潮流的新锐人才。

### （三）培养大学生健康的人格

中国的兴盛，本质上源自国民整体素质的提升，特别是国民人格的挺立与觉醒。基于此视角，强化大学生人格教育的使命显得尤为艰巨且崇高。在促进学生智力发展及身心健

① 胡永南，姚军波．民族传统体育的人文内涵及其伦理教育功能研究［J］．北京体育大学学报，2005，8（28）：1023-1025.

康的同时，我们更应致力于探寻有效路径，以助力学生人格的健全与崛起，这恰是中国政府长期坚持将德育置于教育战略核心地位的深刻考量。民族传统体育，被誉为文化之根源，其在远古教育智慧中占据着举足轻重的地位。作为中国传统教育中人格培育的滥觞，它不仅承载着“国魂”文化的深刻寓意，还鲜明地展现了社会的团结与聚合力。这样的教育遗产，不仅是文化的瑰宝，还是推动社会向心力与凝聚力不断增强的强大动力①。华夏五千载悠久文明，实为传统体育文化繁衍生息的沃土，其蕴含的深远意境与东方哲思，在当代全球体育文化的多元化格局中独树一帜，赢得了世界各地人们的广泛赞誉。从某种视角观之，此类体育文化不仅促进了民众体魄的强健，还成为传播中华民族文化与精神的重要媒介，其对于当代青年学子健康人格构建的促进作用，更是其他体育形式所难以企及的独特价值所在。

### （四）培养大学生团结协作、坚韧不拔的意志品质

从社会融入的维度审视，民族传统体育中的诸多项目均强调团队协作，唯有队员间通力合作、相互扶持、深信不疑，方能摘取胜利的桂冠。在竞技舞台上，学生不仅强健体魄，还亲历人生百态，感受成功之喜悦与挫败之苦涩，这一过程实为自我挑战、惰性克服的宝贵经历。赛事之中，以包容之心、体谅之态携手队友，共赴目标，于实践中汲取智慧，于挑战中超越自我，从而在潜移默化间塑造大学生坚韧不拔之意志与团结协作之品格。

## 三、中华民族体育精神融入大学生人文素质教育

### （一）中华民族体育精神的概念

体育精神，作为一种精神文化形态，构成了高等教育体系内人才培养不可或缺的一环，对于促进学生身心的健全发展及综合素质的全面提升具有深远而积极的价值。② 中华体育精神，则是体育精神与中国传统文化深度融合的产物，彰显出鲜明的中国特色与文化底蕴。在推动体育事业蓬勃发展的进程中，中华体育精神扮演着举足轻重的角色。它随着时代的脉搏不断演进，既承袭传统又勇于创新，其精髓涵盖了“以国为荣，勇于争光”的爱国情怀、“默默耕耘，无私奉献”的牺牲精神、“恪守规则，公平竞争”的法治意识、“坚韧不拔，勇于拼搏”的英雄气概、“同舟共济，团结协作”的集体观念、“追求全面，以人为本”的发展理念，以及“崇尚科学，求真务实”的求知态度。

### （二）中华体育精神与大学生人文素质的内在关系

《新时代学校体育工作全面强化与革新指导意见》明确指出，学校体育教育应聚焦于培育学生的爱国、集体与社会主义情怀，塑造其积极进取、不屈不挠的意志品质，并强调需大力弘扬中华体育精神，充分发挥体育在立德树人中的独特作用。中华体育精神，作为

---

① 胡永南，姚军波．民族传统体育的人文内涵及其伦理教育功能研究［J］．北京体育大学学报，2005，8（28）：1023-1025.

② 张海涛，刘海峰．体育精神的培育与传播：内涵、动因与路径［J］．湖南社会科学，2016（1）：207-210.

现代教育体系下的一项新兴要求，不仅承载着提升学生人文素质的使命，还成为推动大学生人文素质教育深入发展的关键桥梁。

### 1. 中华体育精神是提高大学生人文素质的内在动力

中华体育精神，作为体育事业发展的不竭动力，历经传承与创新，于体育领域内持续促进着人文素质的提升，尤其是对大学生群体而言，它构成了推动其人文素质内在增长的核心引擎。此引擎之效能，根植于中华体育精神与大学生人文素质教育目标之间的深刻契合与共同追求之中。

（1）中华体育精神与人文素质教育之精髓目标呈现高度契合，共筑时代新人培育之基。鉴于当代社会之发展态势，人文素质教育聚焦于锻造兼具国家情怀、社会责任及历史担当的新时代青年。爱国主义，作为中华民族薪火相传的宝贵品质，不仅是民族繁荣昌盛的精神支柱，还是驱动社会进步不可或缺的精神动能①。而爱国主义精神是体育人顽强拼搏的动力源泉，也是中华体育精神的灵魂所在。

（2）中华体育精神与人文素质教育的基础导向紧密相连，共同体现了对个体意志锻造与道德涵养的深切关注。人文素质教育的核心理念，在于全人教育，旨在培育个体之爱国情怀、强化道德根基、磨砺意志韧性，以达至身心和谐与全面成长之目标。此价值追求，不仅深刻契合了中华体育精神的核心价值，亦是其持续演进与深化的动力源泉。

### 2. 中华体育精神是提高大学生人文素质的重要内容

大学生人文素质教育的框架可划分为三大维度：知识奠基、精神塑造与行为践行。其中，人文知识构成基石，人文精神引领方向，人文行为则体现实践成果。而中华体育精神，作为跨越世纪体育历程的精髓提炼，不仅蕴含了深厚的人文知识底蕴，还承载了丰富的人文精神内涵与人文行为准则，三者相得益彰，共同构筑了中华体育精神的多维价值体系。

中华体育精神，植根于深厚的历史文化土壤，汲取了中华优秀传统文化的精髓，孕育出独具中国特色的体育文化生态。其涵盖范围广泛，体育文献、历史典籍、舞蹈乐韵、三观塑造及社会主义核心价值观等多元元素，共同丰富了大学生的文学修养、历史视野、艺术鉴赏力及思想政治深度。运动健将于国际舞台的卓越表现，不仅彰显了民族自豪、体育伦理与卓越意志，还以实际行动传承了中华体育精神所蕴含的传统文化智慧，对培育大学生的人文精神具有深远影响。通过体育赛事的激烈角逐、体育艺术活动的精彩呈现以及体育文化深度探讨的讲座论坛等实践途径，大学生得以更为深刻地领悟中华体育精神的内涵，进而促进其从认知到行为的全面转化，具体成效如表 4-1 所示。综上所述，中华体育精神所蕴含的人文知识体系、所彰显的人文精神风貌以及所倡导的人文行为实践，共同构成了大学生人文素质教育不可或缺的核心组成部分。

---

① 赵高彩．中华体育精神：高等体育院校弘扬和培育民族精神的切入点［J］．武汉体育学院学报，2004（1）：4-7.

表 4-1 人文素质教育和中华体育精神的内容

| | 人文素质教育 | 中华体育精神 |
|---|---|---|
| 人文知识 | 文学 | 体育论文、体育书籍 |
| | 历史 | 体育百年史 |
| | 艺术 | 体育舞蹈、音乐 |
| | 思想 | 三观 |
| | 政治 | 社会主义核心价值观 |
| 人文精神 | 文化传统 | 中国传统文化、中国体育文化 |
| | 民族精神 | 为国争光 |
| | 道德文化 | 遵纪守法、科学求实 |
| | 意志品质 | 无私奉献、顽强拼搏、团结协作 |
| 人文行为 | 实践活动 | 体育竞赛、体育节目会演、体育文化讲座 |

#### 3. 中华体育精神是提高大学生人文素质的鲜活素材

大学生人文素质培育，根植于人文知识的深厚土壤，经由教育策略的巧妙运用与环境氛围的积极营造，旨在引导学子在探索与实践的征途中不断优化自身行为模式。中华体育精神，则在体育领域内的璀璨明星、辉煌事迹、动人故事以及激烈赛事的鲜活案例中熠熠生辉，不仅深刻展现了其对体育健儿精神的引领力量，还彰显了其在推动体育事业蓬勃发展中的非凡贡献。这些实例，如同一面面明镜，映照出中华体育精神在塑造体育人精神风貌、激发体育领域活力方面所发挥的巨大作用。

### （三）中华体育精神与大学生人文素质教育融合的基本理念

中华体育精神与大学生人文素质教育深度融合的核心理念，体现为根本准则、核心愿景、深层旨趣与终极追求的四位一体，紧密围绕人本中心的理念框架。此融合旨在升华个体的爱国情感与道德境界，进而促成这些内在品质在现实生活与实践活动中的外化展现，实现知行合一的深远目标。

#### 1. 人文素质培育的根本遵循是坚持以人为本

“人本核心理念”的精髓在于彰显人的主体性地位，聚焦于人的全面发展，旨在满足个人成长之需，强化综合能力，提升道德品质，迈向全面发展之境。中华体育精神中蕴含的人本情怀，正是对此理念的生动诠释，它强调对个体身体素质的培育、自我价值的肯定以及对人权的高度尊重。在学校体育的实践中，应确立“健康至上”的教育导向，引导学生在体育锻炼中领略运动之趣，强化体魄，完善人格，砥砺意志。促进学生身体健康水平的提升与树立健康至上的观念，不仅是学生茁壮成长的基石，也是学校贯彻人本教育理念的具体体现。随着“健康中国”战略的深入实施，新时代中华体育精神以全面发展、快乐健康的价值取向为引领，积极回应社会对增强体质、促进健康的广泛需求，将健康意识与终身体育的观念提升至前所未有的高度，进一步丰富了其内在的人本精神意蕴。因此，人本理念不仅是推动学生全面可持续发展的核心动力，也是构建学校“健康第一”等教育理念的根本出发点，更是实现学校“立德树人”与“育才兴邦”双重目标的必由之路。

2. 人文素质培育的核心目标是注重立德树人

从“立德树人”的本义来看，“立德”的目的就是通过道德实践将“德”根植于受教育者的内心和言行之中①。《中国教育现代化 2035》面对新时代素质教育的发展提出了教育现代化的八大基本理念，以德为先的理念位于八大理念之首，是立德树人的理念指引，也是中国特色社会主义教育全面落实立德树人根本任务的价值诉求。

中华体育精神所蕴含的遵纪守法与无私奉献等特质，深刻地塑造了大学生在体育领域中的行为准则，促使他们自觉遵循比赛规则、秉持公平竞争原则、强化团队合作精神以及展现无私奉献的品格。这一过程不仅培育了大学生良好的体育道德观念，还促进了个人道德修养的升华与道德行为的积极转变，为他们的德智体美劳全面发展奠定了坚实基础。显然，中华体育精神的教育旨归与人文素质教育不谋而合，均聚焦于培育个体的道德意识与道德实践能力，旨在培养出既具高尚道德情操又具备坚实德行的新时代青年和社会主义事业的接班人。“立德树人”作为两者共同的核心理念，彰显了教育工作的根本任务与崇高使命。

3. 人文素质培育的深层目的是厚植爱国情怀

爱国情感，作为中华民族精神之根与魂，是铸就民族身份认同的基石。在培育社会主义事业接班人的征途中，首要任务是激发并深化学子的爱国情愫，使之贯穿于教育的各个环节与精神文明建设的始终。强化爱国情感的教育，不仅是德育领域的核心追求，亦构成了大学生人文素质教育深层次的价值导向，更是推动中华民族伟大复兴中国梦照进现实的迫切需要。

中华体育精神，深植于为国争光、无私奉献的丰富文化土壤，这一文化底蕴源远流长，贯穿中华民族历史的长河，并在中国体育事业蓬勃发展的新阶段中持续积淀。它不仅是中国体育事业生存与发展的坚实精神支柱，还是在追逐中国梦的伟大征程中，汇聚民族力量、铸就坚定信念、激活民众创造力的不竭精神动力源泉。

4. 人文素质培育的最终追求是实现知行合一

“思想践行统一”构建于德育的坚实基础之上，它倡导通过实践活动将精神层面的崇高品性内化为学生个人的行为规范与自我期许，实现了理念与实践之间的和谐共生与无缝对接。《中国教育现代化 2035》纲领性文件中，赫然将“思想践行统一”确立为引领素质教育革新与进步的基本信条之一，着重指出道德认知向道德实践的积极转化路径。此理念不仅深刻反映了促进学生综合素养与实践能力提升的紧迫需要，也精准对接了新时代背景下人文素质教育深化发展的实际需求。

---

① 张旭．仁德教育：新时代立德树人的新范式探索［J］．中国教育学刊，2019（10）：96-97，103.

中华体育精神，历经漫长实践历程的淬炼，已然成为一笔宝贵的精神财富，持续指引着新的实践探索，其本质即为知行并进的生动展现。通过体育课、竞赛、文体活动等多元化实践平台，中华体育精神深入学生日常，不断优化其行为举止，涵养其爱国情怀、道德情操与人格魅力。人的行为，作为意识水平的镜像，成为检验教学成效与人文素质提升程度的关键指标。在持续不断的实践中，我们既践行了中华体育精神的精髓，又在实践中不断滋养与丰富其内涵，最终实现了理论与实践的完美融合，达到了知行合一的境界。

### （四）中华体育精神与大学生人文素质教育的融合途径

#### 1. 加强学校管理层对中华体育精神的认识

深化学校管理决策层对中华体育精神认知的首要任务，在于全面把握其精髓所在。作为我国体育事业历经世纪风雨所积淀的璀璨精神瑰宝，中华体育精神在促进个体综合素养提升与推动社会进步方面展现出不可估量的积极作用，这一精神财富亟待在学校教育体系中得到持续的传承与颂扬。进而，需明确中华体育精神在塑造大学生人文素质教育版图中的关键角色。其根植于传统文化的深厚土壤，所蕴含的爱国热忱、道德风范及坚韧意志，构成了强化大学生人文底蕴的坚实基石。中华体育精神在人文素质教育领域的核心价值，体现在对民族精神和社会价值导向的培育上，为学生的全方位成长铺设了坚实道路。它不仅是人文素质教育目标的具体体现，还是教育内容中不可或缺的生动素材与重要构成。因此，将中华体育精神有机融入教育链条的每一环节，是深化人文素质教育实践、促进大学生人文素质全面提升的有效途径。

#### 2. 提高教师体育人文素质

（1）增强教师对中华体育精神领悟力的培育。在高等教育领域，教师作为教育实践的主体，其对中华体育精神的深刻理解直接关系到该精神在育人过程中的实际效能。提升中华体育精神在育人实践中的成效，关键在于激发教师自主学习的积极性，坚守“以德树人”的教育宗旨，并深化对中华体育精神的认知与把握。具体而言，可从三个维度着手推进。

其一，组织中华体育精神专题研修活动。通过系统化的培训，快速提升教师对中华体育精神内涵的把握与认知层次，激发其以该精神为指引的育人使命感，从而增强教师在传承与弘扬中华体育精神方面的能力。

其二，鼓励教师围绕中华体育精神开展学术研究，持续深化认同与理解。倡导教师将人文知识与人文精神有机融合，运用启发式教学法、精神导向法及实践引导等多元教学策略，将中华体育精神的精髓润物细无声地融入学生的精神世界，以增强该精神的教育针对性和感染力。

其三，举办中华体育精神与大学生人文素质教育融合的专题研讨会。旨在进一步巩固教师对中华体育精神重要性的认识，激发其主动探索与学习的热情。通过研讨会，构建清晰的中华体育精神育人理念，将爱国情操的培育、人格魅力的塑造以及学生的全面发展作为教学工作的核心价值导向。

（2）深化教师对中华体育精神发掘力的培养。有效推进中华体育精神在大学生人文素质教育中的实践应用，并显著提升人文素质教育的实效性，关键在于大力增强教师对中华体育精神深入探索与挖掘的能力，进而促进教师整体教育素养的飞跃。首先是教师的自我完善，即教师应深刻领会中华体育精神的精髓，全面掌握其以爱国主义精神为灵魂的历史脉络与发展轨迹。教师应主动挖掘并融入课程内容的中华体育精神要素，明确专业特色与项目特点，确保中华体育精神与专业教学深度融合，实现知识传授与价值引领的和谐统一。其次，强化交流互鉴，学校应构建学科教师与体育教师之间的紧密沟通机制，在课程设计与实施中兼顾深度、广度与人文关怀，形成协同效应。双方可依托体育历史素材、杰出体育人物事迹、当前体育热点及重大赛事案例，共同挖掘并整合中华体育精神的相关资源与应用案例，携手构建中华体育精神教育资源库。最后，紧跟社会动态，从时事热点中提炼教学素材，精准对接学生思想实际，有效回应并解决学生在思想层面的困惑与挑战。

### 3. 推进中华体育精神进课堂

教室不仅是文化知识传授的核心场所，也是德育渗透的关键阵地。融合体育课程，旨在同步深化中华体育精神的理论阐释与实践探索，利用专业课程构建坚定的理想信念与职业操守体系。在此过程中，力求课堂教学实现理论与实践的无缝对接，以及显性教育与隐性教育的相互融合，此举对于强化大学生人文素质教育的针对性与实效性具有深远意义，促进了学生全面发展目标的深入落实。

（1）中华体育精神进体育课堂。2020 年 5 月 28 日，教育部强调，体育课程应秉持健康优先的教育导向，旨在培育学生勇于拼搏、矢志奋斗的精神风貌，并激发学生肩负起提升国民整体健康水平的使命感。将中华体育精神融入体育课堂，需深度挖掘其精神导向价值，以此培养学生的家国情怀、崇高理想、坚韧意志及强健体魄，实现体育与德育的深度融合。

在教学过程中深化中华体育精神的培育。通过严格要求学生遵循体育课堂纪律及赛事规范，不仅规范其言行举止，也强化其规则意识与体育道德水准；激励学生克服心理障碍，勇于挑战新技术与难关，锻造出不畏艰难、勇于拼搏的精神面貌及乐观应对挑战的心态；倡导学生参与团队学习与竞赛，借助组内成员间的充分沟通与互助合作，共同达成学习目标或赢得比赛，从而培育出团结协作、共同进步的良好团队精神与风貌。

于体能训练实践中弘扬中华体育精神。秉持健康至上的教育理念，体育课程中需高效利用课时，精准传授科学的运动技能，并设计适宜的运动强度，旨在课堂上即能显著增强学生的体能素质，奠定坚实的技术学习与体能发展潜力基础。此外，此过程亦旨在点燃学生的运动热情与自主锻炼意识，引导其树立终身致力于体育锻炼的积极观念。

（2）中华体育精神进专业课堂。经济发展之下，社会对人才的需求已从单一的高知识技能型转向兼具高素质与高知识技能的复合型，尤其强调专业领域内的人文素质。这昭示着，提升大学生的人文素质，体育课堂虽重要，但专业课堂亦不可或缺。通过将中华体育精神渗透至专业课程教学中，旨在培育学生的爱国情怀、坚定信念及高尚道德情操，进而促使他们在各自的专业领域内发挥积极作用，推动社会的全面进步与发展。

## 四、民族传统体育文化与大学生人文素质教育有机结合

教育是文化生态的构成单元，脱离整体文化框架，则难以洞悉其作为文化要素的本质。民族传统体育，作为文化瑰宝之一，其深厚底蕴与悠久历史跨越五千年而不衰，非短暂流行文化可比，它历经沧桑而屹立不倒，是民族文化森林中的常青之树。此文化不仅深刻影响着教育体系，还在教育环境的滋养下不断演进与创新，成为塑造大学生人文素质不可或缺的力量。

### （一）丰富人文知识——厚积薄发

传统民族体育文化，承载着深厚的历史积淀与鲜明的人文特质，其核心始终聚焦于“人本”理念，即以人为核心，服务于人的全面发展需求，汇聚了世代传承的精神追求与信仰体系，构成了中华民族生生不息的文化基石。这一领域囊括了上千项体育活动，蕴含着丰富的文化资产与深远的文化内涵，在历史长河中绵延不绝。这些项目，通过其蕴含的历史叙事、神话叙事、文化背景描绘、英雄事迹颂扬、宗教信仰体现、艺术追求展现以及独特的发展轨迹，生动再现了多彩多姿的民族生活习俗与风貌，宛如一部宏大的文化百科全书，讲述着古老而迷人的神话与英雄史诗，又宛如一幅幅绚丽的历史长卷，彰显其独有的魅力、神秘与古老底蕴。

高校人文素质教育因民族传统体育文化的融入而焕发新生，其生命力与驱动力显著增强。大学生们沉浸于民族文化的浩瀚之中，通过身体力行、智慧启迪与情感共鸣的全方位投入，不仅汲取了知识的甘露，更在心灵的土壤中培育了高尚的情操。这些丰富的文化体验，如同强劲的冲击波，深刻触动着他们的内心，激发起对民族文化的无限崇敬与自豪，使他们因中华文明的博大精深而自豪，因自强不息而奋发。民族传统体育文化，作为一部生动的、充满生命力的教育典籍，以其独特的魅力启迪着当代青年学子，引导他们积累学识、蓄势待发，犹如龙舟竞渡中奋力向前的舵手，勇往直前，积蓄力量，最终为中国乃至全球文明的进步贡献出不可估量的力量。

### （二）拓宽人文思想——厚德载物

人文观念乃个体对周遭世界之独特诠释，亦构成人文知识体系之基石与内在逻辑框架，深刻烙印着民族性、个性及鲜明的意识形态印记。民族传统体育文化的演进与社会的变迁相辅相成，为人文观念提供了丰富的滋养与补充。此文化根植于人类，服务于人类，始终围绕“人”这一核心展开，其发展历程即人类智慧与经验的结晶。众多民族体育项目，汇聚了多元文化的精髓、众多先贤的洞见与广大民众的实践经验，历经千年风雨的考验与磨砺，最终凝练成具有中华民族独特风貌的思想宝库。这笔无形的宝贵遗产，以其博大的胸怀，兼收并蓄，不仅拓宽了人们的认知边界，还激发了思维的无限可能，为大学生搭建起一座探索知识的桥梁，成为连接过去、现在与未来的重要教育资源，对塑造当代及未来大学生的精神世界具有不可估量的价值。

在民族传统体育的广阔领域中，每一项活动均承载着特定的规范、法则、体制及风俗

习惯，为大学生提供了独特的学习与实践平台。在此过程中，学子们通过严格遵守各项规约与习俗，不仅吸纳了民族体育的深厚知识，还将其精髓内化为个人思想的一部分，促进了思维模式的拓展与创新。此种学习与融入，不仅体现在行为举止的自觉遵循上，也深刻影响了学生的内在品质，孕育了自律自觉的精神风貌。进一步而言，这一过程促进了学生对民族文化的深刻认同、崇高敬仰与坚定信仰，进而塑造了他们的人生观、世界观与价值观，使之展现出“兼收并蓄、深邃内敛”的胸怀与气度。在此文化熏陶下，学生们形成了稳固的文化自信、自尊与自觉，如同“海纳百川，有容乃大”，以博大的胸襟拥抱多元，以无形的力量彰显文化的深厚底蕴与无穷魅力。

### （三）改进人文方法——拾遗补阙

人文方法，深藏于人文思想的精髓之中，是一种兼具认知与实践特性的方法论，侧重于定性分析，并崇尚亲身体验，紧密关联于特定的文化背景之中。其核心特色之一，在于其倾向于通过感悟的途径来探索世界，即便其间交织着理性的思辨，亦不脱离感性的体悟框架。民族传统体育文化，作为一种根植于物质形态之上的文化表达，其核心聚焦于人的身体活动，旨在娱乐、教化与强健身心，其根源深深扎根于人类日常生活的土壤之中，旨在满足并推动人类的需求与发展，而非构筑于虚无缥缈的抽象概念之上。因此，它能够为大学生提供一个直观感受民族传统体育独特魅力的舞台，促使他们运用人文方法，在亲身体验中深刻思考并解决实际问题，从而实现一种高效且深入的人文教育过程。

### （四）传承人文精神——自强不息

人文精神的核心要义在于：推崇人的内在价值与精神尊严，将人类置于一切发展的核心地位，展现着对人深沉的关怀与珍视，这亦是对“人性尊重、生命尊荣”理念的深刻体现。当前教育体系中的改革主旋律——“以人为本”，正是与这一人文精神的高度契合与具体实践。面对人文精神在教育领域中渐显的空白，学校已将其列为亟待解决的首要议题，力图在教育全链条的每一个细微之处，无论何门何类学科，均着力融入人文精神的培养，以此唤醒并强化学生对人性的理解与尊重。

民族传统体育，作为人类自我教化的重要途径，其核心在于倡导自我审视、自我反省、自我约束、自我觉醒、自我超越、顺应自然与自在生活。其之所以能跨越五千年历史长河而不衰，正是因为对人文精神的不懈追求，即对人性的深度塑造与面对挑战时的不懈努力。自其诞生之日起，便紧密围绕人类活动展开，顺应民意，洞悉民心，将人的需求置于核心，不断推动创新与发展以满足这些需求。

高等教育机构应当探索并实施高效的教学策略与方法，在推广民族传统体育的过程中，强调过程的细致入微与方式的润物无声，避免急功近利的心态，以免适得其反。应聚焦于项目的深层意义、蕴含的人文精神、体育锻炼的价值以及对身体机能的积极影响，以此激发学生主动探索的兴趣与自我锻炼的内驱力。通过教师的身体力行与言语引导，结合环境的潜移默化影响，举办多样化的传统体育文化庆典，促使民族传统体育文化在课内外构建起系统的教育体系，引导学生由浅入深地认知、热爱这一文化瑰宝。在中华民族悠久历史与灿烂文化的熏陶下，学生得以心灵的净化、人文素质的提升及人格的完善，不断追求人性的至臻完美，从而有效传承与弘扬人文精神。

## 第四节　中华武术文化融入大学生人文素质教育

当代大学生，作为国家精心培育的未来栋梁，集知识渊博、思想深邃、责任感强烈与勇于担当等品质于一身。然而，近年来高等教育体系在强化专业知识传授的同时，却未能充分重视人文素质与综合能力的全面培养，加之社会环境多元化思潮的交织影响，使得部分学生的道德文化水准出现下滑迹象。武术文化，作为中华优秀传统文化的璀璨瑰宝，其在提升大学生人文素质、强化综合能力，特别是塑造高尚道德情操方面，展现出了不可估量的价值。因此，将武术文化融入教育体系，不仅是增强学生人文底蕴的有效途径，还是完善与优化学校教育策略、确保教育全面发展的坚实保障。

### 一、武术文化的人文内涵

武术，作为中国传统文化的杰出典范，其蕴含的文化精髓——诸如“人与自然和谐共生的哲学视野，崇尚和谐与中庸的人文情感，尊崇道德与礼仪的人文态度，以及树立德行与成就事业的人文理想”——深刻蕴含了高校人文教育体系中不可或缺的德育、美育与人性教育的核心要素。因此，将武术文化融入高校人文素质教育体系，不仅是教育资源优化选择的体现，还是教育理念的一次深刻拓展。实践层面而言，武术文化因其显著的实践性特征，为人文素质教育课程内容的丰富性、课程设计的创新性以及校园文化氛围的营造提供了有力补充，从而在多个维度上促进了人文素质教育的全面发展与深化。

历经数千载悠悠岁月的中国传统文化，以其博大精深、绚烂多彩且独树一帜的人文精神璀璨于世。《礼记·大学》有云：“大学之道，旨在彰显光明之德，启迪民众之新，追求至极之善。”“启迪民众之新”，意指引领人们步入新境，赋予其新的视角、导向与高度。钱穆先生曾将中华学术传统精辟划分为三大体系，首要者便是“人之统绪”，强调学问之真谛在于学以成人，即一切求知探索，归根结底是学会如何做人，如何塑造成为一位心怀理想、价值非凡的君子①，诚如陶行知先生所说：“千教万教教人学真，千学万学学做真人。”在中国传统文化中孕育并发展起来的中华传统武术，折射着中国传统文化的基本精神，是中华民族文化的一个重要构成。富含人文精神也是武术区别于其他民族体育项目的显著标志。

#### （一）天人合一的人文视野

博大精深、意蕴深远的“天人合一”思想是中国传统文化的基本精神。其基本的含义，就是充分肯定“自然界和精神的统一”，关注人类行为与自然界的协调问题。② 从文

---

① 钱穆．中国学术通论［M］．（台湾）台北：台湾学生书局，1977：225-226.

② 教育部高教司．张岱年，方克立．中国文化概论［M］．北京：北京师范大学出版社，2004：288.

化渗透的维度审视，武术不仅是伦理与政治的附庸，其内在蕴含的“天人合一”哲学，并未局限于物质形态与制度框架的浅表，而是深刻贯穿于追求人与自然、社会和谐共生的实践脉络之中。这一思想主线，不仅引领着武术的演进，还在过程中凝聚了源自“天人合一”并与武术精神深度融合的精髓——一种将自然法则与人文精神融为一体的广阔视野。

中国传统文化之基石，在于“天人合一”的哲学思维，此亦为武术核心理念之所在。武术之道，不仅彰显于技艺之巅，更深层次地，它体现为通过拳脚修炼而触及的一种超然生命感悟与人生价值实现，以及深刻领悟自然宇宙生生不息之奥妙的过程。换言之，武术追求的至高境界，非止于搏斗之术，而在于修身养性、立身行道，旨在维系个人与自然、社会间的和谐与平衡，彰显了对人性最本质的深切关怀。此种人文关怀，虽在一定程度上弱化了武术的竞技性与对抗意识，却对于培育习武者之尊重对手、珍视生命的崇高品质，以及塑造其高尚品德与博大胸襟，具有不可估量的积极影响。

### （二）贵和尚中的人文情怀

中华文化之精髓，在于崇尚和谐与秉持中道，此为中国精神之基本面向。东西方文化之别，显著体现于对和谐统一与个性对抗的不同侧重，由此构筑了风格迥异的文化脉络。“和”寓意着多元元素的共存共荣，“合”则强调异质元素的深度融合与升华。中华文化中的和谐中道观，深蕴辩证智慧，它以积极姿态审视自然、人性及社会间的差异与冲突，倡导激发个体潜能，促进整体和谐共生。此理念在武术人文精神中得到生动体现，表现为对各家各派文化精髓的理性吸纳，通过内部异质元素的相互磨合与融合，达成外在的整体和谐统一。因此，武术文化既彰显了建功立业的实用主义精神，如“不仕无义”之信条，又蕴含了超脱世俗、淡泊名利的侠义风范；它既吸纳儒家“仁”“礼”为核心的道德伦理，又兼容道家追求内心宁静、养生之道的哲学思想。在方法论层面，武术文化践行了以和为贵的人文价值取向，强调人际和谐，摒弃无谓纷争，重视群体协作与友谊培养，这一原则广泛适用于社会交往的各个层面，体现了中华民族深邃的文化智慧与人文关怀。

### （三）尊德重礼的人文情感

中国传统文化的一大亮点，在于对道德教化的高度重视。浸润其间的武术艺术，亦将道德礼仪的锤炼视为核心使命，旨在通过实践活动将德行之基与礼仪之范融入武者身心，其终极愿景在于塑造出理想人格典范——既精通武艺，又深谙文理，实现身心和谐统一的全面发展人才。

在武术传承与发展的多元影响因素中，武术技艺的精进程度及习练群体的规模固然不容忽视，但武术习练者所秉持的道德礼仪标准则始终处于核心地位。首先，其道德礼仪直接关联到武术整体形象的塑造；其次，它深刻影响着武术发展的方向性决策。这两大方面，共同构成了决定一个武术流派兴衰成败的关键因素。正因如此，从古至今，各大门派皆将精挑细选门徒、重视品德行为考察视为共同遵循的不二法门。此举旨在促使习武者在精进武技的过程中，既恪守伦理道德底线，深入践行儒家伦理与中庸之道，弘扬忠孝仁义、贤良正直的传统美德，又注重培养谦逊礼让、正直无私、重义轻财、信守承诺的侠义品质。① 而德中必有礼，礼作为德的外在体现在武术活动中也留有诸多痕迹，流传至今。

### （四）立德事功的人文追求

文化的精髓与基石，归根结底在于其内在的文化精神，这一精神维度涵盖两大核心要素：价值取向与思维模式。中国武术所秉承的价值取向，即武术人文精神之精髓，可精炼为“德业并举”之理念。古代贤哲在“以道化世、经纬乾坤、泽被苍生”的崇高理想驱动下，创立了众多形态各异却精髓相通的社会生活实践范式，无论儒、墨、道、法，乃至武术，均属此列。他们胸怀宏愿，心系民众福祉，通过各自视为正当的路径不懈追求理想，其终极旨归在于社会之和谐进步与个体之全面发展。置于现代语境之下，这种价值取向体现为“立德以立业，致用以济世”的人文精神追求。无论是植根于民间的武术流派，还是直接服务于国家安全的军事武艺，皆深刻践行着“修身齐家治国平天下”的实践逻辑，展现了武术在促进社会和谐与个人修养提升方面的独特价值。若超脱阶级视角，从中国武术这一维度出发，其蕴含的实用理性、责任担当与进取精神无疑值得高度肯定，正是“德业并举、经世致用”理念的具体体现。

## 二、武术文化对大学生人文素质培养

在高校人文素质培育的语境下，武术文化教育具体展现其独特价值：通过武术技艺的研习，学生沉浸于中华优秀传统文化的深厚底蕴之中，经受其潜移默化的滋养与塑造，有助于构筑完整而健康的人格体系；同时，这一过程也促进了学生心理素质的优化，提升了内在修养，激发了积极向上、勇于进取的精神风貌。

### （一）塑造健全人格

人格之发展，作为个体素质成长的关键维度，是个性心理特征的核心体现，它根植于多元环境与教育影响的土壤，历经个体生活实践的磨砺而渐趋完善。健全人格，作为理想典范，是内在真善美和谐统一、个体利益与社会责任兼顾、心灵自由与外在行动相协调的集中展现。此类人格特征鲜明，表现为对自我、他人及人性本质的深刻洞察与理性认知，兼具强烈的道德责任感、广博的社会同情心及卓越的创新能力。教育之根本使命，在于雕琢人性之美，铸就健全人格，引领学子迈向更加辉煌的生命旅程。人文素质教育，则通过知识的传授、环境的熏陶及自我实践的融合，将人类文化的精髓内化为个体的品格、气质与修养，构筑起稳固的内在品质基石。武术，以其独特的文化内涵，对当代大学生的身心健康、情感意志及个性塑造产生了深远影响。其强调的武德精神——崇武尚德，深刻体现了传统文化精髓“仁、义、礼、智、勇”的精髓，这不仅映射出中国武术顺应自然、追求和谐统一的价值观念，还展现了其内敛中庸、含蓄沉稳的文化特色。尤为重要的是，武术不仅是体能的锤炼，更是心灵的净化与升华，它深刻地诠释了身体训练与灵魂修养并重的武术哲学。

① 周伟良．析中华武术的传统武德［J］．上海体育学院学报，1998（3）：12-14.

### （二）提高心理素质

当前，大学生群体普遍面临学业负担沉重与就业前景严峻的双重挑战，这种境况极易催生对未来不确定性的焦虑、疑虑心态，加之内心浮躁与急功近利情绪的蔓延，导致心理韧性薄弱。此现象的背后，无疑与社会大环境紧密相连，诸如毕业生人数激增与就业岗位供需失衡的结构性矛盾，以及市场经济环境下，过度追求利益最大化所诱发的急功近利心态。然而，鉴于大学生承载着家庭期望与民族、国家的未来希望，其心理状态之脆弱，实为令人忧虑之现状。针对此，寻求解决之道势在必行，而核心策略在于引导大学生摆脱过度担忧未来困境所引发的消极情绪，如颓废、恐惧与抱怨，转而采取一种积极向上的未来视角，通过重塑心理素质框架，构建更加坚韧、乐观的心理状态。这一过程旨在帮助学生以更加成熟、理性的心态面对挑战，积极应对学业与职业生涯中的不确定性。

当代大学生，作为独生子女群体，普遍享受着较为优渥的家庭环境，宛如温室花朵般成长，此背景之下，部分学生展现出意志力薄弱、韧性欠缺、恒心难持之态，在学习与生活征途上更易遭遇挫折与挑战。鉴于此，强化大学生吃苦耐劳、坚韧不拔、百折不挠及持续不懈的意志品质培养显得尤为迫切与重要。借鉴武术训练的深远意义，我们不难发现，其不仅是技艺的精进之路，还是心灵与意志的磨砺场。武术训练广泛的社会影响与作用，在于它能够有效锻造习武者的意志，提升其武艺水平，并培养敢于面对困难、勇于战胜挑战的勇气与胆识，进而塑造习武者的宏伟志向与自强不息的精神风貌。将视角转向学生习武的实践，这一过程本质上是对学生意志力的深度培育。武术练习非一日之功，它要求学生具备长期不懈的努力、坚定的信念以及“滴水穿石”般的毅力。在武术的修炼之旅中，学生需以持之以恒的态度，磨砺意志，秉持“铁杵成针”的坚韧精神，勇于克服一切艰难险阻，同时，严格遵守习武之道，加强自我约束与管理，从而提升个人的心理韧性，为未来的挑战奠定坚实的基础。

### （三）涵育文明修养

武术根植于华夏悠久的农耕文明沃土，其发展与兴盛深受“天人合一”哲学观、“和合”文化精髓及尊德尚礼传统的影响。诚然，武术历史长河中不乏封建糟粕的痕迹，然其主流价值积极向上，需以辩证眼光审视之。武术文化的深层意蕴，鲜明体现了“中庸之道”，倡导谦逊、礼让、内敛与和谐，构成了武术独有的伦理道德框架。实践中，武术强调身心并重、形神合一、动静互补、刚柔相济，追求身心的平衡与强健，彰显了东方哲学的和谐之美。武术，作为民族文化的瑰宝，承载着独特的传统风格与文化标识，深度契合中华儿女的精神气质与文化基因。在历史的长河中，武术不仅是技艺的传承，还是社会生产与生活实践的结晶，孕育出丰富的价值观念、行为规范、思维范式与情感表达，这些元素交织互融，构筑了武术文化体系的多元面貌。因此，通过武术习练与武术文化的学习，不仅开辟了领略中国传统文化的新视角，还为当代大学生提供了提升文明修养与文化底蕴的有效途径。这一路径的探索，不仅有助于深化对武术文化的理解，还能在潜移默化中塑造大学生的道德情操、审美情趣与人格魅力。

武术所蕴含的“天人合一”的宇宙观、“形神合一”的修行理念及“阴阳平衡”的和谐之道，均源自中国传统哲学的深邃智慧，对于当代大学生而言，或许初感陌生。然而，深入武术文化的研习之旅，将为他们提供一扇窥探这些哲学精髓的窗口，使之得以概览其要义。这一过程，不仅促进了学生文化素养的全面提升，还激发了深刻的自我反思与思维拓展，成为一次心灵与智慧的双重磨砺。简而言之，武术文化的探索，既是个人文化底蕴增强的路径，也是启迪思维、深化思考的宝贵契机。

习武者践行重义守信之道，是其实现个体价值与社会价值交融的关键途径，彰显武术价值的同时，也映射出武者品德与能力的全面风貌。“急人之难，不吝其命”乃重义之典范，“一诺千金，言行一致”则为守信之真谛。此等行为不仅蕴含了竞争与抗争的意涵，还体现了对社会不公的毅然抗争及对邪恶势力的正义裁决，展现了武者勇于担当、守护正义的精神风貌。此外，它也深刻体现了武者对自我价值实现的不懈追求，以及那份深沉的社会责任担当。中国武术能历经沧桑而历久弥新，除其独特的健身自卫功能外，更在于其深深根植于重义守信这一传统武德之中，成为武术文化生生不息、绵延不绝的重要精神支柱。

### （四）激励进取精神

在高等教育体系中，培养学生的积极奋进心态是确保他们未来社会适应与职业成功的核心心理素养。中国文化的精髓——自强不息与刚健笃行的理念，深刻塑造了国民勇往直前、无惧挑战的心理特质。武术，作为集技术与竞技于一体的体育活动，其核心价值恰在于技击艺术，这促使习武者秉持着勇往直前、无所畏惧、勇于探索的进取精神。学生参与武术训练，不仅在外在技能上精益求精，还在内心世界培育起“刚健有为、自强不息”的精神支柱，实现外在技艺精湛与内在品质升华的双重融合。面对当今竞争激烈的社会环境，学业、就业及职业生涯的角逐尤为激烈，大学生唯有塑造积极向上的心态，强化竞争意识，方能稳固社会立足之地。武术习练过程，实则是对学生勇敢坚韧、一往无前精神的深刻锤炼。这一过程不仅激励学生的进取之心，还在潜移默化中培养其自强自立、追求卓越、勇于创业及持续创新的意识，为成为时代栋梁奠定坚实基础。

## 三、武术文化融入大学生人文素质培养的作用分析

武术文化对大学生人文素质的作用是普通文化知识所不能代替的。学习武术后对学生的思想素质的培养、审美能力的培养、行为能力的培养也有很大的作用。

### （一）武术文化对大学生思想素质的培养

#### 1. 武术文化能够培养大学生坚韧的意志力

修炼武术不仅是体能增强的途径，还是领略武术文化精髓、掌握武术技艺的宝贵机会，它深刻促进了个人体能的全面提升与优化。武术的核心在于坚实的基础技能构建，唯有根基稳固，方能实现身体的灵动与自如。然而，这一筑基过程往往伴随着枯燥与单调，日复一日地重复着相同的动作练习，要求大学生们不仅在生理层面承受挑战，还需在精神意志上经受考验。古语云：“地势坤，君子以厚德载物；自强不息，乃武者之魂。”又言：

"大任斯人，必先砺心志、锻筋骨、忍饥寒"及"艺高由苦磨，功成需恒志"。这些箴言深刻揭示了武术文化中对于坚韧不拔、勇于克难精神的崇尚。在当今科技迅猛发展与物质条件日益优渥的背景下，传统"苦学"精神似已渐行渐远。家庭环境的过度呵护，往往导致学生面对困难时的韧性减弱，意志品质有所松懈。此时，武术文化的介入显得尤为重要，它倡导不懈追求、坚持传统武术训练之道，以此引领学子们体验并领悟到，在追求卓越之路上，坚韧的意志是不可或缺的基石。通过武术练习，学生们能直接感受到持之以恒对成就非凡的至关重要性，从而在潜移默化中培养起坚不可摧的意志品质。坚实的基础建设，不仅为武术技艺的提升铺平道路，也是人生各个领域成功的高效催化剂。

2. 武术文化加强大学生的心理承受力

当代大学生身处学业繁重、竞争激烈的环境中，就业前景的严峻与个人自我认知的模糊交织，使得内心欲望与现实能力之间形成鲜明落差，催生了急功近利的浮躁心态。此心态若未得调适，步入社会后，难免在求职、职场竞争及人际交往中遭遇重重障碍，进而诱发畏惧、消沉乃至自卑等负面心理，亟须有效应对之策。武术修炼之路，伤痛常伴，动作精进非一蹴而就，往往需反复磨砺，方能窥其堂奥。每当进展未达预期，自信难免受挫，但正是这份挑战，促使习武者持之以恒，深入体悟动作之精髓。武术之要，不仅在于体能的锻炼，更在于心灵的锤炼，它引领我们追求真善美的境界，塑造坚韧不拔的心理品质。学习过程中，难免遭遇努力与回报不成比例的困境，此时，武术文化中的稳中求进、坚持不懈的精神便成为宝贵财富。它教导我们，面对挫折不轻言放弃，坚守初心，直至目标达成。这一过程，不只是技能的精进，更是意志力的磨砺，使我们在克服困难的过程中，逐步培养出坚不可摧的毅力和勇于面对一切挑战的勇气。因此，将武术文化的精髓融入日常生活，不仅能够增强大学生的身体素质，还能在心理上筑起一道坚实的防线，提升其抗压能力与逆境适应能力，为未来的社会竞争奠定坚实的基础。

3. 武术文化教育培养大学生的创新能力

创新，作为驱动国家发展的核心引擎，应置于国家发展蓝图的战略中枢。在当代社会的织锦中，创新能力不仅是推动历史车轮滚滚向前的必要织梭，也是当代大学生人文底蕴不可或缺的一环。武术的演进历程，正是创新精神的生动写照，诸如螳螂拳、蛇拳等拳法的诞生，便是古人从自然万物中汲取灵感，通过精细观察、深刻领悟，进而创新发展的结果，展现了武术对创新能力培育的独特贡献。创新之道，贵在思维的飞跃与想象的奔放。将这份精神融入武术学习，能够促使大学生挣脱思维束缚，勇于探索未知，实现思想的自由翱翔。聚焦于武术某一动作的深入研习，不仅能够锤炼其身体协调性，还能激活思维潜能，促进智力发展，达到心智并进的佳境。在学习过程中，大学生须紧随武术动作之精髓，逻辑思维缜密构建，通过对每一个动作细节的反复推敲与深刻理解，逐步拓展其创新思维边界，这一过程实质上是对其文化素质的一次全面升华。如此，武术不仅是技艺的传承，还成为培养创新能力、提升文化素养的重要载体。

4. 武术文化教育可以提高大学生的道德修养

武术，作为中华传统文化的璀璨瑰宝，凝聚了华夏文明五千载的深邃底蕴，横跨理学、医道、哲学、美学等诸多领域。其修炼之道，核心在于养心与育德，武德之精神，博大精深，历久弥新，它贯穿习武、授武、竞技、应用之全程，依据严格规范，遏制一切失范之行，彰显道德教化之深远影响。深谙武德之要，要求当代大学生在日常生活中秉持正义，不欺弱小，不乘人之危，当以舍己为人、见义勇为为己任，以传统之扬善抑恶理念为导向，构建和谐的人际与社会关系。同时，需克服自私自利、缺乏同理心之弊，拒绝唯利是图，远离任何违背道德准则的行为，诸如考试舞弊、窃取他人财物等，以树立正直的价值观，确立崇高的人生追求。武德教育，乃习武者不可或缺之个人修养与行为规范，对于提升大学生道德境界具有积极意义。它倡导遵纪守法、尊老爱幼、文明礼让，崇尚武德所蕴含的价值观念，引导学子摒弃陋习，培养良好习惯，强调自我反思、批判与改进，进而弘扬民族文化，强化文化修养，使言谈举止更为得体，人格更加完善。

5. 武术文化教育可以增强大学生的爱国情怀

中国武术文化植根于深邃的传统文化土壤之中，其传承与发展过程深刻凝聚了传统文化的智慧精髓。自古以来，武术不只是各民族捍卫身份与信仰的坚实盾牌，更成为民族文化的鲜明烙印，强化了民族间的凝聚力与认同感，赋予了武术文化深厚的人文底蕴与哲理思辨，其内涵超越体育范畴，触及更广阔的精神领域。面对当前传统文化渐显式微的现状，亟须大学生群体积极投身于传统文化的研习与传承之中，而武术以其独特的魅力，成为守护与传承传统文化的重要力量，有效减缓了文化流失的速度，确保了传统文化生命力的延续。近期，一系列武术题材影片的广泛上映，不仅触动了大学生的心弦，也引发了社会各界的广泛关注，其所展现的视觉盛宴与心灵震撼，远非传统书卷所能及。武术文化中塑造的豪杰与志士，他们以拳拳之心，为国家、为民族奉献自我，那些前仆后继、舍生取义的英雄壮举，深深触动了大学生的心灵，激发了他们内心深处的民族自豪与爱国情怀。因此，弘扬武术文化对于培育大学生的爱国主义情感，激发其家国情怀，具有不可替代的价值与意义。

### （二）武术文化对大学生审美能力的培养

武术文化之教育，对于深化大学生的审美鉴赏力具有显著成效。其美学特质根植于中国传统文化的沃土，融合了哲学思辨、艺术精髓与美学理念，堪称中华独特文化魅力的集中展现。武术的动作设计与套路编排，无不彰显出浓郁的中国文化特色，变化万千，或轻盈曼妙，或沉稳徐缓，或迅疾如风，这一动态美学的展现，正是武术内外兼修、身心合一理念的体现。武术中的阴阳转换、刚柔并济，通过诸如“迅如狡兔”“奔腾若骏马”“飘逸似游龙”“静谧若处子”等生动意象，将武术的动态美感描绘得栩栩如生。当大学生沉浸于武术所营造的意境之美时，这份审美体验能够自然而然地渗透到他们的日常生活中，促使他们修身养性、陶冶性情，心境趋于平和，进而培育出刚直不阿的气节。在此过程中，大学生逐渐摆脱表面的浮华追求，转向内在精神的深度挖掘与纯化，获得了一种独特的审美视角，使个人品格与价值体系得以充实与升华。如此，武术文化教育不仅丰富了大学生的精神世界，还赋予了他们以美的眼光审视社会的能力，从而有效提升其审美能力与综合素质。

### （三）武术文化对大学生行为能力的培养

#### 1. 武术文化可以加强大学生的人际交流

大学生间的人际互动状况，已成为社会舆论聚焦的热点。近年来，频发的“大学生极端冲突事件”，如投毒案及宿舍斗殴，凸显了当代青年群体在有效沟通方面的显著短板。此外，随着独生子女群体的日益庞大，这一群体往往过度强调个体自我，忽视他人的情感需求，错误地将家庭中的待遇模式延伸至社会，期待外界的无条件迁就，行事自我中心化，忽视团队协作与情感共鸣，从而加剧了校园内人际关系的紧张态势。武术之道，崇尚和谐共生，强调身心并重之修养，其文化精髓中的“仁爱”“和合”与“中庸”哲学，为大学生构建和谐人际关系提供了独特的视角与路径。通过学习武术文化，大学生在增强体质的同时，亦能习得如何平衡个人与集体的关系，融入团队，培养协作精神与有效沟通技巧。太极拳作为武术之典范，其“以柔克刚”“以退为进”的哲学，教导学子在面对冲突时，应采取顺应而非对抗的态度，通过感知对方的意图与力量，灵活调整策略，“顺势而为，借力打力”，这一过程实质上培养了大学生在人际交往中的包容、理解与策略性思维，有助于化解因误解而生的矛盾。武术训练中的切磋交流，强调换位思考，即从对手的角度审视招式与策略，这一理念在人际交往中的应用，便是倡导设身处地为他人着想，促进人际间的和谐共处。因此，武术文化不只是身体的锻炼，更是心灵的磨砺，对于提升大学生的社会适应能力与人际交往能力，具有不可估量的价值。

#### 2. 武术文化可以提高大学生的社会适应能力

武术，这一运动形式，深刻体现了顺应并融入自然法则的哲学，其表现形式因深受地域自然环境的塑造而展现出多元风貌。诸如南拳与北拳之分，前者以紧凑精炼见长，后者则展现出豪放磅礴之力，此等差异恰似南北地域人文风情的缩影，与当地居民的生活习俗紧密相连。通过研习武术，大学生能够跨越地域界限，洞悉各地民众的独特生活风貌、兴趣爱好乃至深层的文化底蕴与地域特色。这一过程不仅丰富了他们的知识视野，还为其未来步入社会奠定了坚实的心理准备与认知基础。届时，面对多元文化的交融与碰撞，大学生将能更加从容不迫，应对自如，避免因生活方式差异而引发的适应障碍，展现出高度的社会适应能力与人际和谐。

#### 3. 武术文化可以增强大学生的竞争意识和能力

武术修炼者历经严苛锤炼，铸就了坚韧不拔、持之以恒的精神风貌。在技艺的比试与交流中，胜负分明，凸显了强烈的竞争精神与超越现状的渴望，展现了不屈不挠的斗志。武术学习，本质上是一场对自我极限的挑战与偏见的破除之旅，其间设立的阶段性目标与实践，恰似人生征途上的里程碑，驱动着个体不断追求各个阶段内心的愿景与成就。大学生融入武术文化教育，使得竞争与进取的理念深刻融入其学习与生活的每一个角落，他们勇于面对挑战，无惧艰难险阻，坚决抵制不良势力的侵扰。武术锻炼不仅增强了他们的体能素质，为各类竞技活动奠定了坚实的生理基础，还在心理层面培育了坚韧不拔、勇于突破的精神特质，为未来的全面发展奠定了稳固的基石。

4. 武术文化教育加强大学生的实践能力

实践，作为衡量真理价值的不二法门，其重要性在古语“实践出真知，非纸上谈兵可悟”中得到了生动诠释。学生在踏入学术殿堂之初，便沉浸于由语文、数学、英语等构建的知识海洋，这些学科往往侧重于书面技能的锤炼，高分成绩往往被视为学业成就的主要标尺。然而，此教育范式潜藏着一定的局限性，即对学生实践能力的相对忽视，未能充分实现理论与实践的深度融合，此乃教育体系内一个亟待审视的问题。反观武术这一体育活动，其核心价值深植于实践之中。仅凭武术理论的堆砌，无法触及武术的精髓与实质；唯有通过不懈的实践与操练，方能领悟武术的真谛，掌握其精妙招式。武术训练的过程，实质上是引导习武者形成一种脚踏实地、勇于实践的生活态度，促使他们在日常生活中亦能灵活运用所学理论与技术，实现知行合一的境界。因此，武术不仅是一项体育技能的学习，也是对个人实践能力与综合素质的全面锤炼。

### （四）武术文化在传承的过程中其他方面的影响

武术文化，作为传统文化之精粹，其独特性无可比拟，超越了其他文化形态的范畴。仅凭书面知识难以全面把握其深邃内涵，唯有亲身实践，方能深切感受武术对个体身心的深远影响，这不只是外在技艺的锤炼，更是内心情感与哲理思考的共鸣。武术之中蕴含着古人对伦理道德的深刻洞见与自然法则的敬畏之情，它启迪我们探索人与人之间、人与自然之间和谐共生的奥秘，对于构建和谐社会及推动中国特色社会主义事业的发展，具有不可估量的价值。武术学习，其深远影响渗透至日常生活的细微之处，塑造了个人独特的行为习惯、言语表达与思维方式。它赋予人们以非凡的精气神风貌，即便置身异国他乡，亦能展现出自信、坚韧与沉稳的特质。此外，武术还拓宽了人们的视野，使其超越物质利益的束缚，学会权衡与豁达，内心因此而更加丰盈。同时，它激发了人们见义勇为的勇气，使社会关系不再冷漠疏离，而是充满温情与互助。随着时代的演进，武术文化不断焕发新的活力，它不仅强化了人们的身体素质，还培育了自强不息、积极进取的生活态度以及团结协作的宝贵精神。这些品质与价值观，在当今社会中显得尤为重要，它们构成了个人成长与社会进步不可或缺的力量源泉。

武术文化的研习，对于弘扬与传承中国悠久传统文化而言，扮演着举足轻重的角色。相较于单纯依赖书籍学习传统文化的单调与乏力，武术以其独特的方式激发了学习者的内在动力，从而降低了传统文化传续过程中所面临的诸多障碍。武术学习不仅提升了传承者的参与热情，还简化了传承路径，降低了对传承者的特定要求，使之成为一项跨越地域界限、环境限制的普及活动。在这一过程中，个体不仅能够强健体魄，还能在轻松愉悦的氛围中，为中国传统文化的传承与发展贡献自己的力量，实现了身心的双重滋养与文化的有效传递。

近年来，武术文化作为中华传统文化的璀璨瑰宝，其影响力跨越国界，吸引了众多国际友人前来中国，深入研习这一古老而神秘的艺术形式，此举极大地提振了中华民族的文化自信心与自豪感。掌握中国武术精髓，不仅促进了国际交流的深化，还使外国朋友有机会领略到一个更加立体、多元的中国面貌。在武术的研习中，秉持“以和为贵”的理念，彰显了中华民族对武术精髓及传统文化深刻理解的同时，也映射出我们民族崇尚和平、追求和谐的崇高精神境界。进一步而言，武术文化的传播与学习，成为推动中外文化交流与融合的重要桥梁，拓宽了中国面向世界的对话窗口，加速了中华文化在国际舞台上的传播与认可，为中国在国际社会中稳步前行、迈向更加辉煌的未来奠定了坚实的基础。

## 四、武术文化融入大学生人文素质教育建议

### （一）建立完善武术文化和人文素质的宣传制度

构建系统化的高校武术文化与人文素质传播机制，旨在深化大学生对武术文化内涵与人文素质价值的认知与重视。武术教育的独特价值，相较于其他课程，在于其巧妙融合了理论知识与实践技能，将文化教育精髓与体能训练精髓融为一体。武术不仅强健了学生体魄，还锻炼了其自我保护能力，显著提升了身体的灵活性、敏捷性、柔韧性及协调性，实现了学生身心内外兼修的全面成长。因此，武术作为学校体育教育体系中不可或缺的一环，是推动学生“德智体”全面发展目标达成的有效途径之一。

#### 1. 宣传工作

强化武术文化的广泛传播力度，着重推进武术文化教育与实践课程的融合与增设。定期组织武术文化专题研讨会与讲座，以丰富学生课外生活，同时激励师生积极参与，共同创办武术社团、俱乐部及协会等多元化平台。此举旨在促进高校民族传统文化组织的繁荣与发展，进而深化大学生的民族认同感与爱国精神的代代相传。

#### 2. 校风建设

强化校园内人文素质文化宣传的多元性，如增设富含深意的横幅与标语，以营造浓厚的文化氛围，并融入校风建设之中。同时，增设校园武术节庆活动，策划多样化的武术竞技与展示项目，鼓励有兴趣的学生群体通过亲身参与，引领周围同学逐步沉浸于武术世界，从而深刻体验并领悟武术文化的博大精深，实现真正意义上的文化参与与传承。

### （二）学习方式多元化，调动学生积极性

#### 1. 引入新颖的教学方式

当前，首要任务是引入前沿的学习理念与创新方法，构建多元化的武术课程体系。着力培育一支集高素质与全能力于一身的武术教师队伍，同时吸纳新兴人才，为教师队伍注入新鲜活力，促进年轻教师引领老教师投身于教育革新之中，而资深教师则向新教师传授宝贵的教学经验，形成互学互鉴的良好生态。鉴于单一的理论讲授与刻板的动作模仿已难以激发当代大学生的武术兴趣，需紧跟时代步伐，充分利用网络媒体的便捷性与影音资料

的丰富性。高校应倡导各学院以班级为单位，集体观赏武术文化主题电影，并组织观后感分享会，以此增进学生对武术文化的理解与感悟。此外，邀请武术名家亲临校园献艺，让学生亲身体验武术的魅力，打破屏幕界限，近距离感受武术精髓。此类活动不仅能够提升学生的文化素养与审美能力，还能有效激发其对武术的热情，共同营造出浓厚的校园武术文化氛围。

2. 调动学生的主观能动性，提高自学能力

长期以来，教育领域内普遍沿用教师主导、学生被动接受的传统教学模式，武术教学亦不例外。为打破这一惯性，亟须激发学生的主观能动性与学习武术的浓厚兴趣。具体措施包括鼓励学生利用课余时间自主研习个人偏好的武术内容，进而在课堂上担当主讲角色，实现从被动接受向主动探索的转变。此过程中，学生将理论知识与实践操作紧密结合，通过自主学习与相互探讨，深化对武术内涵的理解与把握。同时，面对授课中的疑问与挑战，学生将更加主动地寻求解答，从而进一步巩固学习成效。这一转变不仅活跃了课堂氛围，还使学生在轻松愉悦的环境中摆脱了学习的压力，实现了真正意义上的自我成长与提升。

3. 调整考试制度，让学生积极参与

当前，高校武术文化的考核方式普遍依赖于期末考试成绩与日常课堂表现的简单叠加，且评分权集中于任课教师一人，此模式易使学生陷入被动学习状态，缺乏内在动力。为扭转此局面，我们提议在期末武术表演考核中引入分组机制，每组数名学生协作，其中一位进行武术展示，而评分则由任课教师与组内其他成员共同参与，最终取平均得分作为该生的期末成绩。此举旨在鼓励学生全方位融入教学过程，从被动接受转变为积极参与，从而真正激发其学习武术文化的热情与兴趣，促进武术教学质量的全面提升。

### （三）建立完善武术文化和人文素质教育制度

人文素质教育在提升学生综合素养中占据核心地位，它聚焦于人文精神的培育与人文知识的传授。完善人文素质教育体系，不仅需教师深化对“以人为本”教育理念的认知与实践，还需引导学生树立正确价值取向，拓宽视野，关注他人、社会、国家乃至全球的变迁，激励他们通过实际行动实现个人素质的质的飞跃。在日常生活中、学术追求及职业生涯中，学生应自觉培养良好的道德风貌，践行“授人以渔”之理念，即注重培养观察、剖析、应对难题的策略与能力，强化语言沟通、社交互动、心理调适、实践操作、竞争意识及爱国情怀等多维度素养。人文素质与专业技能作为学子不可或缺的两大支柱，相互依存，相互促进。充足的文化底蕴是支撑个体学习、工作及生活不可或缺的基石。若高校仅局限于专业技能的传授，易使学生陷入知识孤岛，阻碍其综合素质的全面发展。因此，强化人文素质教育非但不减损专业教育的重要性，反而能为学生专业技能的学习提供更为宽广的视野与深厚的基础，促进其专业素养与专业能力的深化研究，进而推动学生整体素质的全面提升，为国家贡献青春力量。

1. 课程建设

各高等院校在专注于学生专业教育的同时，必须强化人文素质培育的战略地位。当前，高校已设立“法律基础与思想道德修养”“马克思主义基本原理概论”及“中国特色社会主义理论与实践”等人文社科必修课程，以奠定学生的人文思想基础。为进一步丰富学生的人文素质，建议增设“美学概论”“中华传统文化概览”及“武术基础与理论”等跨学科选修课程，涵盖哲学、历史、美学及武术学等多个领域，并定期开展人文素质主题的学术讲座与研讨活动，确保人文素质教育深度融入大学教育体系之中。在武术教学实践中，推行小班化教学模式，以便教师能更精准地指导动作细节，深化理论知识的传授，并强化对中国传统文化的教育渗透，引导学生通过武术实践深刻领悟中华文化的博大精深。此外，可组织实地考察活动，如参观武术学校，让学生亲身体验武校学生的日常训练与生活环境，近距离感受武术文化的独特魅力，从而增进对武术文化的认知与情感认同。

2. 强化师资力量，改善教学环境

强化教师队伍素质建设，引入具有创新教学理念的新教师，同时提升既有师资的专业能力与人文修养。定期对教职人员及辅导员进行人文素质教育方法的系统性培训，以深化其对人文教育重要性的认识，并优化教学目标设定、教学计划制订、教学大纲编写及实践教学等环节，确保人文素质教育全面融入教学体系，有效引领学生提升个人人文素质。此外，需精心规划与增强武术文化教学内容，实现武术理论与武术文化精神的深度融合，适当增加武术课程教学时长，凸显武术文化在提升学生人文素质方面的独特价值。同时，加快完善武术教学设备设施，推进高校武术教学场地建设，以改善武术教学条件，为高校武术文化的传播与实践提供坚实的物质基础，进一步推动武术教育与人文素质教育的深度融合。

3. 校园建设

高校应着手优化图书馆资源配置，通过重构现有资源布局，显著扩充人文素质及武术文化相关书籍与期刊的馆藏量，同时加大对图书馆职员的专业能力与服务意识的培训力度，以提升整体服务水平。为顺应信息时代发展趋势及学生偏好，加速推进图书馆电子化进程，力求将纸质资源广泛转化为电子格式，以满足当代学生追求高科技与网络便利的需求，从而更有效地激励学生主动利用图书馆资源进行学习。此外，还应积极发挥党员群体的先锋模范作用，首先在党员中营造浓厚的武术文化学习氛围，随后依托党员的示范效应，引导并激发广大师生对武术文化的兴趣与参与度，进而在校园内广泛构建起学习武术文化的良好风尚，促使全体学生融入这一积极的文化氛围中。

4. 提高领导对武术文化的重视程度

让学校领导参观学校武术课程的培训情况，也可以加入武术学习的文化氛围中，切身体会武术文化给身心带来的变化，从而大力支持武术文化对人文素质培养的教育政策。

5. 武德的融入

在武术技艺传授的同时，需深刻植入武德教育的核心价值，以无形之力深刻影响大学生。深化武德教育内容，武术教学不应局限于动作的传授，而应注重阐释动作背后的历史渊源与精神内涵，清晰传递蕴含其中的武德精髓。例如，通过课堂中的抱拳礼仪、器械使用的规范与传递间的相互尊重，体现武德实践。学习过程中，强化互助合作、相互指正的文化氛围，培育学生间团结互助的道德情操。在武术竞赛环节，倡导武德精神，激励学生展现积极进取、勇于面对挑战、团队协作与关爱他人的优良品质，使大学生在日常积累中不断成长，深刻理解武术文化对人文素质的深远影响，进而增进对中国传统文化的敬畏之心，提升对武术文化的价值认同。

# 第五章　其他教育与大学生人文素质教育

## 第一节　大学语文教育融合大学生人文素质教育

在大学语文教育领域，应充分挖掘并弘扬中华传统经典文化中蕴含的卓越民族精神、高尚道德风范与纯真情感韵味，以之作为塑造大学生思想的基石，培育其品德之根基，并丰富其情感世界，旨在全方位提升大学生的人文素质。此举旨在为社会主义现代化建设的宏伟蓝图，孕育出既具备深厚文学底蕴又拥有高雅审美情趣及崇高道德情操的杰出人才，确保他们在文化传承与创新中发挥积极作用。

### 一、大学语文教学

中华语言文字，其深邃与广博，跨越学科界限，与哲学、历史、政治等多领域相融共生。鉴于此，高等院校务必强化大学语文教育，勇于探索教学模式的新路径，紧密结合学生实际，科学规划教学活动。大学语文教师需汇聚古今汉语精华，精心编纂教学内容，旨在增强学生的语言实践能力。在授课过程中，教师应具备穿透表象、洞察本质的能力，不仅传授语言文学作品之美，更深入挖掘其背后的哲学意蕴、人生哲理与价值导向，引导学生深刻理解并内化，从而促进其思想境界的升华。步入新时代，随着教育改革的深入与课程标准的迭代升级，大学语文教育的核心聚焦于学生语文素养的全面提升。为此，语文教学体系正经历着持续的革新与优化，教材内容愈发丰富多元，既确保了科学性与合理性的高度统一，又鲜明地体现了素质教育的核心理念，为大学生人文素质的全面发展注入了强劲动力。

### 二、大学语文教学融合大学生人文素质教育的意义及重要性

#### （一）大学语文教学融合大学生人文素质教育的意义

人文素质深刻映射了个体综合心理素质的全貌，它是由思想培育、道德锤炼、情感陶冶、环境熏陶以及遗传因素等多维度要素交织构成的复杂体系。鉴于大学阶段正值人生观与道德观塑形的关键时期，聚焦于大学生人文素质的提升，并巧妙借助大学语文这一教学平台，无疑能达成极为正面的教育成效。大学语文教学在推进大学生人文素质教育进程中，扮演着举足轻重的角色，其影响力不容忽视。

#### （二）大学语文教学融合大学生人文素质教育的重要性

新时代背景下，大学语文教学开展是十分有必要的，不仅能够提升大学生语文素养，

还能够在一定程度上推动大学生人文素质教育发展。

1. 有利于提升学生母语运用能力

在日常教学中，英语成绩所占比重显著，促使学生投入大量时间精力研习。而在职业生涯中，无论是求职竞争还是职位晋升，英语能力亦被视为重要考量因素。然而，这一现象导致部分大学生过度倾注于外语学习，却忽视了母语——中文——的语言文字能力培养，进而在日常交流中显现出表达不畅、词汇贫瘠之弊，同时缺乏应有的情趣与幽默感。究其根源，部分学子对我国深厚的语言文化认知不足，对古今中外的优秀文学作品涉猎有限，难以自如运用语言文化知识。在新时代的背景下，大学语文教学的实施成为提升学生母语意识与运用能力的有效途径。该课程广泛涵盖了跨越时空的优秀文学作品，这些作品风格迥异，情感抒发多样，文体形式丰富多变，全方位展现了汉语的独特魅力。以《语言的力量与误区》一文为例，作者以其独特的视角，分别从语言的功能与潜在陷阱两面展开论述，运用幽默风趣的语言结合生动实例，营造了寓教于乐的学习氛围，使学生深刻体会到汉语语言文字的无限魅力。在品味与领悟这些文学瑰宝的过程中，大学生的人文素质也得以显著提升。大学语文教学，通过传授经典文学作品，不仅让学生感受到语言文字的非凡魅力，更激发了他们学习母语的热情。在潜移默化中，学生的母语意识得以增强，母语运用能力也逐步提升，从而为我国优秀语言文化的传承与发展贡献力量。

2. 有利于学生坚定理想与信念

当前时代，信息技术以前所未有的速度蓬勃发展，互联网技术的应用疆域日益辽阔，催生了诸多网络视听平台与丰富的娱乐内容，如综艺节目、影视作品、网络小说等蔚然成风。部分大学生易深陷这些虚构叙事之中，难以自拔，导致精神世界的贫瘠与人生价值观的偏离，削弱了信念与理想的根基。在新时代的语境下，大学语文教学愈发凸显其重要性，特别是文学作品的学习与鉴赏，被视为培养学生批判性思维与正面价值观的关键。课程致力于引导学生以批判性视角审视大众文化，理性对待综艺节目、影视作品及网络小说等，防范沉迷之虞。大学语文所承载的文学作品，不仅是社会人文精神的载体，也映射着特定时期的社会意识与价值取向。通过深入品读与领悟这些作品，学生能够实现自我反思与超越，充盈其精神世界，驱散心灵的迷雾。课堂教学巧妙地将经典文学作品与学生的生活实际相融合，借助这些作品的智慧之光，启迪学生如何更加充实地学习与生活，使之感同身受，心灵得以净化，心智受到启迪，进而更加坚定地拥抱自己的理想与信念，砥砺前行。

3. 有利于提升学生审美价值观

一个具备审美价值取向的个体，其审美能力与洞察力必然出众，能够洞察世事，行事果断且处理问题周全。大学生，作为民族复兴的中坚力量与民族文化的传承者，其审美观念深刻影响着学业与未来事业的成就。然而，当前部分大学生过分聚焦于毕业后的职业发展，将大量时间倾注于各类资格证书的备考中，却忽视了对周遭美好事物的细腻感知与环境的深度观察，这一现象无形中制约了其审美价值观的建构。在新时代的浪潮下，大学语文教学承担着新的使命，即通过课堂这一平台，向学生引介并深入剖析优秀的文学作品。这一过程旨在引导学生以正确的态度欣赏、细读与领悟文学作品的精髓，从而拓宽其审美视野，激发审美兴趣，并促使其形成积极健康的审美价值取向。如此，不仅能丰富大学生的精神世界，更能为其未来的成长与发展奠定坚实的审美基础。

#### 4. 有利于培养学生爱国情怀

我们对国家的繁荣昌盛深感自豪，作为华夏儿女，这份荣耀与骄傲根植于心，家国情怀乃是构成个体卓越人文品质不可或缺的要素。在当下的时代背景中，即便身处和平安定的社会环境，对于大学生而言，培养高尚的爱国情怀依然至关重要。大学语文教学承担着重要使命，它通过引导学生深入研读经典文学作品，让这些作品中的爱国情感如涓涓细流，浸润心田，从而有效激发大学生的爱国情怀，促进其在人文素质与道德素养上的持续提升。

## 三、大学语文教学在人文素质教学中的价值体现

### （一）丰富学生的个人阅历

大学生群体普遍缺乏深厚的阅历积淀，需明确阅历与经验、经历间的本质分野。经验与经历乃日常累积之产物，而阅历则蕴含了亲历后的深刻反思与哲理，兼具理性洞察与感性共鸣之特质。鉴于大学生长期置身于相对封闭的校园环境，尽管校园亦为社会缩影，但日常交往的局限限制了其阅历的广度与深度。故此，阅读成为拓宽视野、增进阅历的有效途径。大学语文教学，其核心在于阅读，其价值深远且不可估量。通过教师精准的阅读引导，学生得以在字里行间领悟人生真谛，于反复阅读中体验百态人生。对经典文学作品的深度剖析，更是让学生跨越时空界限，领略不同人生的璀璨光彩，激发对生活的无限遐想。优良道德品质之形成，非一蹴而就，需经长期培育与学习之历程。在大学语文教学中融入人文素质教育，不仅促使学生深入解读文学瑰宝，更在潜移默化中陶冶其情操，激发情感共鸣，全面提升学生的综合素养。这一过程，既是知识的传递，更是心灵的滋养，为学生未来的成长与发展奠定坚实的基础。

### （二）提升学生的社会责任感

在进行大学语文教育的实践中，教师引领学生深入剖析并鉴赏广泛的文学佳作，这些作品横跨古典唐诗宋词之雅韵至近现代白话小说之通俗。此类优秀作品，不仅为读者心灵提供滋养，更以积极导向塑造读者的行为规范，促使学习者在阅读与反思的征途上，逐步铸就优良的道德品质。文学巨著往往映照时代风貌，蕴含深厚的民族情感，成为连接过去与未来的精神桥梁。人文素质教育，相较于其他学科，其独特性在于难以仅凭专业术语直接诠释深邃思想，故需借由大学语文教学这一平台，让学生在日积月累的学习中，实现知识的内化、迁移与应用，拓宽思维疆域，深刻领悟文学作品背后的精神要义。在此过程中，学生将不断探索个人价值与社会定位，明确未来航向。此举不仅强化了学生的社会责任感，更为其全面发展铺设了快车道，促使其在知识的海洋中快速成长，朝着更加辉煌的未来迈进。

### （三）帮助学生完善人格

在既有教育理念的惯性作用下，高等教育体系往往聚焦于专业技能的深耕，却在一定程度上边缘化了学生品德教育的重要性。这一现象虽能确保学生毕业后拥有扎实的专业技能，却也可能导致人格发展的不均衡，对其社会生涯的长远规划构成隐忧。因此，将人文素质教育深度融合于大学语文教学之中，旨在使学生在扎实掌握基础知识的同时，实现知识向个人气质与修养的内在转化，进而在无形中提升道德境界与综合素养，培育出既符合社会需求又具备高尚情操的复合型人才。高校应深刻认识到人文素质教育的不可或缺性，积极在大学语文教学中嵌入这一教育理念，引导学生树立正确的价值观，塑造独特而积极向上的个人魅力，完善其人格修养，为未来发展奠定坚实基础。

## 四、人文素质教育在大学语文教学中应用的不足之处

### （一）教师对语文教学重视程度不够

在新时代背景下，尽管大学语文教学正经历深刻的变革进程，然而，教师群体对于语文教学的重视程度仍显不足。部分教师未能秉持严谨态度进行备课与教学，缺乏对语文教学模式创新的积极探索，且对学生个性化学习需求的忽视，导致教学活动沦为形式化的机械操作。此种情境下，教学仅聚焦于知识传授，而忽视了对学生学习成效的关切，以及知识的实际应用能力培养，使得语文教育未能实现学以致用，学生难以将课堂所学有效转化为社会实践中的能力。更令人忧虑的是，学生连基础的语文知识都未能牢固掌握，遑论人文素质的培育与提升。此外，教师对语文教学的认知存在偏颇，片面地将教学目标局限于文化知识的传授，却忽视了对学生进行人文素质教育的必要性与紧迫性。这种教育导向的缺失，不仅未能给予学生精神世界以正面的引导与滋养，反而可能导致其精神世界的贫瘠与迷茫，进而不利于学生形成健康、积极的人生观与价值观。

### （二）缺乏正确的语文学科性质认识

在当代社会语境下，大学语文教育的改革步伐虽持续迈进，并取得一定成效，然其根本性质的理解尚存偏颇，仍将之视为纯粹的工具性学科，此定位直接制约了大学语文学科的健康发展，导致学科建设蓝图模糊，难以形成清晰的规划路径。具体而言，这一误区衍生出语文教师队伍建设失衡、教材选编逻辑缺失等实际问题，严重削弱了大学语文教学的应有价值与社会认可度。更为严重的是，对语文学科性质的误解不断加深，阻碍了教学工作的有效推进，同时也削弱了对学生人文素质培养的重要支撑作用，不利于培养兼具专业素养与人文情怀的当代大学生。

### （三）教师对教材的解读欠缺

当前教育实践中面临两大亟待攻克的挑战：首要问题在于，部分年轻教师因从教年限尚浅，难以精准依托教材内容，高效实施人文素质教育，导致教育效果未达预期；另一问题则聚焦于资深教师群体，他们因长期浸润于旧版教材，对其中细节了如指掌，加之对过

往教学经验的过度自信，往往缺乏动力对更新换代的教材或改编内容进行深入剖析与细致解读。

语文教育领域内，人文素质教育的融合与深化，是当前改革浪潮中的核心议题，其实践之路却布满荆棘。教材，作为语文知识、技能与情感价值传递的关键媒介，其深刻解读是保障人文素质教育在语文课堂中有效渗透的基石。然而，审视当前语文教学现状，不难发现部分教师未能紧密贴合教学实况，对教材中蕴含的人文素质教育元素进行充分挖掘与阐释，这从根本上制约了人文素质教育质量的跃升。此种教学缺失，不仅削弱了语文课堂中人文素质教育的执行力度，更导致学生难以触及并深刻理解人文素质教育的精髓与深远意义，从而影响了学生综合素养的全面构建。

### （四）大学语文教学模式缺乏多样性

在新时代背景下，大学语文教师往往过度聚焦于语文基础理论知识的传授，深入剖析文学作品，却不经意间忽视了学生的个性化学习需求及实践环节的融入，这对大学生人文素质的培养构成了阻碍。当前大学语文教学模式趋于固化，对教材课文的重复性讲解，易使学生产生学习倦怠，影响其对语文知识的有效吸收，进而削弱了对语文课堂的热情与参与度。此举不仅限制了语文基础理论教学效率的提升，也制约了人文素质教育的深入开展。

值得注意的是，人文素质教育的有效推进需依托丰富的实践活动，然而部分大学语文教学实践中，实践性元素显著不足，缺乏多元化的语文实践课程设计。这导致学生难以将所学的语文知识及素养通过实践加以深化与内化，限制了其对人生价值与世界观的正确认知构建，同时也未能有效丰富学生的精神世界，不利于其人文素质的全面提升。

### （五）学生人文意识不足

人本教育理念强调，学生是教学活动中的核心主体，因此，在语文教学实践中，教师所实施的一切教学策略均深刻关联于学生人文意识的培育与塑造。处于步入社会关键过渡阶段的大学生，正逐步迈向独立，其思想活动充满探索世界的渴望，却也伴随着不良价值观潜在影响的风险，这可能阻碍其形成正确的行为导向。在语文课程中融入人文素质教育时，若师生双方对文本中人文意蕴的挖掘深度不足，便可能导致教学效率低下，难以有效引导学生树立正确的人文观念与价值取向。

### （六）缺乏浓厚的人文环境氛围

人文素质教育之深化，根植于浓郁的人文氛围之中，而当前部分高校在此方面的营造尚显不足。教学领域内，教师角色的主导地位依旧显著，未充分凸显学生的主体性。就大学语文这一专业学科而言，其理论教学与实践探索之间失衡现象凸显，学生往往沉溺于理论知识的浅表学习，忽视了文学深邃内涵的探寻，从而加剧了人文素质提升的难度。此外，教师队伍中不乏能力短板者，其教学理念滞后，未能给予学生人文素质发展以足够的重视与引导，无形中阻碍了学生在此方面素养的全面提升。

## 五、大学语文教学融合大学生人文素质教育的途径

### （一）提高大学生人文知识修养

增强大学生人文素质的核心在于全方位塑造其知识底蕴。对于非中文专业的学生而言，其在人文领域的知识储备往往较为匮乏。因此，教师在教学实施过程中，需积极实施拓展策略，旨在既定的学时框架内，有效拓宽学生的知识视野，丰富其人文知识体系。

1. 打破教材体例的限制

挣脱教材既定框架的束缚，将课堂讲授内容精心构造成“一条贯通文学史的主线与三大知识焦点”。此处的知识链，即指贯通古今的文学发展脉络；而知识焦点，则具体涵盖作家生平与创作、代表作品赏析及文体特征探讨。此教学方法的创新之处在于，它将传统教材中孤立的文选知识点，巧妙地拓展并融合为涵盖文学史概览、经典作品选读及文体学分析在内的三大知识板块，极大地丰富了文学教育的内涵与层次，彰显出文学知识的广阔维度与深邃魅力。

鉴于大学生在文学史领域知识储备的不足，教师应当聚焦于基础知识的系统性传授。尽管学生过往学习中累积了一定程度的语文知识，但这些知识往往呈现为碎片化的、逐层深入的点状循环，难以汇聚成体系化的文学史知识框架。因此，针对文学史这一核心知识链，需采取循序渐进的教学策略，精准把握其内在逻辑顺序，逐一剖析关键要点。在课堂上，除了进行文本的深入鉴赏外，还应巧妙地将文类辨识、文体特征、作家风格流派等要素，自然融入其所属时代背景的宏大叙事之中，即置于文学史发展的连续脉络上。如此一来，有助于在学生的脑海中构建起一条清晰可辨的文学史发展轨迹，从而有效增进非中文专业学生对于文学史知识的全面认知与深刻理解。

2. 讲出知识“新鲜感”

对于大学生已熟知的领域，教学应致力于注入“新颖视角”。在大学语文课程中，针对作家与文体这两个核心知识点，此法尤为适用。鉴于多数学生对知名作家及常用文体已有基础认知，为提升其学习成效，授课时需挖掘并呈现新颖元素：可通过拓宽深度与广度，对现有知识体系进行深化与延伸；或采用系统化、结构化的方式，对过往学习内容进行重新组织与梳理；亦可引入该领域最新的研究成果，让学生紧跟学术前沿；同时，穿插趣味性知识，增强教学的趣味性与吸引力。此等策略旨在让旧知焕发新生，使讲授内容既鲜活又具魅力，不仅有效拓宽了学生的视野，还助力其构建起更为系统、全面的文学知识体系。

3. 传授深层知识

针对大学生较为陌生的知识领域，应侧重深化其理解与认知。在大学语文教材的篇章解析中，学生常面临知识点掌握不足的现状，这不仅源于多数选文内容的新鲜未知，也体现在即便借助注释勉强理解文意，也难以触及深层内涵。鉴于此，教师的教学重点应超越

字词句的基本疏通，转而聚焦于作品的鉴赏层面，即深入剖析作品在思想深度与艺术造诣上的独特魅力，以此触动学生心灵，激发其共鸣，进而循序渐进地提升其审美鉴赏能力与精神境界的修养。

### （二）培养文学鉴赏力

大学语文课程的构建围绕经典作品选读与深入剖析展开，其核心在于通过教师的巧妙引导，促使学生心灵契合，共赴情感交流之旅，此即文学鉴赏之精髓所在。对于大学生鉴赏能力的培养策略，可细化为两大维度。

首先，构建坚实的文艺鉴赏理论基础。鉴于作品赏析为大学语文之基石，引导学生主动学习、深刻理解的前提，在于先以文艺理论为钥匙，开启其认知之门。单纯的教师鉴赏成果传授难以触及根本，关键在于传授文学鉴赏之方法论，使学生能自主掌握。因此，在教学过程中，教师需详尽阐述文学鉴赏的基本框架，包括其定义精髓、客观性与主观性的辩证统一以及“共鸣效应”的深刻内涵等，以此为学生后续的鉴赏实践提供坚实的理论支撑与科学指导。

其次，遵循鉴赏内在逻辑，逐步培育鉴赏能力。文学鉴赏相较于政治、哲学等社会科学阅读，其独特之处在于直面生动的艺术形象，而非抽象逻辑推演，它是一场由形象触发，深入心灵，触动情感的旅程。鉴于此，文学鉴赏兼具主观感悟与客观分析的双重特性。教学过程中，教师应精准捕捉作品中的客观艺术形象，同时激发学生主观想象力，鼓励他们进行创造性解读，从而引领学生深入挖掘并领悟作品所蕴含的美学价值，促进其鉴赏能力的全面提升。

### （三）挖掘作品中传统文化的优秀基因

大学语文教材汇聚了文化与文学艺术的精华典范，其教学实践的核心使命，在于传续高尚道德传统、颂扬真善美的情感价值，使之成为审美教育之重镇与人格培育之楷模。正如瑞士心理学家荣格所深刻阐述：“文化之终极成就，铸就人格之典范。”这一洞见，恰与大学语文课程设计之理念不谋而合，共同指向了通过素质教育，促进学生全面发展与人格完善的终极目标。

一是深掘教材底蕴，萃取传统思想道德的精髓元素，以之淬炼大学生的思想品德素养。在大学语文教材中，古代哲学瑰宝熠熠生辉，占据重要篇章。教学实践中，应秉持文化引领、批判性继承与创造性转化的原则，聚焦于剖析文本及作者生平中所蕴含的人类共通与民族独特的道德观念、人格特质、思想精髓与情感价值，并赋予其时代新解，于学生心中深植民族精魂与道德标尺。儒家倡导的“仁爱之心”，孟子所颂扬的“贫不失志、富不骄奢、勇不屈节”之人格典范，以及道家追求的“人与自然和谐共生”“顺应自然、无为而治”的哲学思想，均为中华民族精神遗产中的璀璨明珠。运用这些思想道德的璀璨火花，不仅可激发大学生内心深处的共鸣与自省，还能作为道德提升的灯塔，引领其优化个人品德，砥砺高尚人格，实现自我修养的升华。

二是以经典为镜，树立正确的审美观。课文中思想道德的闪光点给大学生树立了榜样，要想收到更加切实的效果，还应该让大学生以经典为镜，面向社会，激浊扬清，疾恶扬善；省察自身，洁身自好，从善如流。结合《橘颂》中“闭心自慎”的自律，养成横而不流、秉德无私的品质。

三是激励大学生实现自我完善，塑造具备卓越人文素质的新时代青年。正如孔子所云：“日新其德，三省而自明。”韩愈亦强调：“行为之果，源于深思，毁于盲从。”由此可见，锤炼高尚品德的过程中，自我反思与省察具有不可估量的价值。因此，我们应当充分利用大学语文教材中蕴含的丰富中华优秀传统文化精髓，作为引导大学生自我提升的精神灯塔。唯有如此，教育方能显现其深远的意义与成效。为实现这一目标，最佳策略是培育大学生的“独处亦慎”精神，即促使他们在任何情境下，均能以高尚的道德标尺自我鞭策，尤其是在无人监督之时，更应坚守道德底线，防身立命，积小善成大德，防微杜渐，从而形成一种高度自觉的自我审视与修正的习惯。

### （四）创新教学实践方式

语文学科的内在复杂性不容忽视，其教学范畴广泛，知识点繁多，故而将人文素质教育与其深度融合是一项挑战。为高效促成此融合，亟须对现有教学范式进行革新与优化。首先，教师应摒弃传统教师主导的教学模式，更新教育理念，强化师生互动，于教学中自然融入人文素质培养，促进学生全面发展。教学结束后，教师应深入了解学生掌握情况，辅助其系统化整理复杂知识，加速内化进程。其次，教学内容的革新亦是关键，需确保所授内容贴近学生实际需求，深度融合人文素质教育要素。教师可捕捉时代脉搏，结合热点话题，选取贴近学生生活的素材与主题，以增强教学的实效性与吸引力。同时，应激发学生的批判性思维，鼓励其深入剖析文学作品，营造浓厚的文学探究氛围。最后，积极拥抱互联网技术，创新教学手段，将抽象理论转化为直观可感的视觉体验，引导学生深入探索文学作品背后的人文价值与精神内涵，实现人文素质教育与大学语文教学的深度融合与升华。

### （五）创设优质人文素质环境

人文素质教育的成效与外部环境塑造的紧密关联性不容忽视，为深化其推进，高校需匠心营造富有人文底蕴的校园环境，借由环境的潜移默化之力，为学生的全面学习过程注入正面能量。既往教育模式偏重专业技能之锤炼，导致大学语文边缘化趋势渐显。然则，面对时代变迁与外来文化冲击的双重挑战，大学语文的核心价值愈发彰显。鉴于此，高校及教育者应深刻认识大学语文教学之不可或缺性，并主动融入人文素质教育精髓，构筑课堂内外的人文氛围，为学生的长远发展奠定坚实的人文基石。此外，高校亦应在校内精心打造人文生态，提升学生的审美感知与鉴赏能力，促其深入品鉴文学佳作，进而升华人文素质。同时，教师应倡导学生在日常生活中以语言文字为媒介，勇敢表达个人见解，此举不仅能锻炼其文学应用能力，亦能激发创新思维。在课堂上，教师应秉持平等原则，充分尊重每位学生的个体差异与独特性格，实施差异化教学，确保每位学生都能在人文素质的滋养下茁壮成长。作为教师，我们不仅是学生的引路人，更是他们心灵的伙伴，应致力于促进每位学生人文素质的全面发展。

## 第二节　大学音乐教育融合大学生人文素质教育

在高等教育架构内，音乐教育构成了人文素质教育体系中的核心板块，对塑造全方位发展的人才具有举足轻重的价值。它不仅能够深化学生的审美感知与艺术品位能力，更在启迪思维、激发创造力方面扮演着关键角色。同时，通过涉猎并领悟跨国家与民族的音乐精髓，学生将能拓宽自身的文化视野，树立尊重并拥抱文化多样性的世界观。鉴于此，音乐教育在大学人文素质教育中的深度融合，对于促进学生综合素养的提升与全面发展，具有深远的积极影响。为强化音乐教育在高等教育中的效能，亟须深化音乐教育的革新步伐，丰富教育资源的供给质量，并激励大学生广泛参与音乐实践活动，从而最大限度地激发其创造力与想象力潜能。

### 一、大学音乐教育概念

大学音乐教育，作为高等教育体系中至关重要的构成部分，承载着深远的价值与广泛的影响力，其重要性不仅体现于个体成长的多个维度，还深刻关联国家文化软实力的塑造与提升。

在培养学生综合素养的征途中，音乐教育无疑是一条不可或缺的路径。音乐，这一跨越时空的艺术瑰宝，以其独有的韵律与情感力量，吸引着无数学子的心。在高校这一学术殿堂中，音乐教育引领学生们穿越历史的长河，探索全球范围内多姿多彩的音乐作品，深刻领悟各种文化背景下的精神风貌与思想精髓，从而拓宽国际视野，强化跨文化交流能力。

尤为值得一提的是，音乐在激发学生的创造力与想象力方面展现出了无可比拟的优势。它如同一把钥匙，为学生们的心灵之门开启了一个充满无限可能的世界，鼓励他们在音符的海洋中自由遨游，勇敢探索未知的创意领域。

大学音乐教育亟须顺应时代变迁，持续优化其教育内容与教学策略。鉴于数字化浪潮的席卷之势，音乐教育领域应主动拥抱变革，深度融合数字音乐创作、音乐 AI 等前沿科技，以此增强学生的技术操作能力与创新思维活力。此外，教师队伍的优化亦为关键一环，高校需加大对音乐教师的专业发展支持力度，强化专业培训与学术探讨，进而促进教师教学技艺的精进与科研能力的跃升。

大学音乐教育亟须强化与社会实践的深度融合，倡导学生积极参与音乐表演、竞赛及公益服务等多种实践活动，以此将理论知识转化为实际操作能力，并培养其强烈的社会责任感。同时，为拓宽音乐教育视野，高校应积极寻求与国内外兄弟院校的合作契机，加强学术交流与资源共享，携手共谋音乐教育发展的新路径与未来趋势。

## 二、大学音乐教育中的人文内涵

### （一）音乐与人文的内在耦合

音乐，作为一种融合了旋律、节奏与和声，通过人声或乐器音响交织而成的艺术形式，其本质在于通过听觉审美途径，展现人类现实生活的多彩面貌及深邃思想情感。人文，则汇聚了人类智慧与创造力所孕育的先进价值观及其行为准则的集合，涵盖人文知识、精神与素养等多个维度。表面观之，音乐与人文似无直接联系，然深入探究则不难发现二者间的深刻纽带：人文内涵广泛涵盖音乐艺术，而音乐作为人为创造的审美表达，其终极指向是服务于人，体现深刻的人文关怀。音乐不仅是技艺的展现，还是人类情感与社会生活的镜像，正如《礼记·乐记》所云："音由心生，感物而动，形诸于声，进而成乐。"这揭示了音乐作为有组织乐音符号的集合，其根本在于传达人的情感、映射社会现实。简言之，音乐是情感的载体，是人文精神的音声化呈现，失去了人的情感，音乐便失去了灵魂。"音乐之声，非单纯物理现象，乃人类精神的创造性产物，饱含着人的情感与智慧。"①

### （二）音乐教育的人文本质与核心要义

音乐教育，作为"音乐"与"教育"两词融合而成的概念，其内涵深远。在此范畴内，音乐扮演着抒发情感、传递思想的角色，而教育则聚焦于有规划、有意识的人才塑造过程。简而言之，音乐教育是通过系统化的音乐课程，实现教育目标，促进人的全面发展的过程。由此观之，音乐教育的人文精髓及其核心理念，首先，体现在其以人为本的教育理念之上，即强调教育活动中人的主体性与发展性。其次，则凸显于音乐课程本身所蕴含的人文价值，旨在通过课程内容的丰富性与深度，培育学生的人文素质。

就音乐教育的人学性而言，正如柏拉图所说："音乐教育的目的，在于对灵魂灌输节律及和谐，以发展良好的道德品质……节律及和谐能造就身体和心灵的优雅，以及对具体形态中美的认同和敏感。"② 简而言之，音乐教育旨在通过影响、启迪与陶冶人心，为人的自由、全面及和谐发展奠定坚实基础。从这一视角审视，音乐教育的核心本质深深植根于人文之中，唯有深深扎根并依托于人文，同时服务于人文需求的音乐教育，方能称之为最纯粹的教育形态。爱因斯坦曾深刻指出："仅传授专业知识与技术，虽能造就工具般的效用，却难以铸就和谐的人格。教育的真谛，更在于赋予人理解事物本质、领悟人生价值的能力与情感。"③ 音乐教育理应高扬"人文"的核心旗帜，在强化学生专业技能传授与习得之余，深切关注学生如何以人文情怀审视人、事及周遭世界，并培养其积极向上的情感态度与价值判断。换言之，音乐教育亟须回归其人文教育的本质，强化并凸显人文素质培养的重要性，此举具有不可估量的深远价值与重大意义。在音乐艺术领域内，虽常有声

---

① 杨燕迪．为音乐学辩护——再论音乐学的人文学科性质［J］．中国音乐学，1995（4）：6-13.

② 吴文漪．音乐教学新视角［M］．北京：人民教育出版社，2007：78.

③ ［美］爱因斯坦．爱因斯坦晚年文集［M］．方在庆，韩文博，何维国译．北京：北京大学出版社，2008：6.

音认为精湛的技艺（如歌唱、舞蹈）足以通行无阻，但实则，仅有技艺而无深厚的人文底蕴，难以成就真正的艺术大家。

## 三、大学音乐教育人文素质培养的必要性及重要性

### （一）大学音乐教育人文素质培养的必要性

#### 1. 良好的人文素质是当代音乐教育学生的必备

随着我国社会的迅猛进步，为契合其多元化发展需求，大学音乐教育领域内的教师需引导学生不仅精进专业技艺，更需全面发展综合素养，力求造就复合型人才，即实现“专而广”的能力结构，正如古语所云“术业有专攻，而博学多才亦不可少”。我国高等教育体系致力于培育既具备深厚专业知识又拥有高素质能力的现代化建设者，以支撑国家社会建设的宏伟蓝图。鉴于此，未来的教育教学实践中，高校应双管齐下，既重视学生的专业知识积淀，又需不遗余力地促进其综合能力的全面提升。在此框架下，人文素质作为综合能力的重要组成部分，其培养显得尤为重要。因此，对于音乐教育专业的学生而言，强化人文素质修养，不仅是个人成长的内在需求，更是其未来更好地服务于社会、贡献于时代的必备条件。唯有如此，方能确保学生在日新月异的社会变迁中，以良好的人文底蕴为基石，展现出更加卓越的适应力与创造力。

#### 2. 培养人文素质是推动大学音乐教育改革的内在要求

在高等教育的演进历程中，教育机制的持续革新正致力于为我国输送更为专业、更加适配社会需求的高素质人才。为顺应社会发展之潮，高校内各专业与学科纷纷迈向精细化、专业化的道路。随着学科标准的持续提升与教育体系的深刻变革，一系列新兴学科如雨后春笋般涌现，促进了多学科间的互动交流与融合共生趋势的显著增强。尤为引人注目的是，我国自然科学、人文科学及社会科学领域内的专业间衔接愈发紧密，展现出强烈的跨学科联动效应。此现象昭示着，在高校教育体系中，文理交融、学科交叉的教育模式正逐步成为塑造学生未来学习路径的鲜明趋势。在此背景之下，高校的综合性发展愿景对学科建设提出了更为清晰且严苛的标准。具体到音乐教育领域，传统单一的教学模式亟待转型，以适应新时代的需求。音乐教育应着眼于培育学生的人文底蕴与音乐才能的双重融合，促使学生在深刻理解人文价值与个人品德的基础上，更加深入地研习音乐艺术，进而使音乐创作与表演能够紧密贴合社会发展的脉动，实现个人价值与社会贡献的和谐统一。

#### 3. 加强音乐教育专业大学生人文素质是以人为本、全面发展的要求

当前，大学音乐教育的课程设置受限于既定教育体制，其内容单一且有限，难以充分迎合音乐学子的个性化成长与创造性教育的需求，亦未能有效对接社会对音乐人才的多元化期待。鉴于此，高校亟须革新音乐教育模式，秉持“人本教育”的核心理念，深化人文素质教育的内容与形式，旨在营造一个富含文化底蕴与创意灵感的学习环境。在此环境下，学生不仅能够获得专业知识与技能的扎实训练，更能在创新能力、探索精神等多个维

度实现全面而均衡的发展，从而为他们的专业成长与社会适应奠定坚实的基础。

### （二）大学音乐教育人文素质培养重要性

#### 1. 有利于将音乐教育质量提升上来

在大学音乐教育领域，深化教育人才与表演才俊的培育工作显得尤为重要。对学生而言，掌握精湛的音乐技艺与卓越的舞台表现力是不可或缺的。然而，当前众多音乐学子在舞台呈现上尚显生涩，情感传达亦显不足，难以全面展现音乐的深邃魅力。此现状部分归因于大学音乐教学内容的创新性匮乏，难以有效激发学生的音乐潜能。因此，强化人文素质教育成为破解此困境的关键路径，旨在促进学生人格的完善与精神层面的升华，确保学生能够深刻理解并驾驭音乐的精髓。具体而言，首要任务在于引导学生树立正确的音乐观念，激发其学习热情与投入度。进一步地，通过人文素质的浸润，不仅可增进学生对音乐作品的深刻洞察，还能提升其艺术感知力与鉴赏力，使音乐学习成为一场心灵与情感的深度对话。

#### 2. 有利于提高学生分辨和接收音乐的水平

在大学音乐教育领域内，民族音乐的传承与古典美声的弘扬占据举足轻重的地位，而当前音乐欣赏课程的缺失现状亟待改善。众多学子往往倾向于沉浸于流行音乐的浪潮中，对其进行剖析时，不难发现其内容的多元性，既有正面激励，也含负面元素，对学生的身心成长产生着微妙而复杂的影响。若学生缺乏足够的音乐辨识力，则可能面临诸多潜在的不良后果。为此，强化人文素质教育体系的构建与实施，成为提升学生音乐素养、增强其音乐辨别能力的坚实后盾。这一举措旨在为学生筑起一道坚固的防线，确保他们在音乐探索的旅途中，能够明辨是非，健康成长。

#### 3. 有利于实现学生全面发展目标

大学音乐教育的核心目标，在于全方位促进学生人文底蕴与心理素质等综合素养的飞跃。融入人文素质教育，为学生全面发展铺设了坚实的基石，其助力之巨，不容忽视。在规划大学音乐教育蓝图时，清晰界定专业教育与人文素质教育之间的互融共生关系至关重要。人文素质的培育，能够深刻启迪学生对音乐精髓与文化底蕴的领悟，确保他们音乐鉴赏力的稳步提升，进而在诠释音乐作品时，展现出更为深邃与细腻的艺术洞见。因此，我们必须并行不悖地推进专业教育与人文素质教育的双重培养策略，将两者紧密交织，共同编织出促进学生全面发展的教育经纬。

## 四、大学音乐教育融合大学生人文素质教育的现实状况

### （一）人文观念浅薄，忽略音乐教育多重价值

大学音乐教育体系中，一个显著问题是教师往往在教育实践中忽略了对学生人文素质的培育。在教学实践的常规路径中，无论是学生还是教师，均过分聚焦于音乐专业知识的传授与习得，误以为只要专业知识根基稳固，即能满足教育目标，完成既定教学任务。在

这种观念导向下，音乐课程的整体价值往往被边缘化，课堂时间与资源未能得到充分、有效的利用。深入分析此现象，其根源可追溯到大学音乐教育理念的局限性，尤其是音乐教师在教学实践中过分依赖传统模式，未能深入挖掘音乐蕴含的丰富人文内涵。他们往往将个人职业发展与音乐专业知识的学习割裂开来，视音乐专业学习为单纯的技术磨炼，而忽视了人文素质作为个人成长与生命价值重要组成部分的角色。由此观之，音乐教育过程中对其内在价值的漠视，不仅阻碍了音乐课程的深度开展，也限制了学生在人文观念构建上的成长步伐。因此，我们亟须反思并调整教学策略，确保音乐教育能够全面覆盖知识与技能、人文与情感等多个维度，促进学生综合素质的均衡发展。

### （二）音乐课程设计单一，无法提供多方面发展

当前音乐课程教育体系内，课程设计趋于同质化，难以为学生提供多元化的成长路径。音乐，作为一门蕴含深厚底蕴的艺术学科，其独特的艺术魅力与人文价值，本应是学习探索的核心所在。遗憾的是，在大学音乐教学的实际运作中，课程内容往往局限于单一维度，未能充分展现音乐艺术的多元面貌与文化深度，导致学生难以全面领略其内在的艺术与文化价值。在此种教学模式下，学生往往仅聚焦于音乐技巧的机械训练，而忽视了音乐作为文化载体所承载的丰富人文内涵。音乐课程内容的编排与实践活动的组织，未能有效融合音乐的艺术性与人文性，从而限制了学生通过音乐学习提升个人人文素质的可能性。综上所述，当前音乐课程的架构在促进学生综合素质提升方面显得力不从心，亟须通过改革与创新，丰富课程内容，强化人文教育，以更好地实现音乐教育的全面育人目标。

### （三）学生基础较差，教师缺乏人文教育意识

音乐学子相较于其他专业学生，普遍面临文化底蕴相对薄弱的问题，此现象根源可溯于两点：一是在大学入学门槛设定上，音乐专业学生所需完成的文化课程学分标准较为宽松，导致他们在知识基础构建上与其他专业学生形成显著差异；二是音乐学习本身的特殊性要求学生分配大量精力于专业技能训练，进而在文化学习上投入的时间与精力有所不足，这种时间分配的失衡往往表现出音乐专业学生语言表达欠清晰、人文素质积淀不足的现象。进一步审视音乐教学现状，音乐专业教师群体中亦存在教育意识有待提升之处，具体表现为未能有效融合人文素质教育与音乐教育，缺乏采用创新教学方法以促进学生人文素质提升的策略。鉴于此，强化音乐专业学生的人文素质教育，不仅是对其个人全面发展的迫切需求，也是音乐教育领域亟待重视与推进的核心议题之一。

### （四）大学生音乐选择泛娱乐化

在大学生自主参与的音乐美育实践中，尽管他们能接触到多样化的音乐形式与题材，然而当前社会流行的音乐倾向往往侧重于传播效应与知名度的追逐，这类音乐因过度追求新奇而异化为缺乏深度与高尚品质的表达，既未展现良好的审美标准，也匮乏创新与理性的内核。部分学生受限于鉴别与鉴赏能力的不足，在大众娱乐文化的浪潮中，倾向于选择泛娱乐化的音乐作品作为消费对象。此现象不仅制约了学生审美鉴赏力与思维深度的成长，还可能对智育与德育构成负面冲击，阻碍了人文素质的全面提升。

## 五、大学音乐教育融合大学生人文素质教育的有效路径

### （一）树立人文教育观念

当前大学音乐教育领域面临的核心挑战，根源在于长期受传统教育观念的桎梏，致使其思想视野受限，进而阻碍了教育改革的步伐。此类陈旧观念的存续，对大学音乐教育而言，无异于发展的绊脚石，不仅易引发发展方向的偏离，还伴随着教育资源的无谓消耗，最终削弱整体教育质量。为彻底扭转此局面，亟须摒弃错误教育观念的束缚，将人文教育与大学音乐教育深度融合。在此过程中，教师应将创新置于教育变革的核心位置，主动拥抱新时代的教育思潮，强化时代敏感度，以此为音乐教育注入源源不断的活力与创新动力，引领其焕发新生。

### （二）优化课程设置

在大学音乐教育体系之中，应基于课堂教学模式之特性，对课程体系进行科学规划与优化，并对课程内容进行整合提炼，以确保教学活动具备明确导向性，从而深化学生对音乐专业知识的掌握。值得注意的是，大学音乐教育之目标，非仅限于专业知识的传授，更应兼顾学生人文素质的全面提升，此乃一个多维度、深层次的教育过程。鉴于此，教师在教学实践中需充分发挥个人教学风格之优势，紧密贴合实际教学环境，灵活运用多样化的教学手段，以实现课堂内容的合理配置与高效传导，进而有效促进学生的全面发展。具体而言，首要任务在于优化音乐教育的课程架构，高校在设置音乐课程时，应适度提升人文元素的比重，力求在专业技能传授的同时，融入丰富的人文知识，实现两者有机融合，使学生在掌握专业技能的同时，亦能汲取到广泛的人文营养，从而提升其综合素养。此外，在教学过程中，教师应深入挖掘教学内容中蕴含的人文价值，以此为契机，引导学生深入思考，激发其人文关怀与审美感知，进一步丰富其精神世界与人文情怀。

### （三）优化课堂教学模式

在大学音乐教育的传统框架内，单一且灌输式的教育手段广泛存在，然其在知识技能传授过程中，常陷入机械复述的窠臼，显著削弱了学生的参与热情与投入度。学生音乐学习动机的匮乏，成为其人文素质深化拓展的瓶颈。鉴于此，基于全面素质教育的新视野，大学音乐教学亟须探索并实践教学模式的革新路径，着重强化启发式教学策略的融入与应用。例如，课程伊始，教师可精心挑选古典乐章与现代轻音乐选段进行播放，使学生在悠扬旋律的引领下沉浸其中，自然激发高度的课堂关注度与探索欲，促进学习主动性与自发性的显著提升。随后，教师应充分发挥其引导者的角色功能，不仅传授乐曲的演绎技巧与艺术手法，还通过设计启发性问题，引导学生深思音乐作品中蕴含的深刻情感与人文价值，采用由浅入深、层层递进的教学策略，逐步构建并增强学生的人文素质基石。

### （四）强化师资团队建设

在教育实践的纵深推进中，强化师资队伍的构筑是推动学生个性化成长的关键要素。

教学的精髓，归根结底，在于人的核心地位，其构成了教育活动的灵魂与基石。特别地，在高等教育音乐领域内，培育学生的人文底蕴既是教学的挑战亦是核心目标，直接指向音乐教育教学的宗旨与愿景。据此，构建高效能教师团队时，既需确保教师拥有坚实的专业素养，又应倡导其肩负人文教育的使命，通过言传身教，树立典范，激励学生全方位发展。当前，大学音乐教育领域正经历着范式转换，教学重心悄然偏移，连带教学方法与体系架构均面临重构。为适应这一教育变革的新常态，教师个人亦须蜕变，不断更新自身的专业知识体系与技能储备，力求塑造一个集深厚专业知识、卓越音乐文化素养及独特个人魅力于一身的新时代教师形象，以更好地引领学生，共赴全面发展之旅。

### （五）改革教学方法手段

伴随人文素质教育体系的深入实施，教师日益将人文素质教育理念视为核心引领，主动调适音乐教育焦点，强化音乐艺术的审美深度与文化底蕴，推行人文与音乐教育深度融合的综合性教学策略，有力推动了音乐教育的革新步伐。为优化学生音乐素养的培育成效，教师在精心布局音乐课程体系之余，更需不断探索音乐教育方法与手段的创新路径，借助多元化渠道与形式，确保音乐教育素质化转型的实效性。首先，在于革新教学方法，以激发学生的主观能动性。音乐教育以其独特的趣味性、开放性和感染力，成为激发学生创新思维与创造力的沃土。教师应摒弃传统的单向灌输模式，积极引入当代新颖的艺术资源，营造生动活泼的教学环境，将技能传授转化为互动式探究、游戏化实践及信息化教学模式，从而充分激发学生的参与热情与主体创造力。在此过程中，教师应积极构建人文学习氛围，拉近学生与音乐艺术的距离，通过音乐鉴赏、评析、演绎、创作等多元活动，促进学生的全面发展。其次，需丰富并优化教学手段。在音乐教育的实践中，教师应积极拥抱现代教育技术，将科技与艺术成果深度融合，充分利用多媒体、新媒体及互联网平台，构建出一个全面、立体的音乐人文教育生态系统。这一举措不仅丰富了教学手段，还拓宽了教学边界，为学生提供了更为广阔的学习空间与资源，进一步促进了音乐教育的深度与广度。

### （六）强化人文素质校园文化建设

在音乐教育领域内，为切实提升学生的人文素质，首要之务是深化对文化建设的认识与重视。在教学过程中，教师应秉持精准施策原则，深入挖掘并展现校园文化的独特魅力，强化音乐教育的重要地位，致力于构建具有鲜明特色的校园文化体系，从而全面提升学生的思想境界与综合素养。在人才培育的蓝图上，需将音乐教育与校园文化建设紧密交织，充分利用校园网络、人文社团等平台，积极传播音乐文化的精髓，营造浓郁的人文教育氛围，确保学生能够深刻领悟音乐知识的精髓，进而促进其人文素质的飞跃。同时，教师应精心策划并实施多样化的音乐教育活动，实现课堂教学与社会实践的有机融合，加深学生对音乐教育内涵的理解，全方位强化其综合素质，为学生的全面发展奠定坚实基础。此举不仅彰显了校园文化在学生成长中的独特价值，更为科学化地培育学生人文素质开辟了有效途径，为人才培养工作注入了新的活力与动力。

### （七）通过音乐创作创造与体验生活

音乐，以其动人的音阶与悠扬的旋律，蕴含着触动心灵的力量，激情四溢的演绎能够深刻唤起听众的情感共鸣。因此，在培育学生创造力之路上，强调个性展现尤为重要，唯有独特个性方能吸引众人的目光。为在大学音乐教育领域深化人文素质，教师可于课堂融入音乐史话、名人逸事等元素，以此触动学生心弦，拓宽思维边界，引导学生于学习中深究音乐之真谛，追溯作品灵感之源。鼓励学生将视角延伸至日常生活，多思多察，从自然万物中捕捉那些原始而质朴的音符，体会音乐与自然的和谐共生。为了让学生更深刻地领悟音乐的艺术韵味，教师在授课前应广泛搜集教学资源，涵盖古今中外的音乐资讯，并将这些丰富的音乐文化底蕴巧妙地融入课堂，使学生能够在音乐的海洋中遨游，领略其中蕴含的文化故事与情感内涵。

为积极响应新时代对音乐教育改革创新的迫切需求，为社会锻造出综合素质全面的音乐精英，高校需勇担教育使命，于音乐教学实践中深耕细作，着力培养学生深厚的人文底蕴。音乐，作为一门富含艺术魅力的学科，其教育过程浸透了浓郁的人文气息，是实施人文教育不可多得的宝贵资源，对于促进学生德、智、美等综合素养的均衡发展具有深远意义。随着高等教育扩招浪潮的持续推进，音乐教育的版图不断扩展，然而，在此过程中，过度偏重专业技能而忽视人文素质的倾向逐渐显现，成为制约学生全面成长的一大障碍。鉴于此，大学音乐教育领域亟须深化自我审视，于改革浪潮中精准把脉，洞悉制约学生人文素质提升的症结所在，进而制订出一系列科学、高效的对策方案，充分释放音乐教育在塑造学生品格、启迪智慧方面的独特价值，为社会输送更多既精通音乐技艺又兼备深厚人文素质的复合型人才。

## 第三节　大学美术教育融合大学生人文素质教育

随着社会的持续进步与教育质量的稳步提升，高校作为培育现代精英的摇篮，愈发聚焦于学生的全方位成长与素质教育深化。美术，作为素质教育体系内的一颗璀璨明珠，其地位在教育改革浪潮中日益凸显，伴随而来的是更为多元与严格的要求。美术教育不仅致力于让学生掌握扎实的美术专业知识与精湛技能，还强调融入以情感陶冶为核心的人文素质教育，这一转变既为美术教学领域带来了前所未有的挑战，也指明了提升教学质量、丰富教学内涵的关键路径。

### 一、大学美术教育的概念与价值意蕴

#### （一）大学美术教育的概念

高等教育中的美术教育，系指在高等学府内，依托系统化的课程体系与教学活动，旨在全方位增强学生的美术涵养、审美鉴赏力与创作才能，进而提升其综合素养与艺术品位。此教育历程不仅涵盖了传统视觉艺术范畴如绘画、雕塑与设计，还积极吸纳现代艺

术、数字媒体艺术等前沿领域，展现了教育内容的广泛性与时代性。大学美术教育的愿景，在于构筑学生坚实的专业基石，同时赋予其独立思辨与创新实践的能力，确保他们能在艺术创作、教育探索及科学研究等多重领域内，成为引领未来的关键力量。通过课程内容的丰富化与教学手段的多元化，美术教育致力于点燃学生的创造火花与想象羽翼，培育其对艺术的深切热爱与对美的不懈追求，最终为社会输送既具备深厚文化素养又精通艺术技能的复合型人才。

### （二）大学美术教育的价值意蕴

#### 1. 强化学生的审美感知

审美认知力指的是个体凭借审美感官（核心为人之听觉与视觉机制）对审美客体（美学范畴内的各类事物）所展现出的敏锐觉察与理解能力。此能力构成了个体在日常生活中捕捉各类美好元素的基石，要求个体具备基础的感觉敏锐度与深入洞察力。尤为重要的是，在审美体验中，对于新颖元素的渴求尤为迫切，这种新鲜感往往是激发情感涟漪，进而触动审美机制的先决条件。在大学美术教育的框架下，一个核心目标是启迪并巩固大学生的审美认知力，使他们能够敏锐且直观地洞察周遭环境的多重面向，从而在宏观与微观层面上实现对外部世界的全面、客观及精准把握。这一过程不仅丰富了学生对美的体验，也促进了其认知能力的深化与扩展。

#### 2. 涵养学生的审美能力

美术教育以其独特的方式，深刻激活并拓展了学生的思维疆界，促使学生深入剖析与缜密思考。其核心要旨在于全方位锤炼学生的审美鉴赏力，此过程对于提升学生整体的审美价值认知与审美能力具有不可或缺的作用。在教育实践中，教师应积极引导大学生在美术领域的创造力与想象力维度上实现飞跃，这不仅是对传统教育模式的超越，也是对学生潜能的深度挖掘。具体而言，教师应鼓励学生成为生活中美的探寻者，引导他们以敏锐的目光捕捉自然界的壮丽与细腻，从而在欣赏自然之美的过程中，逐步构建起积极健康的审美价值取向。此外，通过精心设计的教学活动与引导策略，教师能够有效地激发学生的想象力与创造力，使之如泉涌般涌现，为学生的艺术之旅铺设坚实的基石。

#### 3. 培养学生的审美个性

审美独特性，作为个体在实践活动中所展现出的相对稳定、独特且深刻的行为倾向与精神风貌之总和，在审美心理学领域占据着“审美特质”的称谓。个体唯有累积了足够的审美素养与实践经验，方能在美的创造与鉴赏过程中彰显其独一无二的个性风采，此即所谓的审美独特性。美术教育的精髓在于创新，它赋予艺术作品蓬勃的生命力与鲜活的创造力，促使这些作品因其中蕴含的鲜明审美特质而引人入胜，进而激发观者与创作者之间深刻的情感交流与共鸣。

#### 4. 促进学生的全面发展

学生的全面发展理念涵盖了“全面成长”“自主进步”与“和谐并进”三大维度。美育，作为促进个体健康成长不可或缺的一环，其重要性在五育融合的理念中得到了深刻体现，该理念致力于强化美育与德智体劳各育之间的深度融合与相互促进，通过将美育深度融入其他教育领域，构建起全方位、融合性的育人模式。在美育的广阔天地间，美术教育占据着举足轻重的地位。大学美术教育，作为美育的重要组成部分，不仅肩负着传授美术技艺、深化美术知识、丰盈学生精神世界的重任，更致力于搭建美育与德育的桥梁，引导学生树立正确的世界观、人生观、价值观以及深刻的历史、文化、民族与国家认知，从而促进其历史思维、形象思维与抽象思维的均衡发展。这一过程，不仅是知识的传递与技能的磨砺，更是情感的滋养、气质的塑造与人格的完善，让学生在发现生活多元美好的同时，以更加坚韧不拔的姿态，拥抱每一个充满希望的明天。

## 二、美术教育与人文素质的重要关系

### （一）深刻理解人文素质的内涵

人文，从普通意义上来讲，它是指人类社会的各种文化现象。文化作为一个人群，或一个民族，或全人类共同拥有的一种符号，价值观及其规范，是人类文明有别于野蛮时代的根本特征，也是现代文明的一个重要标志。人文是和自然现象与规律相互对立的另一种事物，人文的核心是人文素质。人文素质主要体现在人们的观念、价值、思维、人格尊严审美情趣和信仰等方面。人文素质非常关注人存在的意义和价值，强调人与人的平等，关注人的尊严和道德，强调人的价值观念和文化传统，强调人与自然的和谐相处共荣共生：人文素质追求真善美，表现为向往自由的一种情怀。目前我们所谈论的人文，或人文思想，或人文精神，是指我们优秀的、科学的、先进的、健康的人类文化中的部分。而人文素质的核心也是指先进的价值观、先进的道德和习惯规范、先进的法律制度。对于高校学生来说，人文素质首先表现在要养成良好的习惯规范。

### （二）人文素质与美术教育的关系

美术教育，作为美育培育与传承的关键路径，其本质在于构建学生美术专业知识体系与专业技能的同步发展框架。在此过程中，教师借助美术教学，不仅使学生掌握扎实的美术技艺，更促进其艺术修养的显著提升。学生则运用所学的美术理论与技法，积极探索美的真谛，深化对美的理解，并通过多样化的实践手段，将个人审美理念融入美的创造与表达之中。尤为值得一提的是，美术教育在精进学生美术技能的同时，亦发挥着培育鉴赏力、理解力、想象力与创造力等综合素养的催化剂作用，其深远影响超越了技能本身，触及学生人格的全面发展与塑造。此外，美术教育对于人文素质的培育同样具有不可估量的价值，它引领学生领略生活之美，陶冶情操，提升个人品位，进而激发其探索未知、勇于创新的内在动力。因此，美术教育与人文素质之间存在着一种相辅相成、密不可分的内在联系。两者相互促进，共同推动学生综合素质的全面提升，为学生成长为具有深厚文化底蕴与创新精神的复合型人才奠定坚实基础。

## 三、大学美术教育中培养学生人文素质的价值

在高等教育体系中，美术教育对于涵养学生人文素质的贡献至关重要。首先，美术教育超越了单纯技艺与知识的传授范畴，它深耕于审美情感的培育与人文精神的熏陶之中。借由美术史的追溯与经典作品的鉴赏之旅，学子们得以跨越时空界限，深潜至不同文化与历史的艺术深海，从而拓宽其认知的疆域，强化文化身份认同与历史的责任担当。这一过程不仅丰富了艺术领域的知识积累，在无形中架起一座桥梁，助力学生在跨学科探索中，更加敏锐地洞察跨文化现象的内在逻辑，促进其全球视野的拓展与多元文化理解力的飞跃。

其次，美术教育具有激活学生创造力与想象力的显著效能。在创作实践中，学生需调动广泛的想象力以构想作品，这一过程不仅锤炼了其在艺术领域的创新能力，促使其在其他学科探索及未来职业生涯中展现出灵活的思维模式，勇于提出别具一格的问题解决方案。同时，美术教育也是培养学生敏锐观察力与精细处理能力的重要途径，这些能力构成了跨领域发展的坚实基石。在科学探索的殿堂中，敏锐的观察力使学生能够精准捕捉实验数据的微妙变化；而在商业实践的广阔舞台上，精细的处理能力则成为他们高效管理项目、深化客户关系的关键武器。

再次，融入美术活动的广泛参与，学生们不仅习得欣赏与尊重艺术多元形态的能力，还深刻洞悉并理解多样文化根基。此历程显著增进其包容心态与跨文化认知力，成为人文素质提升的关键，在构建和谐社会的图景中扮演着不可或缺的角色，它犹如桥梁，促进了文化间的对话与共识，深化了社会的融洽与和谐。在今日多元化时代浪潮下，此项能力更显其宝贵价值，它不仅为学子们在未来社会洪流中的适应与立足提供了坚实的支撑，还使他们在人际交往中游刃有余，展现出卓越的文化适应性。借此之力，学生们将能够在职业生涯及日常生活中，高效协作于多元文化背景的团队之中，实现无障碍的沟通与合作。这不仅加速了个人成长的步伐，也为整个社会的协同发展与和谐共生贡献了重要力量。

最后，美术教育远非仅限于绘画技艺与艺术知识的灌输，其核心价值在于促进学生自信构建与自我表达能力的多维发展。亲历创作实践并展示个人艺术佳作，学生得以体验成就之喜悦与自我价值实现的深刻感受，此等经历对其心理健康塑造与人格完善具有不可替代的重要性。艺术创作，作为个性彰显与情感抒发的双重载体，赋予学生有效调控情绪、缓释压力的能力，使之在生活的风雨兼程中，保持更为镇定的心态与坚定的自信。美术教育构建起一座自由驰骋与探索的殿堂，引领学生在艺术的浩瀚星空中寻觅个人坐标，进而加固其自信基石，深化自我表达的艺术境界。

## 四、人文素质教育下大学美术教育的美育价值

人文精神与社会文明面貌的深度交融，集中展现在人文素质之中，其传承与演进紧密关联于社会的正向变迁、国家的繁荣昌盛及人类文明的整体进步，构成了社会文明秩序不

可或缺的基石。美术学科，以其固有的“人文性”光辉，契合了全面塑造个体综合素养的时代诉求，这一特性与文化育人的核心理念不谋而合，共同推动着教育实践的深化与发展。

### （一）推动传统优秀文化的继承和发展

针对中华文明五千年沉淀的丰富遗产，文化教育肩负的关键使命在于：“重建传统记忆的纽带，搭建现代人与古老智慧之间的沟通桥梁。为达成此目标，我们需深入探索传统之根，回溯至孕育传统的文明与文化典籍的怀抱，通过研读这些典籍，再度体验并深刻理解传统的精髓，进而实施合理的现代诠释与转化，萃取其中蕴含的力量，以助我们跨越当前面临的挑战与困境。”① 艺术与文化史的紧密联系不言而喻，美术作品内隐的历史印记，蕴含着独特的审美偏好、思想体系及制度风貌，深刻揭示了艺术在文化脉络中的核心意义。艺术在民族文化的演进历程中，逐步构建了全面而深刻的价值体系，成为文化传承中不可或缺的力量。在阐述与构建艺术价值观之时，应精准把握中国美术的形态特征与人文底蕴，深入剖析其内在合理要素，致力于将中国美术承载的历史智慧与核心价值，转化为跨越时代的普适价值观，从而在当代社会文化实践中发挥其独特且深远的影响。

当代美术经典，作为璀璨的文化遗产，持续展现其典范价值，生命力盎然不息。中国美术别具一格，其精神内核所蕴含的诸多价值观念，与当代思潮交相辉映。美育，作为培育人文素质的关键路径，对于促进学生的全面发展具有深远影响。在人文素质教育的大潮中，美术教育应肩负起弘扬中国美术价值导向的使命，引领青少年追溯中华文明的滥觞，探秘美术历史的深邃脉络，领略时代更迭的斑斓画卷，汲取古人智慧的甘霖，进而深刻理解中国美术的文化精髓。此外，美术教育不仅是人文精神的沃土，也是增强民族自豪感的催化剂，它促进学生对中国美术及民族文化的深切认同，并促使这种认同与现代生活紧密相连，激发学生树立为中华民族伟大复兴不懈奋斗的崇高理想。当下，美术教育应深深扎根于传统土壤，积极推动中华优秀文化的传承、互鉴与创新发展，让古老的艺术之树在当代绽放出更加绚烂的花朵。

### （二）加强民族审美文化的认知

历朝书迹、丹青及其画论著述，汇聚了创作者之技艺精粹、思想深邃、才情横溢与品格高洁；而建筑、雕塑、工艺等美术分支之历史脉络，则鲜明彰显了科学理性与工匠精神之光辉。对建筑艺术中空间理念的诠释与墓葬艺术对生死哲学的探讨，深刻映射了复杂的社会关联与结构框架。美术作品，作为美与理念的融合体，不仅承载着艺术语言的审美鉴赏，还深层次地触及精神世界的探索与创造力的彰显。通过多元美术门类的透镜，我们能够洞悉传统观念形成演进的轨迹，同时捕捉那些超然物外的体验、自然与社会的细腻感悟、情感的抒发，乃至对生命价值的深刻思考。

美蕴含超越物质追求的深远价值，艺术品之美、图像象征意蕴及其所负载的历史底

① 李雪苹．重新审视我国高校人文传统教育［J］．现代大学教育，2012（3）：69.

蕴，能够有效启迪学生的洞察之眼、激发想象之翼，并促进其表现力与创造力的茁壮成长，进而提升审美素养，深化对中国美术所展现文化多元性的尊重与理解。普及中国美术知识，实则是从审美鉴赏、情操陶冶、创新能力、技能锤炼及综合素质等多维度，全面塑造年青一代的成长路径，旨在激发他们对高品质精神生活的向往，深化对美感体验与生命真谛的洞察与感悟。

### （三）促进青少年思想道德境界的提升

中华文化的精髓聚焦于道德教育，德行作为其核心与基石，深深植根于中华民族的生活习俗与艺术表达之中。推崇“德行”的培育，弘扬传统道德精髓，可在中国美术独特价值导向与道德框架的指引下得以实现，同时遵循其内在的艺术规律。中国美术教育，作为德育思想的载体与传承者，蕴含了丰富的伦理与德行教育内容。美术，不仅为观者带来审美享受与感官愉悦，还以追求至善为终极目标，发挥着道德教化与导向的功能，使人在真善美的熏陶下，实现精神与心灵的净化与升华。

美术的历程亦交织着文物典藏的历史脉络，细致梳理中国古代美术作品的流传轨迹，不难发现，传世杰作与经典之作，无不饱含着深沉的家国情感。这份家国情怀，既是情感的深切呼唤，也是生命自觉的体现与文化的绵延，它构成了中华优秀传统文化最为厚重的精神根基，是中国美术应当竭力弘扬与传承的精神内核。在中国美术的语境中，个人品德修养、民族精神风貌及爱国情感的抒发，均与传统文化紧密交织，其在美术教育中的深度融合，彰显出鲜明的时代价值与意义。而今，“家国情怀”更成为凝聚民族力量、共筑美好家园的重要基石，对推动社会文明建设具有不可估量的正面效应。

## 五、大学美术教育中人文素质教育缺失的危害

艺术，作为人类智慧之精华，是璀璨文明不可或缺之展现。美术教育的宗旨，非仅限于美术专业知识的传授，更在于融合人文教育，旨在提升学生的审美鉴赏力与艺术情怀，赋予其洞见“美”之慧眼。然而，长期以来，我国美术教育未获应有之重视，即便部分学校设有相关课程，其内容亦常显单一乏味。当前大学生群体，往往追逐潮流与创新，单一偏重美术技巧传授的课程模式，无疑抑制了学生的学习热情，更导致美术教育陷入“技高而学浅”的窘境。审视当前美育课程的实施现状，多数学校美术教育聚焦于技法训练，过分强调技巧掌握与应试能力提升，而忽视了美术教育的多维价值。更甚者，将美术教育狭隘地视为高考加分工具，此类偏见根深蒂固，严重制约了对学生创造力、审美感知与想象能力的培育，偏离了素质教育的初衷。单纯追求美术技法的训练模式，其潜在弊端不容忽视：一方面，它可能削弱学生对艺术的深刻感悟与个性化表达，限制其创造力的自由发挥；另一方面，长此以往，或将导致学生审美视野的狭隘化，影响其全面发展与综合素质的提升。因此，重构美术教育体系，平衡技法训练与人文素质的培育，对于促进学生全面发展、实现素质教育目标至关重要。

## 六、大学美术教育融合大学生人文素质教育建议

众所周知，美术作为德智体美劳综合素养体系中的关键一环，其地位非孤立存在，而是深刻嵌入人们的日常生活之中，洋溢着丰富的人文意蕴。对于塑造学生个性、促进身心健康的全面发展而言，美术具有举足轻重的价值。以下将从多维度出发，深入剖析美术教育中如何有效提升人文素质的议题。

### （一）落实人文素质教育的教学理念

在现今教育版图中，我们亟须摒弃过往偏颇且误导性的视角，即单纯将美术教育局限于技巧磨炼与提升之维。相反，我们应深刻领悟，美术教育的精髓在于秉持人本主义理念，致力于学生综合素养的全方位培育。这要求美术教育不仅作为技艺传承的场域，更需成为人文教育深化的沃土，通过融合广泛的人文元素，不仅传授美术技能，更致力于促进学生人文底蕴与综合素养的持续提升。

美术教师们亟须深刻体认，将人文素质融入美术教育的关键意义所在。美术教育，远非单纯的技艺传授过程，实为文化传承与精神滋养的双重使命担当。教师应洞悉美术教育深层的文化意蕴，意识到其在学生心性与体魄塑造中无可替代的核心价值。在美术教育实践中，我们不仅应聚焦于学生技艺的精进，还需深切关怀其内在世界，以更多的人文温情，滋养其心灵的成长。

在教学实践中，教师们宜采取多元化策略，诸如赏析经典艺术佳作、探讨艺术背后丰富的历史脉络与文化底蕴，以涵养学生情感，塑造其高雅的审美趣味。我们需引领学生于学习与日常中，习得欣赏美之慧眼、发掘美之潜能、创造美之能力，进而在艺术的潜移默化下，构筑更为宏远且崇高的人生愿景与理想追求。此教育路径，不仅能使学生精通美术技艺，还能在精神境界上实现飞跃，成长为兼具深厚人文素质与高尚道德情操的个体。

### （二）挖掘优秀美术作品的人文素质

为深化美术教育对学生人文素质的培育，教师应当精心遴选并展示多样化的美术作品，深入剖析其蕴含的文化精髓与深厚底蕴，引导学生跨越视角界限，全方位感受艺术作品的独特魅力。同时，教师应积极融合现代信息技术，特别是利用多媒体教学手段，对美术作品进行巧妙的重组与解构，以直观生动的方式，帮助学生深刻领会作品的艺术风貌与风格特征，进而有效促进美术技能的提升。此外，教师应灵活运用对比教学法，选取如徐悲鸿的《八骏图》等经典之作，通过对不同作品间的对比分析，特别是聚焦于国画水墨技法中线条的干湿、浓淡等精妙之处，使学生能够在比较中深刻理解并熟练掌握这些关键技法，从而全面提升其艺术修养与创作能力。

### （三）体会美术作品的思想内涵

在美术教育的广阔疆域中，一个至关重要的维度，即致力于学生人文素质的持续提升，此目标的实现亟须教师精心规划教学内容，深入发掘美术作品内在之“意蕴”，以彰显其承载的丰富文化背景。具体而言，中国山水画所展现的自然与和谐共生的深邃意境，

与古希腊雕塑及绘画中所体现的崇高理念及自然科学探索精神的追寻，均为教师引导学生探寻的艺术瑰宝。通过引领学生挖掘这些作品背后的深层意蕴，不仅能够促进其对美术作品的深刻理解，还能实现个人情感与艺术作品之间的深刻共鸣，从而在精神层面实现升华。

### （四）从历史文化角度挖掘人文素质

自古以来，诸多卓越美术作品以独特视觉叙事，细腻勾勒了不同时代的风貌，涵盖了社会文化变迁、自然风光绮丽、风俗习惯多样、地理特色鲜明及深厚人文情感。这些不朽之作，超越了单纯视觉盛宴的范畴，成为连接经济发展与社会进步的桥梁，肩负起信息传递的历史使命。它们蕴藏了浩瀚的历史脉络与文化精髓，能够精准复原往昔岁月的时代轮廓与文化积淀，展现出无与伦比的历史深度与文化价值。

深入剖析与理解美术作品之际，学生不仅能够增进审美鉴赏之能力，还可激发起对人文知识领域的浓厚探索兴趣。此类艺术作品犹如催化剂，持续激发创造潜能与想象力，拓宽学生视野，并孕育出包容广阔的人文胸襟。最终，这些丰富的学习经历将全面促进学生人文素质的升华，使他们以更加开放与深刻的视角，去理解和珍视人类文明的多元性与繁荣。

### （五）创新教学模式

在大学美术教育体系中，强化学生人文素质的培育构成了一项核心使命，这迫切需要我们不断探索与革新教学模式的边界。美育，作为学生全人发展蓝图中的璀璨篇章，不仅是其成长旅程中的必要元素，还是塑造健全人格的基石。大学美术课程，超越了单一审美感知能力培养的范畴，它成为一扇窗口，引领学生辨识美之真谛，构筑起积极健康的审美观念体系。在教学过程中，教师可巧妙融合技能锤炼与艺术创想，赋予学生创造美的实力，进而激发他们向往并实践更加美好的生活方式。这一过程，不仅是技术层面的精进，还是心灵与精神的双重滋养，引领学生步入一个由自我创造所点亮的美好未来。

为有效增进美术教学中学生人文素质的培养成效，务必依据既定培养目标，精心优化并构思教学模式的蓝图。在此进程中，教师应细致规划每一教学单元，以促进学生人文底蕴与艺术核心素养的并行提升为宗旨，甄选并定制适配的教学模式。结合课程精髓，构建富含启迪性的问题场景，不仅优化教学设计、深化文本阐释、强化课后辅导，还通过增强师生互动与学生自主探究，直击美术鉴赏中的症结，从而精进教学流程与策略，实现教育过程的深度优化与方法论的革新。

综上所述，大学美术教育的课程目标绝非仅限于知识与技能的单向传输，其核心在于以此为媒介，深刻培育学生的审美感悟、人文精神与创新能力，进而塑造出一批具备综合素养的现代社会公民。此过程强调的不仅是知识技能的累积，更是情感智慧的启迪与人格品质的升华。

### （六）合理运用美术鉴赏教学

美术教育的精髓，聚焦于教师对艺术作品及其关联学识的深度剖析与阐释。在固有的教学范式下，教师往往担任引领者的角色，而学生则倾向于扮演知识接受者的身份。此模式中，教师通过精妙的讲解与示范，将美术理论与文学底蕴传授于学生，而学生则循教师之迹，逐步吸纳并内化这些知识。然而，此种教学架构凸显一重大挑战：学生对于艺术作品美学深度的认知或难达透彻与全面，此现状或成为其思想深邃化及审美情趣升华的瓶颈。

为实现学生人文素质培养的有效性，美术教学中务必凸显赏析教学的核心地位。这就要求教师积极营造多样化的环境，赋予学生更多沉浸于美术作品欣赏与剖析的契机，促使学生在亲身体验中深化赏析历程。此举旨在促使学生不仅能在思想层面获得深化，更能激发其对美术鉴赏的实践兴趣，进而达到对艺术作品更全面、更深刻的认知与把握，实现人文素质与审美能力的双重提升。

作为教育领域的专业人士，教师需精通鉴赏引导之道，引领学生步入深度鉴赏的殿堂。他们需掌握驱动学生深入探索美术作品艺术精髓的技艺，激发其对作品艺术性的深入挖掘，细腻品味与精准把握艺术效果的奥妙，并揭示潜藏于作品背后的深远价值。在此过程中，教师应是激发学生主动思考的催化剂，鼓励他们勇于表达个人见解，避免仅满足于浅尝辄止的表面欣赏，从而促进更深层次的理解与感悟。

于美术作品鉴赏之旅，教师应聚焦于学生人文素质的渐进培育，借助隐性的熏陶力量，使学生在艺术沉浸中同步增进其人文品质。此影响不仅深化于对艺术作品的透彻解析，还广泛渗透至学生对生活百态、社会万象及文化底蕴的洞察与态度之中。美术教学不仅是传授美的欣赏与感知之钥，更是激发学生创造力、启迪其美的创造潜能的催化剂。在此过程中，学生心灵得以升华，构建起更为丰饶且深邃的思想体系，实现精神层面的飞跃。

### （七）教师队伍建设

在美术教育的实践领域内，教师担当着无可替代的领航者角色，其示范性举止对学生产生着深远而持久的影响。为确保在施教过程中占据主导并施以积极影响，教师需持续精进个人审美能力与人文底蕴。在塑造学生人文品质的征途上，教师既要有效驾驭课堂节奏，又需巧妙穿插学生兴趣点，使美育与人文教化的涓涓细流渗透至美术教学的每个细微之处。秉持培养学生优良习性为初衷，教师致力于引领学生构建正向的世界观、人生观与价值观体系。唯有如此，方能触及艺术教育的真谛，使学生在美的沐浴下茁壮成长，最终蜕变为兼具深厚人文素质与卓越审美眼光的时代青年。

提升学生人文素质于大学美术教育之中，乃一持久且系统的工程，亟须教师秉持正确理念，掌握科学方法，持之以恒地以润物无声之姿，向学生灌输丰富的人文养分，旨在陶冶性情，塑造审美情趣，促进全面成长，切实响应素质教育之号召。此进程亦对教师提出了更高要求，迫使其持续优化知识结构，拓宽知识边界，深化人文素质，以期在教学过程中与学生心灵共鸣，引领学生深入挖掘美术作品所承载的深厚人文精神。美术教师唯有持续充实人文底蕴，方能有效启迪学生智慧，滋养学生情感，将审美教育的真谛内化于心，外化于行。教师作为榜样，其一言一行皆应成为传递人文精神之载体，身体力行地引导学生，以实际行动提升美术教育的品质，为社会主义现代化建设培育更多具备综合素质的复合型人才。在这一过程中，教师的个人成长与教育的深远影响相得益彰，共同推动着美术教育向更高水平迈进。

# 第六章　大学生人文素质教育路径建议

## 第一节　大学生人文素质教育的途径探索

当前，大学生人文素质匮乏的弊端日益凸显，不仅桎梏了其全面成长，也难以满足社会对复合型、高技能人才的殷切期望，对高等教育的整体进步构成了显著障碍。鉴于此，积极探索并实践一条高效路径，以革新高校人文素质教育现状，促进大学生实现全面而均衡的发展，显得尤为迫切。高校需从根本上摒弃对人文素质教育的忽视，敏锐洞察社会需求变迁对人才规格的新要求，深刻自省在人才培养体系上的短板与不足，以此为基础，开启人文素质教育改革的新篇章。

### 一、加强人文课程体系建设

在深化高校人文素质教育进程中，课程体系的构筑构成了不可或缺的基础支柱。作为承载教育愿景与培养目标的框架，课程体系的完善不仅是提升人文素质教育质量的核心动力，亦是其稳固的基石所在。故此，一套完整且科学的课程体系构建，从根本上把握了高校人文素质教育高效、顺畅推进的命脉。尤为重要的是，课程体系的设计必须前置性地考量高校大学生的独特属性，以此为出发点，无论是课程内容的选择、课程结构的搭建，还是课程实施方式的创新，均需精准对接大学生的个性化需求，实现针对性优化与精准施策，以确保教育资源的有效配置与人才培养目标的精准达成。

审视当前高校人文素质教育课程体系，其涵盖领域广泛，具体而言，可划分为以下几大模块：(1) 文学领域，广泛涉及大学语文、文学品鉴、实用写作及口才训练、古典文学名著解读、现代诗歌探析等课程，以及文秘写作与应用写作等实践导向课程；(2) 艺术范畴，则囊括了应用美学基础、合唱艺术实践、播音主持艺术、舞蹈与形体训练、音乐鉴赏、民族与实用舞蹈、摄影技艺探索等多样化课程；(3) 语言学科，提供语言艺术概论、多语种学习（如英语、德语、日语、韩语、西班牙语等），促进学生跨文化交流能力；(4) 哲学思维，通过人生哲学沉思、现代及中国哲学概览、发展与管理哲学、文化哲学等课程，培养学生思辨能力；(5) 宗教文化，聚焦于佛教与中国文化的交融、道教文化对中国的影响等，增进学生对多元文化的理解；(6) 历史探索，包括中国近现代史重大事件回顾、历史人文评价等课程，深化学生对历史的认识；(7) 心理教育，涉及大学生心理健康教育、心理素质提升、情绪智慧管理、人际交往与沟通技巧等，关注学生全面发展；

（8）职业生涯，通过就业指导、职场礼仪训练、职业素质塑造等课程，为学生未来职业规划打下坚实基础。

我国高校普遍推行“2+1”教育模式，即包含两个学年的在校学习与一学年的校外实践。此模式下，学生需经历四个学期的校内学习历程。人文素质教育课程的规划应紧密贴合这一时间线，分阶段、递进式地展开。第一学期，注重人文基础教育启蒙。鉴于新生初入大学，正处于环境适应期，心理状态与学习习惯尚待调整，本阶段应聚焦于构筑人文知识基石，激发探索人文领域的好奇心。因此，课程设置倾向基础扎实且富有趣味性的内容，如“大学语文基础”“音乐艺术鉴赏”“心理健康导论”及“人际交往艺术”等，旨在为后续学习奠定良好基础。进入第二学期，强化人文实践技能培养。随着学生对大学生活的逐渐适应与融入，他们开始展现出更高的实践意愿与勇气。此时，课程设计应兼顾兴趣维持与能力提升，推出诸如“演讲与表达艺术”“实用文体写作”“形体美学训练”及“日常生活舞蹈”等实践性强的课程，以促进学生综合素质的全面发展。第三学期，深化人文理论学习与审美教育。经过前两个学期的积累，学生已具备较为扎实的人文基础，本阶段旨在通过“中国传统文化探微”“中国哲学智慧”“应用美学研究”“经典文学与艺术鉴赏”等课程，提升其人文素质与审美品位，进一步塑造其人文精神与价值观。第四学期，聚焦职业导向的人文教育。面对即将踏入社会的挑战，学生已拥有较为深厚的人文底蕴，此阶段应转向职业素质的塑造与提升。因此，课程安排需融入“职业生涯规划”“职场礼仪与沟通”“职业道德与规范”等职业性课程，为学生顺利过渡到职场生活提供有力支持。

依据四学期周期，重构人文素质教育课程体系，此举精准契合了学生心理成长、学习进程与即时需求的阶段性特征，实现了教学内容的循序渐进与深化拓展。此体系的优化升级，为高校人文素质教育质量的根本性提升筑牢了基石，并促使教育教学活动更加聚焦于学生的个性化发展需求，从而确保了教育的精准性与实效性。

## 二、将地方特色文化融入人文素质教育

教育资源匮乏成为高校人文素质教育发展的重大障碍，其推进面临重重挑战。鉴于此，深化教育资源开发策略的实施显得尤为迫切与关键。众多高校在应对资源短缺困境中展现出创新思维，部分高校巧妙利用网络资源的广泛覆盖、即时高效、内容丰富及信息量庞大的特性，构建了人文素质教育虚拟实训平台，成效显著，为教育资源开发开辟了崭新路径，标志着开发工作取得了重要进展。尽管虚拟实训平台以其经济高效等显著优势在教育实践中脱颖而出，但其局限性亦不容忽视，尤在于难以完全替代实体教学的真实体验与说服力。因此，教育资源的开发应当秉持多渠道、多元化的策略，避免单一模式依赖。具体而言，可深入挖掘并有效利用学校所在地域的特色文化资源，将其转化为人文素质教育中的独特素材与宝贵财富，构建起一个从微观视角切入、逐步拓展至宏观领域、持续深化内涵的教育体系，实现教育资源开发的全面性与深入性并重。

以山西省内的高等学府为分析样本。山西，作为华夏文明的重要摇篮，承载着悠久的岁月与辉煌的文化遗产，这些不仅是中华传统文化宝库中不可或缺的瑰宝，也深刻烙印着山西独有的地域风情。将这些独具特色的文化资源进行科学规划与系统整合，转化为人文素质教育中不可或缺的课程资源，并贯穿于日常的理论讲授与实践操作之中，此举不仅极大地拓宽了人文素质教育的内容边界，使之更加丰富多彩，而且显著提升了教学的针对性与实效性，为高校人文素质教育注入了新的活力与深度。具体而言，山西特色文化所蕴含的人文素质教育资源可概括为以下几大方面。

（1）历史悠久的黄河古文化。山西，这片土地被誉为中华民族文明的滥觞之地，素有“中华文明摇篮”与“古代文化典藏库”之美称，其有据可查的历史可追溯至三千载春秋。1961—1962 年，山西省博物馆先后两次深入西侯度遗址，考古发掘的成果确凿无疑地证明了早在 180 万年前，山西的广袤大地上便已有古人类繁衍生息，拉开了华夏文明辉煌篇章的序幕。此外，山西的文物古迹遍布，从旧石器时代的丁村人遗址，到新石器时代的陶寺文化遗址，再到春秋晋国的晋城都城遗址，无一不彰显着这片土地上的历史深邃与文化厚重。东汉末年，黄巾军郭太部在白坡垒屯兵，留下了历史的痕迹；而史威村的“普净寺”，作为金代建筑的瑰宝，更是见证了时代更迭中文化的传承与演变。这些珍贵的古代文化遗址，不仅是大自然与人类共同创造的奇迹，还是大学生深入探索人类社会起源、理解古代先民推动社会历史进步不可或缺的实物教材，对于增强他们的历史文化认知具有不可估量的价值。

（2）名满天下的晋商文化。中国商业史上的先驱非晋商莫属，其崛起始于明代，至清代则步入鼎盛，雄踞华夏商海长达 5 个世纪之久，编织了一幕幕前所未有的商业传奇。晋商之辉煌，非一蹴而就，其背后孕育了一种独特的文化生态，自然而然地成了他们商海航行中的道德罗盘与精神灯塔，我们称之为“晋商精神文化”。此文化体系博大精深，核心精髓在于诚信立本与坚韧不拔。它不仅为当代大学生树立了高远志向的标杆，激发了自强不息的民族魂，还塑造了勇于拼搏、不懈奋斗的人生哲学，成为传承与弘扬中华精神、深入实践社会主义核心价值观的坚实精神基石。

（3）星光熠熠的名人文化。华夏五千年文明史中，山西以其沃土孕育了众多杰出英才，他们锐意进取，铸就了无数辉煌篇章，不仅名垂史册，成为中华民族之荣耀，还为当代学子树立了成才立德的典范。在政治与军事领域，山西英才辈出。如历经 19 年流离仍矢志不渝，以“退避三舍”彰显信义，终成大业的晋文公重耳；集文武之才于一身，忠义两全，被誉为蜀国忠勇大将的关羽；怀抱“匈奴未灭，无以家为”之壮志，驰骋疆场、战功赫赫的骠骑将军霍去病；淡泊名利、崇尚简朴、信守礼让、舍生取义的介子推等，他们皆是典范。文化领域同样璀璨夺目，西晋地图学家裴秀创立“制图六体”，为后世地理研究奠定基础；唐代诗坛，白居易、王昌龄、王之涣、王维、王勃等大家交相辉映，作品传颂千古；宋代，司马光以政治家、文学家、史学家之姿，主编《资治通鉴》，功垂后世；元曲领域，“四大家”中关汉卿、郑光祖、白朴三位山西籍戏曲巨匠，作品影响深远；更有《三国演义》作者罗贯中，其著作位列中国古代四大名著，影响广泛。这些山西历史上的璀璨星辰，以其卓越成就与高尚品德，为中华民族的发展繁荣贡献了不可磨灭的力量。深入探究他们的生平事迹，汲取其精神养分，对于当代大学生而言，不仅是修身养性、陶冶情操的重要途径，还是激励他们成长成才、自觉传承中华民族优秀道德传统、积极实现个人价值与社会价值的宝贵财富。

（4）落叶归根的移民文化。在中国历史长河中，最为壮观且影响深远的移民浪潮，首推源自洪洞大槐树的山西大规模迁徙现象。据典籍所载，自明洪武六年至永乐十五年这半个世纪间，官方主导的山西移民行动竟达十八次之多，频繁而深远。这些移民如同一股生命之流，有效填补了因战乱频仍、天灾肆虐而人口凋敝的各省空缺，对促进全国经济的复苏与生产力的重建起到了至关重要的作用，其贡献与牺牲，历史铭记。时光荏苒，六百载春秋已过，山西移民的后裔已广泛分布于全国乃至全球，人口规模突破两亿之众。无论身处何方，他们心中那份对故土的深情厚谊历久弥新，渴望终有一日能重归故里，落叶归根。正是这份深厚的情感，驱使着包括台湾同胞、海外侨胞在内的广大移民后裔，多次发起寻根问祖之旅，重返洪洞大槐树下，缅怀先祖，寄托思乡之情。此种“寻根祭祖”的文化传统，不仅深刻彰显了中华儿女无私奉献、眷恋家园的崇高美德，也体现了中华民族强大的内在聚合力与向心力。山西移民文化如同一根无形的纽带，将遍布全球的华人紧紧相连，汇聚成推动中华民族伟大复兴的强大力量，同时促进着国家统一与民族团结的伟大事业。对于当代大学生而言，这一文化现象构成了极其宝贵的教育资源，有助于他们树立正确的人生观，传承并弘扬中华民族的优秀传统美德，坚定实现国家复兴梦想的信念与决心。

（5）光荣伟大的红色文化。山西的红色文化实质就是山西的抗战文化。1935 年 12 月，中共中央在瓦窑堡召开政治局会议，会议提出“抗日反蒋”的口号，并决定东征。正是这次东征，使得山西的抗日民主根据地如雨后春笋般地创建起来，红色文化开始在阎锡山统治下的山西生根发芽。抗日战争初期，中共中央、中央军委把山西作为坚持敌后抗战的战略支点，为中国革命走向胜利奠定了坚实的基础。值中华民族面临存亡之际，山西儿女挺身而出，彰显了捍卫家国、矢志不渝的爱国情操。面对侵略者残忍无情的暴行，山西军民不屈不挠，发起了一场场艰苦卓绝的抵抗，无数英勇的抗日斗士以鲜血染红了这片土地，谱写了悲壮的英雄篇章。这些山西儿女，以无畏的勇气和坚定的信念，共同铸就了坚韧不拔、不懈奋斗，勇于牺牲、无惧艰难，英勇善战、无私奉献，众志成城、矢志夺魁的崇高精神。这些珍贵的革命精神，深深根植于众多革命文物与遗址之中，历经岁月洗礼，仍熠熠生辉，传承至今。以山西省武乡县为例，此地承载着厚重的历史记忆，八路军太行纪念馆巍然矗立，王家峪与砖壁八路军总部旧址静默诉说着往昔峥嵘，它们不仅是历史的见证，还是不可多得的爱国主义教育圣地，激励着后来者铭记历史，砥砺前行。

## 三、建立健全人文素质教育考核体系

在大学教育阶段，大学生应致力于实现三项核心素质的全面提升，即专业知识能力、体能健康及人文素质的综合性增强。就专业素质的评估而言，国内各大高校已普遍构建起一套科学化、系统化的评价体系，确保能够对学生的专业能力进行全面而深入的综合衡量。

针对大学生体能健康的考核，国家层面已设计出贴合其生长发育特征的评估框架，由高校体育教育工作者具体执行，负责监督并实施体能测评，以保障学生的身心健康。然而，在人文素质评价领域，当前高校体系尚显薄弱，缺乏一套既完整又成熟的评价标准体系。这一现状直接制约了我们对人文素质教育成效的有效判断，使得难以准确评估大学生在人文修养方面的进步与提升，亟须进一步探索与完善。

大学生人文素质教育的评价体系应从以下三个方面进行构建。

第一，大学生自我评估指南。倡导大学生每学期末，对所习得的人文知识进行系统整理与回顾，深入分析课程学习如何拓宽了知识视野，并在哪些个人能力维度上实现了显著提升。同时，强调秉持客观求实之态度，审视一学期内在日常行为举止中的表现，提炼出思想道德层面的正面亮点，进而深刻反省在道德操守与审美观念上存在的短板，并积极探索改进之道，以求全面发展。

第二，高校教师实施学生人文素质多维度评估体系。人文学科教育者可运用考核、问卷调查及访谈等手段，对学生的人文知识掌握程度、道德品质、心理韧性、法治观念及社交技能进行全面且深入的评估。尤为重要的是，对于那些在课堂中表现积极、踊跃参与校园文化活动及自发贡献于社会公益项目的学生，人文课程教师在汇总评价时应予以加分激励，旨在促进实践参与，加速学生个人成长与自我超越。此外，各班级辅导员与专业课教师在履行日常管理与教学职责之余，还需在学期结束时，针对学生的课堂活跃度及日常行为表现进行独立评价，此评价作为人文素质教育学科教师综合评价学生的重要补充资料。最终，教师提供的综合评价报告，应成为高校奖学金评定、优秀学生遴选及学生干部选拔的核心依据，以此机制激发学生深化学习、强化自我修养的内在动力。

第三，实习企业对大学生人文素质实施综合评估。随着大学生步入实习阶段，其学习环境由校园转移至企业，旨在深化专业技能，增进对行业与企业运作的洞见。此时，评价主体由教师转变为实习企业。历经半年至一年的实习历程，企业对实习生形成了全面而深入的认识。企业应针对实习生在职业操守、专业能力、道德风尚、个性魅力、文化素养及坚韧品质等方面，展开综合而细致的评估。尤为关键的是，实习生对企业环境、文化精髓及企业哲学的认知深度、态度倾向及关注度，应被视为评估的重要指标之一。鉴于企业评价对于激励实习生在实习期间展现卓越表现及促进其后续个人成长的重要性，企业在实施评估时需秉持审慎与严谨之态度，确保公正无偏，既不偏爱任何一方，也不避讳问题，全面而真实地反映实习生表现。

## 四、大学生社会实践教育的构建

### （一）社会实践基地建设

凭借地域内充裕的自然景观、文化底蕴深厚的人文景观及独特的红色资源，如展览馆、纪念馆、革命历史地标、历史遗迹与自然美景等，这些多元教育资源被深度融入人文素质教育体系，旨在让学生在浓郁的文化氛围与壮丽自然风光中，亲身体验人文与自然景观融合的美好，从而滋养性情，提升素养。鉴于当前就业市场的激烈竞争态势，高校为增强自身竞争力，提升教学质量，普遍采取了与企业紧密合作的策略，这一举措不仅精准对接企业需求，培养定制化人才，还为高校开辟了一条创新发展的路径。

### （二）在实习实训中进行人文渗透

实习实训作为彰显大学生人文素质教育“职业化”特性的核心社会活动，不仅是高等教育中专业技能传授的关键环节，也是推动学生人文素质在实践中深化与内化的重要平台。在其实施过程中，技术技能的精进是基础，而人文素质的熏陶则悄无声息地塑造着学生的品格。此过程致力于构建学生健全的世界观、人生观与价值观，并培养其严谨的工作态度与问题解决能力，为职业生涯的稳健起步奠定基石。为确保实习实训质量，高校采取了一系列严格管理措施，确立了既具挑战性又具人性化的实训目标与评价体系，该体系既重视技能成果的量化考核，也兼顾人文表现的质性评估，以此给予学生适度的压力与激励，防止实践过程中的懈怠情绪。此外，学校还积极借鉴企业管理制度精髓，制定详尽的规章制度以规范学生行为，如统一着装与工牌制度、严格遵循工作区域与行走路线等，使学生提前适应企业文化氛围，接受富有企业特色的全方位素质教育。

## 五、创设良好的校园人文环境

高校学府作为科学文化的承继、演化与革新的前沿阵地，是守护与传递人类文明光辉的圣洁之地。其肩负着塑造兼具高尚道德品质、深厚科学文化素养及卓越创新能力的新时代社会主义事业建设者与接班人的重任，旨在为全面构建小康社会、驱动中国特色社会主义蓬勃发展以及实现中华民族伟大复兴的中国梦奠定坚实的人才基石。一所卓越的大学，其基石在于构建卓越的校园人文生态。这一生态，实为校内全体师生员工共通审美情趣、价值取向及道德风貌的直观映射，需汇聚每位成员的智慧与努力，共同缔造与维护。[①]

### （一）开展丰富多彩的校园文化活动

校园文化活动的多元开展对于塑造院校独特人文风貌而言，具有无可替代的关键作用，且作为院校人文环境风貌的直接展示窗口。一所高校的文化氛围浓郁与否，透过其策划与执行的校园文化活动便可见一斑。若某校能频繁呈现主题清晰、内容充盈、形式多变且师生广泛参与的校园文化活动，则无疑彰显了其卓越的管理智慧与深厚的人文积淀；反之，则可能反映出该校在人文素质教育上的浅尝辄止，缺乏坚实的校园文化根基。鉴于此，高校应积极发掘现有资源，激励并协调学生社团力量，采用多元化、多维度的策略，策划融合知识性、职业导向与趣味性的校园文化盛宴。例如，可邀请校外知名学者与行业领袖，为学生带来系列或专题学术讲座；组织以颂扬中华精神为核心的主题演讲竞赛；定

---

① 甘阳，陈来，苏力．中国大学的人文教育［M］．北京：生活·读书·新知三联书店，2006.

期呈现涵盖音乐舞蹈、诗词诵读、曲艺小品、戏剧表演等多元艺术形式的校园文艺盛宴，以全面促进学生综合素质的提升。

### （二）专业教育中渗透人文教育

高校中常现一误区，即将校园人文环境的构筑局限于人文学科的课堂及课余文化活动之内。实则，构建一个真正全面的人文环境，需确保人文素质教育贯穿于校园每一个角落，尤为重要的是在专业教育领域内持续融入人文素质的培养。若高校的专业技术课教师本身具备深厚的人文素质，他们便能在专业课程讲授过程中，自然地融入与学科紧密相关的人文元素，比如学科演进的历史脉络、杰出人物的生平事迹及其科研道德风范等。这样的做法不仅丰富了课程内容，深化了学生对专业知识的理解，还使学生在潜移默化中汲取了做人、处事的智慧，树立了值得效仿的励志典范，从而实现了专业素养与人文素质的双重提升。

### （三）加强校园硬件环境建设

校园的物理空间构成，即硬件环境，承载着物质形态的文化载体。卓越的硬件配备不仅是高校教育特质的直观展现，也是校园文化底蕴与精神风貌的深刻映射。高校应聚焦于自然景观与人文景观的双重构建，以自然景观营造宜人的生活空间，人文景观则塑造积极向上的学习氛围。提升校园环境的美学层次与观赏价值，需将硬件设施、自然风貌、人文艺术的学术、审美、观赏、实用及教育功能巧妙融合。具体措施可涵盖：在校园公共区域如教室、图书馆、走廊、宿舍等布置宣传画、杰出人物肖像与箴言、艺术雕塑等，以增强空间的文化氛围；同时，强化校训、校歌、校服、校徽、建筑命名及道路标识等标志性元素的设计，使之不仅具备实用功能，还赋予心灵以滋养；完善的科研平台、教学设备与校园网络体系则进一步激发学子的创新潜能。在此过程中，需凸显“职业导向”特色，依据各校独特禀赋，广开言路，汇聚师生智慧，打造富含本校特色的物质文化环境，彰显独有的教育哲学与人文底蕴。

### （四）加强校园软件环境建设

首要之务是强化校风塑造。校领导需在教育引导、管理执行及服务供给的各环节中，以身作则，率先示范，通过实际行动诠释并弘扬人文精神，激发主观能动性。紧接着是优化教风。应加大对教师的培育力度，树立一种严谨负责、细致入微、务求实效的教学风范。随后，聚焦于学风培育。应倡导构建一种基于团队协作、互助共进、谦逊勤勉、严谨治学及遵纪守法的学风生态。此外，不容忽视的是学校内部人际关系的和谐构建。和谐的人际生态是人才茁壮成长的沃土，它涵盖了上下级间的领导与教职工关系、师生间关系，以及同级间的领导、教师、学生之间的多维度互动。这一和谐关系对校风、教风、学风的强化具有显著的正面效应，能够凝聚全校师生的力量，促进共同进步。综上所述，打造优质的校园软件环境，对于营造高校独特的人文素质教育氛围，进而驱动人文素质的整体提升，具有深远的意义。

## 六、全面提升高校人文素质教育师资队伍

高校人文素质教育的成效，其核心在于师资力量的构建。构建一支融汇广博人文知识、深邃人文底蕴、卓越教学技艺与卓越人格魅力的教师团队，是推进高校人文素质教育不可或缺的基石。然而，当前高校人文素质教育师资队伍在师资规模、教学质量及教学能力层面尚存诸多不足，这些问题已构成制约教育成效的显著障碍，并深刻影响着教育效果，亟须高校给予高度重视并着力优化。为强化高校人文素质教育师资队伍的建设，应聚焦于以下几个关键维度，持续深化与加强：首先，需优化师资结构，确保教学力量的充足与均衡。其次，提升教学质量，强化教师的专业素养与教学能力。再次，注重教师个人魅力的培养，以高尚师德与人格魅力引领学生成长。最后，建立健全师资培训体系，为教师的持续成长与专业发展提供有力支撑。通过上述措施的综合施策，方能有效推动高校人文素质教育师资队伍的全面升级，为提升教育质量奠定坚实基础。

### （一）提升人文学科教师的招聘比例和招聘质量

高校传统上偏重专业课程与实训师资的引进，视其为“珍稀资源”。诚然，鉴于高校的专业性、职业化特征及当前专业技术师资短缺的实际，此倾向情有可原。然而，编制资源终归有限，若一味扩充专业与实训师资，势必挤压人文素质教育师资的引进空间。此举衍生出一系列问题：首要之弊在于人文教师资源匮乏，难以满足学生多元化学习需求，迫使人文教师超负荷运转，跨科目授课，难以深耕其专长领域。为缓解此困局，高校不得不依赖编外教师，但因应急之需，招聘标准放宽，部分教师教学经验匮乏，素养参差，教学质量堪忧。再者，编外身份令这些教师缺乏归属感与稳定性，难以全身心投入教学。更深层次上，压缩人文师资招聘比例还悄然削弱了人文学科及其教师的地位。人文课程师资短缺、教学质量下滑，致使其在校园内边缘化，教师士气受挫，对人文教育失去热情，转而寻求通过专业培训转型为专业课教师，以期改变不利处境。此现象不仅关乎个人职业发展，更对高校整体人文素质教育生态造成不利影响，亟待通过优化师资结构、平衡学科发展等举措加以改善。

当前，诸多高校均面临一系列现实问题，亟须深刻认识并采取根本性措施予以改善。为此，高校应立足于自身招生规模与教师编制现状，合理扩大人文学科教师的招聘规模，旨在构建一支知识结构均衡、人员配备充足的师资队伍，为人文素质教育的深入实施奠定坚实基石。在选拔教师时，高校需超越单一关注学历与学术成就的传统视角，诚然，高学历与丰硕学术成果是候选人知识底蕴与科研实力的有力证明，却非衡量其教学潜能与个人素养的充分条件。因此，高校在招募人文学科教师时，除考量其学历与学术背景外，更应侧重于评估其教学实践能力与个人综合素质，确保所选之才能够胜任并贡献于该学科的教学与发展之中。

### （二）提升人文学科教师的人文素质

人文学科教师不仅需掌握传授知识、答疑解惑的基本能力，还需拥有卓越的人文素

质，其重要性不言而喻。教师的言行举止，超越课堂界限，无时无刻不在学生的审视之下，特别是大学生群体，其情感细腻，更易受到教师行为潜移默化的影响。鉴于此，强化高校人文学科教师的人文素质培养，旨在丰富其知识结构体系，并塑造积极向上的学习典范，对学生的成长产生深远影响。

人文学科教师的人文素质需从以下三个方面加强。

一是强化高校人文教师思想道德根基。秉承陶行知先生“学为人师，行为世范”之训，当代高校人文教师亟须兼具渊博学识与高尚品德，以树立正面典范。教师当坚定政治信念，洞察社会热点，以清醒理智之态，剖析现实难题，引领学生智慧探索。同时，维持诚实正直的职业风貌，敬业乐群，为学生树立诚信与责任之楷模。

二是深化人文教师文化底蕴积淀。人文教师不应局限于专业领域，而应广泛涉猎，拓宽知识视野，实现跨学科知识的融合与应用，促进学生综合素质的提升。此外，应积极投身社会实践，增进社会经验，深化对社会的理解，将亲身经历融入教学，确保人文教育与社会实际紧密相连，避免理论与实践脱节。

三是激发人文教师创新潜能。创新能力对于人文教师同样至关重要。它不仅驱动教师创新教学模式、内容及方法，促进学科发展，还能作为创新精神的火种，点燃学生内心的创新热情。因此，人文教师在教学与研究中应勇于突破常规，敢于尝试新思路、新方法，持续提升个人创新能力，成为引领学生创新实践的先锋。

### （三）提升人文学科教师开发利用教育资源的能力

人文教育者需具备教育资源的整合与运用能力，遗憾的是，当前众多高校人文领域教师过于依赖课本框架，忽视了对多元教育资源的有效整合。此教学模式虽在基础知识传授上有所助益，却忽略了学生心理特征及学习偏好的多样性，易导致学生兴趣减退，教育成效大打折扣。鉴于此，人文教师应积极探索并充分利用各类教育资源，巧妙融入教学设计中，旨在增强课程的吸引力与课堂的活力，从而有效激发学生的求知欲与学习动力，实现更加高效、深入的学习体验。

人文学科教师可以从以下两个方面提升教育资源的开发应用能力。

一是拓展思维边界，勇于实践创新。人文教师应超越教材局限，积极发散思维，围绕教材内容，在现实世界中广泛搜集生动案例，并巧妙融入课堂，此举不仅为理论知识提供了坚实的实践基础，还通过深入浅出的方式贴合了大学生的学习习惯，促进了他们对知识的有效吸收与内化。这些源自生活的案例，因其真实性与贴近性，更能触动学生心灵，激发其学习兴趣与探索欲。

二是顺应地域特色，善用本土资源。鉴于高校生源多为本地，区域内蕴含丰富的地域文化与悠久历史，这些文化是世代累积的智慧结晶，拥有广泛的社会认同与深厚感染力，其精髓易于为大学生所接纳与内化，是开展人文素质教育的得天独厚资源。人文教师应敏锐捕捉这一优势，深入挖掘并利用地域特色文化，将其转化为富有地方特色的教学素材与课程资源，融入人文素质教育体系之中。此举不仅丰富了教学内容，增强了教学的感染力与亲和力，还有效拉近了学生与人文知识的距离，极大地激发了他们的学习热情与动力，从而提升了人文素质教育的针对性和实效性，实现了教育价值的最大化。

## 七、改善家庭教育环境

### （一）父母应树立正确的教育理念

人文素质培育乃一繁复而系统的工程，其成效非单一社会力量或学校教育所能独揽，家庭教育的融入至关重要。作为孩子的首要监护人，父母在人文素质养成之路上扮演着不可或缺的角色，是达成人文教育终极愿景的共筑者。父母对孩子的人文熏陶，常于无形中悄然渗透，一名称职的家长，应对高校素质教育报以全力支持之态。家庭教育的硕果，非一朝一夕所能彰显，它植根于日常细微，逐步累积，对人文素质的滋养亦应渗透至家庭生活的每一缝隙，于潜移默化中塑造大学生的人文底蕴。在校期间，学生与教师相伴；假期归家，则与父母相依。因此，父母应充分利用假期时光，加强对孩子素质教育的关注与引导。鉴于日常沟通多限于远程，难以全面洞悉孩子在校表现，假期便成为观察孩子思想动态、文化素养的宝贵窗口。家长需摒弃“唯成绩论”，在关注学业成绩的同时，更应重视人文素质的培养，意识到相较于学业排名的暂时落后，道德品质与人格健全的缺失才是影响大学生长远发展与职业生涯的深层隐忧。对于大学生而言，短期的成绩波动或许微不足道，但道德与人格的健全，才是照亮未来道路的明灯，不可等闲视之。

### （二）父母要发挥榜样作用

家庭，作为个体成长的初始摇篮，父母则是孩子最早的引路人，其角色之重，犹如在孩子的精神画卷上绘就“启蒙之笔”，助力他们正确起步，奠定人生基石。显然，家长的言行风范，对于孩子人文素质的塑造具有深远的意义。在与孩子共度时光的过程中，父母务必恪守承诺，秉持真实与诚信的原则，确保言行一致。家庭教育之于大学生人文素质的培养，其重要性不言而喻。家庭，作为孩子成长的首个社会缩影，父母则是其心灵的最初雕琢者，他们的每一句话、每一个行为，都在孩子幼小的心田里悄然生根发芽。鉴于儿童天生具备强烈的模仿倾向，这一特质在个体成长过程中持续显现，即便步入成年，亦难以完全退却。因此，若家长忽视了自身言行对孩子成长轨迹的潜在影响，将对孩子的道德观念构建造成不容忽视的负面影响。在日常生活中，家长需以身作则，成为孩子心中的楷模，通过自身的高尚品德与正确价值观，为孩子树立起一座指引人生方向的灯塔。这样，孩子便能在家长的言传身教中，逐渐培养出健康的价值观念与积极向上的人生态度。

## 八、建立人文素质教育评估体系

教育评价机制系依据教育本质、导向原则及政策导向所设定的教育目标，对教育实体及个体的教育实践与成效所实施的一种价值判断活动。在人文素质教育的背景下，其评价体系涵盖原则构建、类型划分、标准设定及方法应用等核心要素。构建一个完善的人文素质教育评价体系，是推动人文素质教育深入实施的核心举措。一个科学严谨的评价体系，能够客观地审视人文素质教育活动的实施状况与成效，精准识别教育过程中存在的挑战与不足，进而为理工科大学生人文素质教育的持续优化与强化提供有力支撑与方向指引。

### （一）人文素质教育评估原则

构建完善的人文素质教育评估架构，首要任务在于确立其核心评估准则。首先，确立导向性准则，鉴于人文素质教育在高校教育体系中占据的核心地位，它作为促进学生全面发展的基石，其评估工作必须明确指向，紧密贴合党的教育路线与方针，确保评估路径的正确性。其次，秉持发展性准则，高校人文素质教育应避免僵化，应持续进化以适应时代变迁。其核心目标在于提升学生的综合素养，特别是人文素质与实践能力，以契合社会经济建设与发展的需求。因此，评估过程需充分考虑评估对象所处的动态社会历史环境，坚持发展视角，确保评估的时效性与前瞻性。再次，遵循系统性准则，人文素质教育作为一项复杂的系统工程，其评估工作亦需具备高度的系统性。这要求我们在评估过程中，全面考量人文素质教育的各个环节与要素，确保评估的全面性、深入性与科学性，以精准反映教育实践的整体状况与成效。① 详细而言，人文素质教育的评价体系需强调其结构的合理性、整体的连贯性、层级的清晰性以及元素间的关联性。最后，不容忽视的是对比性准则的运用。对比评估涵盖了时间与空间两个维度，即纵向与横向的对比分析。纵向对比，犹如历史镜鉴，审视受教育者人文素质成长轨迹的变迁，揭示教育成效与潜在问题。而横向对比，则如同多棱镜，展现不同教育环境（如高校间、院系间乃至个体间）下人文素质教育的成效差异，凸显其独特性与多样性。综合纵向与横向对比的双重视角，旨在激发评估对象的内在动力，促其从历史积淀与当下表现中双重审视自我，明晰进步与不足，进而将挑战转化为成长的契机。需要强调的是，鉴于评估对象的独特性与人文素质基础的差异性，应避免单纯依赖量化指标，而应寻求一种更加全面、综合的评估方式，以实现纵向与横向对比的和谐统一，确保评估结果的客观性与公正性。

### （二）人文素质教育评估类型

人文素质教育评估框架的构建需兼顾多维度，不仅聚焦于学生个体，亦应涵盖学校整体与教育者的表现；评估视野不仅应触及教育成果的终端审视，还需深入教育实施过程的细致剖析；同时，评估内容应超越对人文教育活动事实层面的简单记录，转而强调对其蕴含的价值与深远意义的深度挖掘。此体系力求全面且科学，其构成包含两大核心类别：一是发展性评估，作为主导且常态化的评价机制，它旨在表彰成就、揭示问题、驱动教育环节的持续优化，并明确未来发展的航向。通常，此类别涵盖对教育内容、实施路径、教学方法及手段等全面维度的审视。二是检测性评估，其专注于教育质量的量化衡量，为教育机构、教育者个人在绩效考核、职级晋升及福利待遇等方面的决策提供坚实依据，进而激励教育工作的精进，促进教育者能力、素养与实效的全面提升。

---

① 于立东．理工科大学生人文素质教育评价体系研究［J］．黑龙江高教研究，2007（5）：160.

### （三）人文素质教育评估方法

人文素质教育的评估策略呈现多元化特征，首先，构建领导、教师与受教者共融的评估体系，确保评估的全面性与主体多样性，融合自我评估与外部评价。自我评估鼓励学生自主审视其人文素质，涵盖理论认知与实践能力，形式灵活多样，如自我评估报告、自测问卷及成长记录等；外部评价则由教师、教育管理者及同伴共同参与，全面评估学生的人文素质表现。其次，将教育工作者的工作质量评估与成效评估有机融合，学校需制定并执行科学的考核体系，重点考察教师的教学态度、专业能力、职业精神等维度，旨在促进教育者在既有素质基础上，实现教育效果的最大化。再次，实施定量与定性分析并重的评估模式，精准定位评估对象的核心问题，借助定量分析手段，实现问题的客观量化呈现。最后，采用动态与静态评估相结合的方式，鉴于人文素质教育过程的动态性与效果的相对稳定性，评估体系需兼顾固定考核项目与灵活调整机制，确保既能反映教育工作的稳定成果，又能适应学习与教学的动态需求，从而全面、真实地展现人文素质教育的实际效果。

## 第二节　大学生人文素质教育的保障措施

立足于深入解析人文素质教育的核心理念，高等院校正稳步推进对大学生人文素质培育路径的探索，此举不仅是优化教学质量与深化教育改革的必然环节，还是确保当代学子未来能够稳健迈向正确成长轨道的责任担当。人文素质的涵育，旨在锻造出具备广泛知识视野、深厚人文关怀及卓越综合能力的新时代人才。为实现学生知识底蕴的拓宽、人文情怀的滋养与能力优势的彰显，高校需在具体教学实践中构建坚实的支撑体系。此外，对于教育评估框架的完善、学校教育策略的规划以及学团组织活动的创新，均应倾注更多思考于大学生人文素质培育的具体实践之中，以确保培养工作的全方位深化与精细化推进。

### 一、建立和完善大学生人文素质教育评估体系

经由系统性的理论研习与实践探索，驱动教育理念的革新，摒弃阻碍教育革新进程的传统思维桎梏，旨在强化学生的综合素养与终身学习力。在此过程中，亟须秉持崭新的人才观，重构教育目标，对既有教育模式进行深刻审视，并着手构建针对大学生人文素质的全面评价体系。同时，深化高校内部的人文素质评价机制改革，强化评估主体的责任意识，推动教学改革向纵深发展，并致力于提升学校的内在品质与建设水平，从而全面优化教学质量，激发自主发展潜能。此外，将大学生的学习投入度调研纳入高校自我质量评估的维度之中，作为衡量教育质量提升的一个重要标尺，进而实现高校评估体系在质量层面上的精进与完善。

高等院校内部的人文素质评价机制构建应秉持互助合作与高效运作之原则。评估体系的质量保障乃是其有效运行之基石，评估流程需思路清晰，凸显各校独特的教育风貌与办学优势。学校应立足于高质量评估体系之上，明确自身定位与目标，为教育教学的革新与

发展指明方向。通过整合评估的执行、监控与反馈等关键环节，构筑一个紧密相连、高效运作的评估体系。同时，高校应积极营造正向评估文化，主动投身于评估制度的修订与完善工作之中，旨在构建科学严谨的评估机制。此外，还需在程序规范化上不断精进，以强化高等教育的品质控制；在评估结果公布制度上持续优化，确保评估反馈与建议能够得到有效执行与落实。[①] 学校之间加强互动和交流，取得社会认可。

构建一套科学且高效的评估体系，对于推动学校自我发展的战略价值不言而喻，其关键在于利用评估机制强化对教师与学生的正面导向与宣传效应。学校应主动发起内部教学评估行动，由校领导率先垂范，引领全校师生共同参与，促进跨部门间的协同合作，以达成共识。积极鼓励一线教师为评估流程贡献见解与建议，并吸纳杰出教师加入评估团队，以此提升评估的专业性与质量。在制订具体评估方案时，需全面考量学校的愿景、使命及当前发展阶段，并吸取历史经验，规避过往教训。在评估过程中，应融合定量分析与定性评价，兼顾外部反馈与内部自省，同时紧密联结目标设定与实施过程，确保评估的质量标准、理念导向及文化氛围得以切实体现。最终，从科学性、有效性及可行性等多维度对评估活动进行全面审视，不断优化评估策略，以期实现评估工作的整体效能提升。[②] 认真梳理和总结评估中的工作细节，加强组织和协调，完善学校制度规范，修订现有的各项评估指标，使之更加科学规范。

在评估进程中，需兼顾教师队伍的教学成效与科研能力，尤其要强化人文素质培养质量的监测。高等教育之核心使命，乃为国家培育卓越的建设者，因此，需将教学置于办学理念之核心，严格把控教学质量之标准。教育部门可精选一批基础课程实施考核，旨在为各校基础教学质量提供客观参照，从而引导高校在认知与实践层面，更加聚焦于人才培养的质量提升。在开展评估工作时，应力求减少对日常教学活动的干扰，并有效遏制弄虚作假等不良现象，采用随机抽样的方法能够显著提升评估的公正性。此举不仅能在一定程度上增强评估结果的真实性，还有助于降低评估成本。同时，公开评估结果不仅能为优质院校增添声誉光环，激励其持续发展，也能促使存在不足的院校积极采取措施加以改进，进而在更深层次上影响学校的招生质量，推动评估体系向更加健康、可持续的循环方向发展。

在教育实施的进程中，确立人文素质课程评价准则占据着举足轻重的地位，其影响深远且实质性。此评价体系紧密关联着人文素质培育的核心理念、具体指标、实施策略等多个维度，深刻影响着人文素质培育措施的执行效力。为充实评价体系的科学基础，应将学生素质调研融入评价体系核心，通过精心组织的调研活动，系统收集学生在思想品德修养、心理健康状态、知识掌握水平等方面的详尽数据，为评估结果的精准录入奠定坚实的信息基础。进一步地，将人文素质要素无缝融入教学管理评价体系之中，旨在加强对人文素质课程教育成效的全程监督与精准指导。在此基础上，不断优化人文素质评估的涵盖内

① 冯旭芳，李海宗．法国高等教育质量评估机制对我国的启示［J］．教育探索，2008（11）：139-140.
② 吴学忠．中美高等教育评估机制的比较及其对我国的启示［J］．教育探索，2010（4）：152-155.

容，特别重视将学生在人文素质培养活动中的实际成果与表现，作为动态评估体系中不可或缺的一环，从而实现对学生人文素质发展状况的全面、动态、精准评价。

人文素质的培养工作兼具基础性与开放性的特质，针对不同历史阶段与多样化培养对象，应采取灵活多变的评估策略。为顺应社会需求，构建并持续优化一个全面而高效的人文素质评估框架显得尤为重要。此举旨在健全人才培养结构，旨在孕育出既具备自主性又富有应变能力的特色人才，从而推动人才培养体系的深度与广度发展。

## 二、学校教育方针政策的制定要引导教师积极认同大学生人文素质培养

在既定的教育发展阶段，高等学府旨在达成既定的教育发展目标与使命，会精心设计并实施一系列教育政策。这些政策作为行动纲领，根植于特定时期的核心任务与指导方针之中，旨在驱动教育的持续进步。高校应将目光聚焦于教育政策对大学生人文素质培养的促进作用上，致力于引导师生群体形成共识与积极认同，从而增强对大学生人文素质培养工作的关注力度与实践成效。理想的教育政策需敏锐捕捉并回应学生发展的紧迫需求，确保其内容的合理性、前瞻性与全面性，既要立足当下又要展望未来，实现对学生全面发展的统筹规划与均衡兼顾。

现阶段，大学生人文素质的培养亟须教育政策的规范与引领，而高校日常的人文教学活动与实践同样需要健全的制度框架加以指导和约束。值得注意的是，部分教育政策的制定往往滞后于实际教育问题的浮现，其从出台至落实的周期也导致了政策效果的滞后性。鉴于此，高校应根据自身动态变化，及时且合理地制定针对人文素质培养的政策规范，旨在通过师生双方的协同努力，使教育政策达成预设成效，从而对人文素质培养实践实施有效规制与管理。鉴于教育政策在方案设计、实施工具及目标受众等方面的差异性，其执行过程中难免遭遇限制。因此，各高校需展现高度响应性与灵活性，以确保政策效能的最大化。同时，科学且富有创新性的教育改革要求我们对教学内容进行精练而全面的归纳，以此奠定坚实的教育改革政策基础。从政策层面激励教师聚焦于人文素质的培养，不仅能科学驱动人文教育学科的繁荣发展，还能有效提升高等学府的综合实力与竞争力。

在新时代背景下，学校教育政策需深度融入并有效引导素质教育实践，以全面促进学生健康成长为目标。具体措施可涵盖优化高校学生综合素质评价体系，尤其注重人文素质的评估与提升，同时拓宽教育模式的多样性边界，深化对人文素质培养监督机制的创新与改革，并加速推进高校人文素质改革试点的实质性进展。在制定相关人文素质教育政策时，各高校应紧密贴合自身实际，以大学生人文素质培养的长期愿景为导向，对教学内容、教学方法、监督管理体系等关键环节进行全面而细致的规划与部署，以增强政策的导向性、实用性与可操作性。此等教育政策应牢固树立育人为本的理念，致力于构建全面、科学的教育制度体系，这不仅对人才培养的科学性与合理性具有深远指导意义，还直接关系到每一位学生的福祉与成长，势必将引起社会各界的广泛关注与热烈讨论。

## 三、学生组织从生活行为的养成方面积极培养大学生人文素质

生活习性塑造旨在培育学生优异的行为范式，涵盖对正向行为与习惯的悉心引导。此范畴广泛，要求大学生在细微生活举止间彰显人文底蕴。个体素质之锻造，乃长时段累积之果，其核心在于培育过程。高校在深化专业知识传授之际，亦需革新教育理念，着重强化学生人文行为模式与人格魅力的锻造。学生组织作为自我管理的助力者，应致力于营造富含人文意蕴的校园文化氛围，运用正面思想文化为学生生活行为树立标杆，切实体现人文素质培育的成效。学生组织应积极探索生活习性塑造中人文素质培养的多元化路径，通过强化组织成员的责任感与使命感，将人文关怀精神融入日常运作之中，激励学生于日常生活中自然而然地展现出人文素质的光辉，从而在学生生活习性养成的广阔舞台上，绘制出一幅幅人文素质培养的生动图景。

为培育学生的人文行为范式，学生组织需引领大学生深刻理解文明行为习惯作为核心素质的重要性，激发其成为道德高尚、行为文明之人的志向。大学生的日常行为可依托群体规范进行引导，并通过自我教育的途径深化个人修养。高校应采取精细化管理策略，以增强学生对文明行为的认识与践行。在大学生涯的初始阶段，即新生入学之际，应引入科学的纪律框架，侧重于学习与生活习惯的塑造。在此过程中，完善的规章制度之执行尤为关键，旨在有效约束并引导学生行为。在坚实的纪律基础之上，还应重视对学生思想及行为的悉心指导，通过细致入微的教育步骤，逐步培养学生的良好行为习惯。此类习惯一旦稳固形成，将对学生终身发展产生深远影响。学生组织应定期关注学生行为动态，深入了解其学习生活状况，持续强化行为习惯意识，促进师生间的及时沟通，以不断优化教育方法。此外，学生组织可积极策划并举办丰富多彩的校园文化活动，营造浓厚的文化氛围，旨在进一步提升大学生的文明修养水平。鼓励学生主动参与，不仅能在实践中锤炼能力，还能彰显个性风采，实现全面发展。

高等院校应深入探究人格塑造与品行锤炼的内在机理，以此为基石，引领大学生人文行为培育的实践路径。学生组织需将理论指引与行为导向紧密融合，并高度重视文明行为规范的教育普及。在此过程中，学生组织应充分展现道德文化教育的领航作用，激励学生主动遵循各项规范，增进对自我行为习惯的深刻认知。作为礼仪之邦的中国，其悠久历史中蕴含的卓越道德准则与生活规范，是传统文化不可或缺的瑰宝。面对新时代，高校应紧密契合时代精神，将此类传统道德精髓与社会主义核心价值观深度融合，使之成为大学生人文生活行为教育的重要内涵，科学推进素质教育的全面发展。大学生人文素质的提升，对于现代化事业的兴衰成败具有深远影响。优质的人文行为习惯，不仅是人格魅力的彰显，更是个人在多元领域展现吸引力的关键所在，标志着个人综合素质的全面升华。

学生组织在塑造学生优良生活与行为习性方面扮演着关键角色，它不仅传授学生以真诚待人、直率处世的智慧，更是向社会输送可用之才的不可或缺的一环。高等院校的核心使命在于培育兼具品德与才能的复合型人才，当社会各界聚焦于素质教育的深化之际，高

校通过引导大学生树立正确行为习惯的举措，对于推动社会整体的发展与进步具有举足轻重的积极意义。

## 四、构建全方位的人文素质教育质量评价体系和保障机制

人文素质教育质量评估体系构建乃一复杂而全面的任务，亟须构建一套完备的保障架构以稳固教育水准。鉴于用人单位对人才综合素养之高标准与严要求，尤其是对综合素质的日益重视，高校所育之才的质量亦需紧随社会需求变迁而不断精进。因此，人文素质教育质量评估体系应具多维度、全视角及动态适应性之特质，其评价策略与模式亦需契合新时代脉搏，并彰显各校独特的教育风貌与特色。

### （一）构建全方位的教育质量评价体系和保障机制框架

在当前教育语境下，学生综合素养的构成，涵盖人文底蕴与职业能力，其质量评估已超越单一校园范畴，转而接受政府、企业及广泛社会力量的协同审视。此评估体系展现出全面性、持续性特点，深度渗透于教学与就业的各个阶段，各评价主体依据不同层级、视角、路径及阶段进程实施综合评判。鉴于此，构建大学生人文素质质量评价体系时，务必融入多维、全面及过程性考量，同时维持以校内评价体系为主导，辅以校外评价的双向结合模式，确保内外评价的有机融合，从而架构起一套科学完善的人文素质质量评价体系及其保障机制框架。如图 6-1 清晰展示了这一体系的构建蓝图。

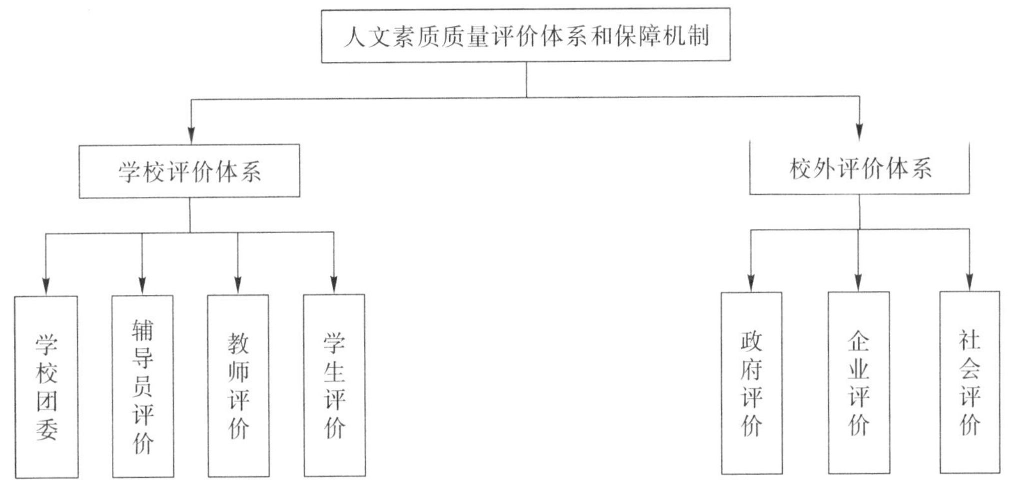


图 6-1　大学生人文素质质量评价体系和保障机制框架构建蓝图

### （二）构建“三位一体”的人文素质教育质量保障组织机构

为确保大学生人文素质教育质量稳步提升，需构建起一套健全的教育品质保障架构体系。具体而言，应在校内设立“人文素质教育研究与发展中心”“教师团队培育与人文素质教育实施组”及“教学质量监测与反馈评估机构”，三者相辅相成，共同指向提升教育质量的统一目标，形成紧密协作、目标统一的教育品质保障体系。图示 6-2 直观展示了这一体系的机构布局。

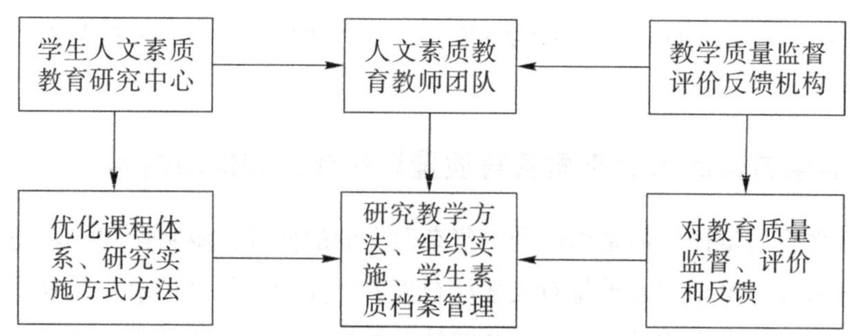


**图 6-2　人文素质教育质量保障组织机构布局**

于上述三大机构而言，首要角色——学生人文素质教育研究中心，致力于通过深入研究与分析，优化人文素质教育的课程架构，精准定位课程内容，并探索多元化的教育路径与策略，以丰富人文素质教育实践。而人文素质教育教师团队的核心职责，则是依据既定的课程体系与教学内容，钻研高效的教学方法，策划并执行人文素质教育活动，同时承担起学生素质档案的整合与管理工作，确保教育成果的有效记录与应用。另外，教学质量监督评价反馈机构作为关键一环，其使命在于全面监督并评估学校人文素质教育的质量，及时将监督反馈与评估结果传达给学校管理层，促使学校依据反馈信息进行针对性调整与优化，不断提升人文素质教育体系的完善度与有效性。在高职院校深化校企合作、推进工学结合的背景下，该机构更需吸纳行业协会、企业等外部主体的力量，构建以第三方为主导的教学质量管理参与机制，共同参与人文素质教育质量管理制度的制定与审核工作，从而增强管理制度的现实针对性、实用效能与可操作性。综上所述，三机构各司其职，又紧密协作，形成合力，共同推动着人文素质教育质量的全方位研究、精细化监控与科学化评价，确保了教育质量的持续改进与提升。

### （三）构建多方联动的人文素质教育质量保障运行机制

构建具备鲜明高校特色的人文素质教育质量保障机制，首要之务在于革新对人文素质教育质量的认知观念。需深刻意识到，学生的人文素质是其长远发展的坚实基石，因此，教育目标不应仅局限于传授扎实的专业技能，还应将职业道德的培育置于同等重要的位置。我们的教育使命在于塑造学生成为“善学、能行、会处世”的复合型人才，即将促进学生持续发展的能力培养，无缝融入高等教育教学的质量评价体系之中，以此引领人文素质教育迈向新高度。

#### 1. 加强学生人文素质教育研究中心的建设

学生人文素质的教育深化远非仅设几堂“文化品鉴”课程所能涵盖，它深植于学生的课外实践及日常行为塑造之中，是一项贯穿学生学习生涯的系统性工程，亟须全校教职员工协同发力。鉴于此，学生人文素质教育研究中心的运作应由主掌学生事务的校级领导亲自挂帅，集结党办、宣传部门、团委、教务管理机构、学生工作部门及各院系之力，共同构筑。中心下设专项日常管理机构，致力于持续优化人文素质教育的课程体系构建，依据社会变迁需求与各界反馈动态调整课程内容，探索并推荐人文素质教育的多元实施路径与策略，确保全校学生人文素质教育理论教学的系统规划与高效执行。

2. 加强人文素质教育教师团队建设

人文素质教育质量保障架构内，教师团队的核心地位不可撼动，他们是驱动人文素质教育规划实施、效果评估及反馈优化的中坚力量，实为提升教育质量的关键支撑。此团队成员需怀揣对学生人文素质的深切关怀，秉承奉献精神，恪守高尚师德，实践知行合一的理念，方能肩负起这一使命。为强化人文素质教育成效，有必要深入推行“项目责任制”，通过明晰责任分工，由指定负责人引领课程与项目的设计规划，有序部署多样化的教育活动，并推动开发多维度的教育教材资源。同时，应强化教师团队的协作能力，定期研讨反馈信息，就课程体系及内容的精进提出建设性见解。此外，鼓励并支持教师团队积极参与专业培训与学术交流，持续提升其专业素养与教育教学能力，从而为学生人文素质教育的深化与拓展奠定坚实的基础。此举不仅有益于教师队伍的成长，更是学生全面发展的有力保障。

3. 建立完善科学合理的评价指标体系

无论是校园内还是校园外的评价主体，若仅凭主观臆断来衡量学生的人文素质，皆难以达成真正客观且全面的评估效果。唯有构建一套完善、科学且合理的评价指标体系，方能确保评价过程兼具客观性与科学性，从而精准反映学生的人文素质全貌。

首要步骤在于构建一套标准化的评价分值体系，其设计的合理性直接关乎评价结果的客观性。此体系应紧密围绕提升学生人文素质的核心目标，遵循优化人文素质教育质量的根本原则精心策划，并灵活适应不同学生性格特征，设计多样化的评价分值模板以适配个性化需求。随后，需科学分配各评价主体的权重比例。鉴于教师、辅导员及校外雇主等主体对学生情况掌握全面且深入，其评价权重应适当加大，以充分反映其专业见解与重要影响力。其余评价主体则依据其贡献度与相关性赋予相应权重，确保评价体系的全面性与公正性。最终，应恰当运用评价结果作为参考依据。评价结果虽能一定程度上反映学生当前的人文素质状况，但仅代表阶段性成果，不宜作为最终定论。其真正价值在于通过反馈机制，指导我们调整与优化人文素质教育的内容、策略与方法，持续推动学生人文素质水平的螺旋式上升。

4. 利用数字化校园网络，助力学生人文素质提高

通过强化数字化校园网络管理平台的综合性功能，我们旨在构建一个开放包容的人文素质教育网络空间，打造一个多维度、分层次且注重过程管理的教育体系，以促进学生人文素质的全面发展。此外，为了提升评价的即时性与精准度，我们需开发一套人文素质教育质量网络动态监测与预警系统，该系统支持评价主体在线操作，实现评价过程的多元化、多层次覆盖及实时动态反馈。依托网络平台，学校领导、教师及管理人员能便捷地访问其权限内的评价结果与反馈信息，从而快速识别人文素质教育实践中的薄弱环节与潜在问题。针对实施过程中遭遇的挑战、个别学生的行为偏差，系统能即时发出预警信号，为人文素质教育研究中心迅速制定调整策略提供有力支持，确保问题得以有效解决。通过实

施有效的干预措施，我们旨在帮助学生及时纠正不良行为倾向，将问题消灭于萌芽状态，进一步巩固人文素质教育的成效。

5. 加强教育质量评价反馈和跟踪工作

在持续优化与提升人文素质教育质量的进程中，对教育质量的有效反馈与持续跟踪构成了不可或缺的关键环节。这要求我们采取年度性的定期举措，进行详尽的数据采集、深入分析及综合评价材料的整合，通过细致比对各信息节点间的差异，旨在精准识别改进点，进而有的放矢地优化课程体系架构、调整教学内容布局，并勇于探索教育模式的创新路径与实施策略的新颖形式。尤为值得注意的是，对于在人文素质方面表现待提升的学生群体，我们应建立起一套系统性的持续帮扶与跟踪机制，确保他们在社会实践的广阔舞台上，能够持续汲取养分，不断提升个人的人文素质，进而强化其在职场竞争中的核心优势。此举旨在长期而深远地发挥教育的引导与激励作用，为人文素质教育质量评价体系的可持续发展铺设坚实的基石，确保评价工作不仅着眼于当下，更服务于学生的长远发展与社会的整体进步。

6. 加强学生人文素质档案管理

高校应当构建学生人文素质综合档案体系，该体系核心涵盖学生诚信履历、兴趣专长、志愿服务历程及乐善好施行为记录等多元化维度。人文素质教育作为一项细致入微、错综复杂、长期且艰巨的任务，其深化与精进离不开实践的深耕与经验的积淀。鉴于此，建立健全学生人文素质档案的管理体系显得尤为关键，它是推动教育质量持续提升的重要基石。

鉴于人文素质教育质量评价与保障机制的构建需跨越学校管理的多个维度，这一进程本质上是一项系统工程，要求科学构建评价体系与保障机制，并持之以恒地加以完善。为真正实现这一目标，必须深刻把握高等教育的发展规律，紧密贴合学生特性，激发全校各主体的积极性与创造力，优化教育质量保障体系的运行机制。唯有如此，方能促进学生人文素质教育与整体人才培养质量的稳步前进，为社会输送更多具备高尚人文素质与卓越综合能力的优秀人才。

## 第三节　新媒体视域下大学生人文素质教育的创新与实践

借助于互联网、智能移动终端等多元化新媒体媒介，学生能够突破时空限制，便捷地汲取广博的人文知识资源，进而拓宽知识疆域与视野广度。此种学习模式的多样性与交流互动的充分性，不仅能够有效激发学生的求知欲与自我驱动性，还能在潜移默化中锤炼其自主学习的独立性与创新思维的能力。随着新媒体技术的日新月异与广泛应用，大学生人文素质教育的革新与实践迎来了前所未有的机遇与挑战并存的新局面。在此背景下，深入挖掘并合理利用新媒体的独特优势，对既有教育教学模式与方法进行创造性变革，是提升大学生人文底蕴与综合素养、推动其全面均衡发展的有效途径。此举不仅顺应了时代发展的潮流，也为学生个体成长与社会需求的深度融合奠定了坚实基础。

## 一、创新教育理念

伴随新媒体领域的蓬勃发展，大学生人文素质教育的路径亟须从传统框架中蜕变，拥抱并确立一套前瞻性的教育理念。这要求我们在实践中坚守“人本为核心”的导向，高度认可学生的主体性，积极促进每位学生的个性化成长与探索。同时，我们的教育愿景应聚焦于培育全方位发展的高素质人才，通过构建更为综合、多元的课程体系与服务框架，为学生铺设宽广的知识与技能成长路径。鉴于新媒体环境下信息洪流浩渺且品质不一的现状，强化媒介素养教育显得尤为迫切。这不仅旨在培养学生的批判性思维能力，使他们能够在海量信息中保持清醒的头脑，更在于提升他们的信息辨识力，学会甄别与利用有价值的新媒体资源，从而在信息时代中更加自主、高效地学习与生活。

### （一）“以人为本”的教育理念

在既往的人文素质教育框架中，教师主导与知识灌输的模式占据主导，往往在一定程度上遮蔽了学生个性发展的独特需求。步入新媒体时代，大学生人文素质教育亟须转型，大力倡导“以学生为中心”的教育哲学，其核心在于将学生的主体性置于教育舞台的中央，细致体察其兴趣所在、专长领域及个性化需求，进而量身定制个性化的教育蓝图与培育策略。此教育理念革新旨在点燃学生的学习激情，激活其内在动力，最终推动学生实现更加全面而均衡的成长与发展。

### （二）注重发展学生个性

在当今新媒体盛行的时代背景下，大学生的兴趣倾向与个性化需求正展现出前所未有的多样性与独特性。鉴于此，我们应聚焦于深度挖掘并精心培育学生的个性化发展需求，致力于拓宽其选择范畴，并为其铺设更为广阔的成长舞台。具体而言，可通过增设多样化的选修课程，激发学生的探索欲，同时积极倡导学生投身于兴趣社团与社会实践活动中，以此作为拓展其课余生活、锤炼综合素质与激发创新潜能的有效途径。这一系列举措，不仅丰富了学生的学习体验，更为其全面发展与个性化成长奠定了坚实基础。

### （三）多元化的人才培养目标

在传统的人文素质教育范式中，往往过分聚焦于理论知识的灌输与考试成绩的单一衡量，却在一定程度上忽视了对学生实践技能与创新潜能的培育。步入新媒体时代，这一教育导向亟须调整，转而强调对学生实践与创新能力的双重重视。为实现这一目标，我们可探索增设一系列贴近职场实际的课程与实习项目，让学生在真实或模拟的工作环境中积累经验、锤炼技能；此外，通过策划多样化的创新竞赛与社会实践活动，不仅能够激发学生的创新思维，还能在团队协作中深化其合作精神，共同促进学生综合素质的全面提升。

### （四）媒介素养教育的强化

新媒体时代，信息爆炸式增长，很多虚假或误导性的信息也混杂其中。因此，需要加强对大学生的媒介素养教育，培养他们的信息鉴别力和批判性思维。

## 二、优化教育内容与方式

### （一）完善课程体系

在新媒体环境的映照下，大学生人文素质教育体系亟待完善，尤须融入更多与新媒体紧密相关的课程内容。具体而言，可引入诸如“网络道德与伦理”及“媒介素养培育”等新颖课程，旨在增强学生的新媒体应用能力。此类课程将引领学生深入理解网络空间的法律框架、道德准则，以及网络文化的独特风貌与演进趋势，进而使他们在面对新媒体时代所带来的种种挑战时，能够游刃有余、从容应对。

### （二）创新教学方法

为契合新媒体时代对教学革新的迫切需求，教学方法的创新势在必行，我们需积极引入新媒体技术以优化传统教学模式。具体而言，翻转课堂与慕课等新型在线教育形式的运用，促使了线上线下教育融合的新格局形成。在这一框架下，学生可利用在线视频课程与学习平台，在课余时间灵活安排自主学习与知识巩固，而课堂时间则更多地聚焦于讨论交流、师生互动及实践操作等环节，以此强化学习体验，显著提升教学成效。

### （三）加强实践教学

在深化理论教学的同时，实践教学亦不可忽视，其对于增强学生的实践能力与创新潜能具有举足轻重的作用。为实现这一目标，我们可策划一系列新媒体实践活动，让学生参与其中，亲身体验创作乐趣。具体而言，引导学生制作微电影、编纂短视频等作品，不仅能够有效锻炼其创新思维与团队协作能力，还能在实战中提升技能应用水平，为学生的全面发展奠定坚实基础。

## 三、构建和谐的人文环境

### （一）加强校园文化建设

为丰富学生文化艺术生活，可定期策划多元化文化艺术盛事，涵盖音乐会、艺术画展及特色文化节等，旨在为学生提供浸润式的美学体验，促进其审美鉴赏力与文化底蕴的双重提升。同时，积极倡导学生投身于体育运动的广阔天地，涵盖足球、篮球、羽毛球等竞技赛事，并适时举办校级运动会，以赛促练，激发学生的运动热情。此外，致力于构建完善的体育基础设施，如健身房、游泳馆等现代化场馆，为学生打造优质的体育锻炼环境。这一系列举措，不仅致力于学生身心健康的全面促进，更在无形中强化其体育精神与团队协作能力的培育，为学生的全面发展奠定坚实基础。

### （二）推进新媒体互动平台建设

借助微信公众号、微博等新媒体媒介，策划并推行一系列主题鲜明、讨论热烈的活动，鼓励学生在此类平台上踊跃发声，分享见解，从而加深其参与体验与归属感。为构建一个积极向上的校园媒体生态，亟须强化对新媒体平台的监管与维护力度，确保信息的纯净性与正向性，有效屏蔽不良信息的侵扰，保护学生免受其害。此外，积极动员学生投身于多样化的社会实践活动，包括但不限于志愿服务、深入社会的调研考察以及实习实训等，促使他们走出象牙塔，直面社会现状，进而增强社会责任感与实践操作技能，为全面成长奠定坚实基础。

### （三）加强心理健康教育

面对学生成长路上的困扰与挑战，构建心理咨询服务体系显得尤为重要，旨在通过心理辅导机构的设立，为学生排忧解难，疏导心理障碍。同时，策划心理健康宣传周及系列知识讲座，广泛传播心理健康理念，增强学生的自我心理调适技能。为了营造和谐的师生关系，我们定期举办教学反馈论坛与座谈会，搭建师生沟通桥梁，积极吸纳学生的宝贵意见与建议，以此作为优化教学质量与革新教学方法的重要参考。此外，还诚邀社会各界精英人士进校园，举办讲座、分享会等多元化活动，旨在激发学生的求知热情与学习动力，拓宽他们的视野与思维边界。

## 四、发挥新媒体的积极作用

### （一）发挥新媒体的舆论影响优势

针对大学生群体的人文素质教育，高校应深刻认识到新媒体在舆论引导及教育深化中的独特作用与广泛影响，积极拥抱其力量。学校需充分利用新媒体官方渠道，精心策划并推广优秀传统文化，确保内容贴近民众，采用通俗易懂、贴近生活的表达方式，以增强传统文化在新媒体环境中的亲和力和吸引力。在推广策略上，可借鉴《百家讲坛》《朗读者》等富含人文底蕴的文化节目模式，通过学校官方平台融入其中，激发学生的学习热忱，并依托互联网平台，构建正向的价值观导向体系。重点遴选能够彰显中华优秀传统文化的杰出事迹与人物精神，作为宣传亮点，深化文化传承。此外，学校还应积极引入社会力量，特别是那些在大学生群体中享有盛誉、具有广泛影响力的社会公众人物，邀请他们进校园开展人文素质教育讲座或宣传活动。此举不仅能够有效推动大学生人文素质的塑造与提升，还能激发他们对经典文化的自豪感与自信心，进而促进大学生人文素质的整体跃升。

### （二）加强保障机制建设净化文化环境

新媒体环境，其开放性虽赋予无限可能，但若缺乏有效规制，非但难以助力大学生人文素质教育之深化，反易侵蚀其精神净土。因此，高校在推进人文素质教育进程中，务必精准把握新媒体的双重影响，既要构建灵敏高效的舆情监测与反馈体系，也需完善网络危机应对机制，迅速清除有害青年成长的负面信息，引领正向舆论风向标。在教育传播层面，学校应精心筛选贴近学生日常、契合其思想成长需求的主题网站与官方新媒体阵地，致力于传递富含思想深度、教育意义与知识价值的内容，充分发挥新媒体在弘扬社会主义核心价值观中的积极作用。在此过程中，爱国主义、公民道德教育与素质教育等核心理念应贯穿始终，旨在将新媒体平台打造为师生共赏、教育双赢的优质媒介，同时强化网络监管效能。为确保人文素质教育工作的稳健推进与高效实施，高校可设立专项基金，专项用于优化教育资源配置，包括软硬件设施的升级换代。此外，通过划拨专项经费，精心策划大学生人文素质提升计划，定期或不定期邀请书法名家、历史学者、教育大家等，依托网络平台举办讲座，融合诗词歌赋、历史典故、人文社科等多领域知识，为大学生提供线上学习盛宴，激发其参与热情，拓宽人文素质教育路径，共同营造清朗的文化氛围。

## 五、搭建资源共建共享平台强化人文效应

高校应深刻认识到提升大学生人文素质的重要性，并积极探索网络媒介素养与人文素质教育的深度融合路径。鉴于当代大学生学习生活的方方面面与互联网紧密相连，面对瞬息万变的媒介生态，高校亟须将媒介素养教育深度融入人文素质教育体系，引导学生对网络内容进行批判性审视与理性评价。为此，高校需将大学生网络媒介素养置于教育战略的高地，携手人文素质教育项目，构建资源协同与共享平台，以强化教育成效的深度与广度。在具体实施层面，高校应秉持“制度引领、课程筑基、氛围熏陶、过程优化”的育人理念，确保每位教师在人文素质教育过程中，均能有效实施教学监督与管理，致力于教学质量的持续提升与教学效果的显著增强。同时，鼓励学生成为人文素质教育活动的主动参与者与创造者，依托学生社团，孵化校级文化品牌活动，形成学期乃至年度的持续性文化盛宴。此外，各教学单位亦应立足专业特色，策划并举办各具风采的文化品牌创建活动，如设立人文素质教育主题月、主题周等，鼓励学生走出校园，通过社会实践、志愿服务等多元途径，实现个人成长与素养的全面提升。

在数字化浪潮席卷的当下，新媒体技术的普及为大学生人文素质教育构筑了一个机遇与挑战交织的新场域。一方面，新媒体环境滋生了信息冗余、学习碎片化及社交技能退化等挑战；另一方面，它亦开辟了人文素质教育的新途径，拓宽了资源获取渠道，精准对接了学生个性化学习的诉求。鉴于此，高校在推进大学生人文素质教育时，应敏锐把握新媒体的舆论导向，创造性地丰富教育内容，创新教育媒介，并强化支撑体系，致力于构建资源开放共享的平台生态。此举旨在深度挖掘并高效利用新媒体渠道在人文素质教育领域的独特优势，持续提升大学生的人文素质，促进其全面发展与健康成长。

# 参 考 文 献

[1] 白玉霞．礼仪教育与大学生人文素质的提升研究［D］．太原：太原科技大学，2018.
[2] 曾晨曦．高职院校人文素质教育体系研究［D］．南昌：江西师范大学，2015.
[3] 崔佳慧．新时代大学生人文精神培育研究［J］．成都行政学院学报，2021（3）：72-77.
[4] 崔晓琰．高等职业院校大学生人文素质教育研究［D］．太原：山西师范大学，2014.
[5] 董小磊．当代大学生人文素质研究［D］．太原：太原科技大学，2013.
[6] 董晓宇．人文素质教育促进大学生心理健康发展的实践探究［J］．科教导刊，2022（11）：131-133.
[7] 付飘．中华体育精神与大学生人文素质教育的融合路径研究［D］．武汉：武汉体育学院，2022.
[8] 高璐．人文素质教育在大学语文教学中的实践探讨［J］．教育教学论坛，2023（33）：109-112.
[9] 纪培宁．浅谈戏曲文化融入大学生人文素质教育的探索［J］．戏剧之家，2022（28）：50-52.
[10] 贾振领．新时代大学生人文素质提升的条件和路径分析［J］．黑龙江省社会主义学院学报，2020（4）：56-61.
[11] 李佳蓓，谢锦涛．历史教育在当代大学生人文素质培养中的应用及价值［J］．公关世界，2022（12）：165-166.
[12] 李响．地方高校人文素质教育中地域文化的传承与发展研究［D］．桂林：广西师范大学，2020.
[13] 刘萌萌．中国大学生人文素质教育研究［D］．大连：辽宁师范大学，2014.
[14] 刘新柱，王玉花，依红杰．工科大学生的人文素质现状调查分析与应对策略探究［J］．中国教育技术装备，2023（9）：31-33.
[15] 吕承烨．礼仪教育对提升大学生人文素质的意义及实施路径［D］．宁波：宁波大学，2015.
[16] 吕品．弘扬中华文化推进人文素质教育［J］．山西财经大学学报，2022，44（S1）：74-77.
[17] 马世娜．大学生人文素质教育研究［D］．沈阳：辽宁大学，2012.
[18] 孙斐．深化高校历史教学改革，提高大学生人文素质［J］．试题与研究，2022（15）：65-66.

[19] 覃丽萍，孙鹏．社会主义核心价值观引领大学生人文素质培育探析［J］．文教资料，2021（24）：64-66.
[20] 王灿．大学生人文素质评价研究［D］．新乡：河南师范大学，2014.
[21] 王清，李瑞军，郭泓江．立德树人视野下理工科大学生人文素养提升研究［J］．煤炭高等教育，2022，40（2）：82-88.
[22] 王瑞．中国传统文化视域下大学生人文素质的培养路径探析［J］．西部学刊，2021（14）：113-115.
[23] 武晶．主体间性语境下大学生人文素质教育创新研究［J］．河南教育学院学报（哲学社会科学版），2022，41（4）：33-36.
[24] 武群，陈美红，李亚楼，宋影．新媒体视域下大学生人文素质教育培养路径研究［J］．中国多媒体与网络教学学报（上旬刊），2023（4）：171-174.
[25] 武群．新媒体视域下大学生人文素质教育的创新与实践探究［J］．新闻研究导刊，2023，14（21）：182-184.
[26] 向燕．当代大学生人文素质的国学教育路径探索［J］．湖北开放职业学院学报，2021，34（5）：102-103.
[27] 肖虎．当代大学生对中国传统文化认同的培养路径探究［J］．文化创新比较研究，2021，5（31）：29-32.
[28] 谢晓娟．马克思主义人的全面发展与大学生人文素质教育［D］．重庆：西南大学，2013.
[29] 姚尧．师范生人文素质教育的现状与对策分析［D］．长沙：湖南师范大学，2016.
[30] 叶云杉．大学人文素质教育的课程设计与教学方法［J］．中国多媒体与网络教学学报（上旬刊），2023（11）：209-212.
[31] 张滨．中华传统名言在当代大学生人文素质教育中的价值体现［J］．齐齐哈尔师范高等专科学校学报，2023（3）：125-126.
[32] 张睿琳．新形势下高校教育中的人文素质教育探讨［J］．公关世界，2022（10）：161-162.
[33] 张太权．蔡元培教育思想对当前高校人文素质教育的启示［D］．南京：南京工业大学，2019.
[34] 张则成．师范院校大学生人文素质教育的对策研究［D］．长春：东北师范大学，2017.
[35] 赵鹏东．大学体育教学与大学生人文素质的培养方法研究［J］．体育风尚，2022（7）：65-67.
[36] 朱丽．传统文化融合大学生人文素质教育探略［J］．中学政治教学参考，2022（38）：99-100.
[37] 宗芸芸．当代大学生人文素质培养研究［D］．西安：陕西科技大学，2016.